U0536357

本书是湖北省社科基金一般项目《人文社现代作家集编选研究（1951—1966）》（批准文号2019168）的最终研究成果

中国社科研究文库
CHINESE SOCIAL SCIENCE RESEARCH LIBRARY

人文社现代作家集编选研究

（1951—1966）

王应平 | 著

中国书籍出版社
China Book Press

图书在版编目（CIP）数据

人文社现代作家集编选研究：1951—1966/王应平著. —北京：中国书籍出版社，2021. 6

ISBN 978 - 7 - 5068 - 8507 - 2

Ⅰ. ①人… Ⅱ. ①王… Ⅲ. ①图书—编辑工作—研究—中国—1951 - 1966 Ⅳ. ①G232. 2

中国版本图书馆 CIP 数据核字（2021）第 110799 号

人文社现代作家集编选研究：1951—1966

王应平 著

责任编辑 李 新
责任印制 孙马飞 马 芝
封面设计 中联华文
出版发行 中国书籍出版社
地　　址 北京市丰台区三路居路 97 号（邮编：100073）
电　　话 （010）52257143（总编室）　（010）52257140（发行部）
电子邮箱 eo@ chinabp. com. cn
经　　销 全国新华书店
印　　刷 三河市华东印刷有限公司
开　　本 710 毫米 ×1000 毫米　1/16
字　　数 246 千字
印　　张 15. 5
版　　次 2021 年 6 月第 1 版
印　　次 2021 年 6 月第 1 次印刷
书　　号 ISBN 978 - 7 - 5068 - 8507 - 2
定　　价 95. 00 元

自 序

21世纪以来，从现代作家集编选的视角考察新中国文学场域建构成为学术研究路径之一。某种意义上说，新中国“十七年”（1949—1966）文学是国家主体在文学生产上有计划有组织地参与预设与建构的文学，这种预设与建构不仅体现在作协及各分会的建立、重要作品的组稿制度上，也体现在诸如《鲁迅全集》《沫若文集》《茅盾文集》及众多作家集的编选上。新中国“十七年”出版的现代作家集（全集、文集、选集）大多在原版上经过作者、编者的修订，做了改收、避收、注收的处理。而在现当代文学的教材编定与文学史书写中，有关此方面的研究还未引起足够重视。有的教材将“十七年”现代文学作家修改本与新中国成立前初刊（版）本、新时期作家最终修订本混为一谈。有的文学史对“十七年”出版的现代作家集有意回避，只字不提，或浮光掠影，一笔带过，这些都不是实事求是的科学态度。

本书在广泛吸取前人研究成果的基础上，重回历史发生的文学场域，结合“十七年”作家序跋、编者出版说明、“十七年”《文艺报》及《人民日报》文艺副刊、新时期以来作家日记、回忆录等相关史料，借鉴西方学者葛兰西、福柯、伊格尔顿、热奈特、布尔迪厄等的理论，将“十七年”版本与初刊（版）本进行汇校，梳理出“十七年”现代作家集的修改规律及脉向，钩沉出其修改背后的意识形态、话语规范、社会心理等诸多原因，整体宏观地把握“十七年”现代作家集的编选情况。从研究的操作性与可行性出发，本书重点选择新中国第一家国家级专业文学出版社——人民文学出版社出版的现代作家集作为考察对象，其涵盖范围包括“十七年”人民文学出版社出版的现代文学作家全集、文集、选集。为了论述的集中，人文社出版的某些现代作家的作品单行本不在考察范围之内。

1951年，人民文学出版社在北京成立，“十七年”该社共出版一部全集（《鲁迅全集》）；七部文集（分别为《瞿秋白文集》《沫若文集》《茅盾文集》《巴金文集》《叶圣陶文集》《郑振铎文集》《靳以文集》，其中后三部文集曾一度中断）；七十余部选集（出过选集的作家分别为鲁迅、郭沫若、茅盾、巴金、老舍、曹禺、沈从文、艾青、丁玲、赵树理、沙汀、夏衍、艾芜、吴组缃、田间、瞿秋白、柔石、殷夫、应修人、潘漠华、叶紫、蒋光慈、郁达夫、朱自清、闻一多、胡也频、许地山、萧红、冰心、洪深、魏金枝、叶圣陶、唐弢、田汉、聂绀弩、丁西林、吴祖光、靳以、袁水拍、冯至、陈白尘、欧阳予倩、臧克家、阳翰笙、何其芳、戴望舒、汪静之、废名、杨振声、王统照、丰子恺、刘大白、刘半农、于伶、宋之的、草明、周立波等人）。

“十七年”现代作家集文本修订一方面来自作者的自觉，另一方面来自编辑话语的中介互动。具体表征在现代作家集的编选上，如对《鲁迅全集》中涉及托洛茨基，在《鲁迅译文集》中对厨川白村的文艺论文、鹤见祐辅的随笔、阿尔志跋绥夫的小说的批判，《茅盾文集》中对女性描写的洁化处理，《冯至诗文选集》中对所谓受西方资产阶级文艺影响的《十四行诗》的全部删去，《废名小说选》中刻意强调作品中的“斗争”精神，《蕙的风》中汪静之用20世纪五六十年代的政治热情改写其旧作等。

上述现代作家集编选中的修订，既与《在延安文艺座谈会上的讲话》有关（许多作家按照《讲话》精神在序跋中做出深刻自省，以表明自己思想改造的进步），也与历次政治化的文学运动有关（诸如对影片《武训传》的批判、对《红楼梦研究》的批判、对所谓胡风反革命集团的斗争、反右斗争以及1964年全国京剧现代戏观摩演出大会后至1966年间开展的所谓“社会主义文化革命”等五次大的文艺改造运动）。这些文艺运动深刻影响了作家对旧作的修改。本书通过现代作家集中作者序跋、编者出版说明的提示来汇校初刊（版）本，在精读代表作及泛读普通作品相结合的基础上，汇校出修改的主要内容。本书探寻“十七年”现代作家集出版与文艺政策及文艺规训的关系，研究现代作家集在打造文学经典上的努力，探讨“十七年”文学的“话语气质”与“语言习性”，从审美配置的视阈考察“工农兵美学”的反“无功利”特征及历史局限。

现代作家集的编选在复杂的历史变革和新的文学创作规范背景下形成，编选中的异动代表了当时编著者的艺术水平、思想修养和读者的期待视野以及文化语境的需求。研究者需要重估“十七年”现代作家集的价值，要用一种历史的同情态度去理解那一代作家以及文本的内在价值。置身于“十七年”特定的历史场域中，现代文学的异动显然有其功能应用的合理性与塑造新国民的建设性，对现代作家集的编选作出客观历史的审视，吸取其经验教训，有益于新时期新世纪文学场域生态建设的健康正常发展。

总体来说，“十七年”人文版现代作家集的编选名单根据作家的革命资历、历史地位来甄选，分别确定入选全集、文集、选集的作家名单，在作家集的出版时间顺序上也有较为严格的界定，由此促进了新中国文学场域秩序的成型。综观“十七年”人文版现代作家集的异动情况，总体上出于两大方面的原因。一方面是维护新中国革命斗争合法化、历史化和经典化的意识形态修改；另一方面是为建构民族共同体的规范汉语而进行的语言修改。前者包括对工农革命、底层劳动者、爱情及性等方面描写的修改，后者则包括将文言改为白话、方言改为普通话及个别语句上精益求精的润色修改。

本书共分五个部分来展开论述。第一部分交代了新中国文学的发生及与民国文学迥异的新质规定，同时梳理了影响新中国“十七年”文学的五次文艺规训。第二部分介绍了人民文学出版社的创建情况，交代了人文社的创建与定位，客观论述了人文社在打造文学经典上的努力。第三部分考察了《鲁迅全集》及《鲁迅译文集》的编选情况，钩沉《鲁迅全集》中涉及意识形态而删改的情况，探寻人文社编辑部批评鲁迅部分译文的原因，同时从《鲁迅全集》的5884个注释中考察其意识形态导向，对鲁迅书信删减的考察还原了当时文艺界权力场的纷争。第四部分考察了人文社版现代作家文集的编选情况，分别对瞿秋白、郭沫若、茅盾、巴金、叶圣陶、郑振铎、靳以等七人文集中的改收、避收、注收、新收等方面做了考察，论述其修改的原因及规律，同时从序跋的角度探寻了编著者与意识形态互动的编选策略。第五部分考察了人文版现代作家选集的编选情况，通过对沙汀、夏衍、艾芜、老舍、曹禺、冰心、废名、沈从文、戴望舒、田汉、闻一多、朱自清等76部作家选集的考察，大致梳理出作品中主要的修改情况，并结合有关篇目进行了"以点带面"的重点解读，同时根据作家的序跋和传略介绍了编选中的意识形态考量及对现实主义创作方法的倡导与崇奉。

20世纪五六十年代大规模文学编选工程体现了出版社编辑与现代作家联手建构新中国"十七年"文学的焦渴努力，其内在的张力具有丰厚的历史认识意义。

2020.4

目　录

CONTENTS

第一章　新中国文学的诞生与建构 …………………………………… 1
第一节　第一次文代会与文艺的方向 …………………………… 1
一、从排斥到共生 ……………………………………………… 3
二、都市消费保证中的另类“他者” ……………………………… 5
三、新的习性与表征 ……………………………………………… 9
第二节　“十七年场域”的演化形式 ……………………………… 12
一、从“工农兵”形象讨论到对《武训传》的批判 ……………… 13
二、从第二次文代会到对胡适思想的批判 ……………………… 16
三、对“胡风集团”的批判 ……………………………………… 18
四、从“双百”方针到“整风”“反右” …………………………… 19
五、从“社教”到“社会主义文化革命” ………………………… 21

第二章　人文社：新的国家级文学出版机构与新的经典规范的打造 ……………………………………………………………… 23
第一节　人文社的创建与定位 …………………………………… 25
第二节　新的经典规范的打造 …………………………………… 30

第三章　《鲁迅全集》编选考察 …………………………………… 36
第一节　现代作家全集编纂溯源及复社版《鲁迅全集》 ………… 36
第二节　删减、编者说明与新中国文艺方向 …………………… 41
第三节　注释中的国家意识形态询唤 …………………………… 48

第四节　书信删减中的场域张力 …………………………………… 60

第四章　现代作家文集编选考察 ………………………………… 71

第一节　改收：系统性再经典工程 …………………………… 73
一、典型个案：《茅盾文集》（一、三卷） ………………… 74
二、来自“老大哥”的压力：《赤都心史》 ………………… 82
三、觉悟的“拔高”：《沫若文集》 ……………………… 86
四、思想追新：《巴金文集》 ……………………………… 90
五、语言的垂范：《叶圣陶文集》 ………………………… 95
六、逝者的告慰：《郑振铎文集》《靳以文集》 ………… 99
第二节　避收的表现及原因 ………………………………… 124
一、为尊者讳：《瞿秋白文集》的避收 …………………… 124
二、思想“纠错”与时代变迁：《沫若文集》的避收 …… 126
三、革命“意图不纯”与小资情调的摈弃：《茅盾文集》
的避收 ……………………………………………………… 132
四、阅读趣味及政治语境的考量：《叶圣陶文集》的避收 ……… 134
五、市井生活品味的舍弃：《郑振铎文集》的避收 ……… 136
第三节　注收 ………………………………………………… 138
一、附识中的深意：郭沫若的注收 ……………………… 138
二、附记中的多类表征：茅盾的注收 …………………… 139
三、“检讨”与契合：巴金的注收 ……………………… 141
第四节　新收 ………………………………………………… 142
一、时事移录：《新华颂》 ………………………………… 142
二、新语境下的旧作新解：《谈自己的创作》 ………… 143
三、诗歌中的国家政治：《郑振铎文集·集外》 ………… 148
四、身体能指与审美配置：靳以的《结婚》 …………… 149
第五节　序跋中的政治学 …………………………………… 154
一、冯雪峰的代言评判：《瞿秋白文集》的序言 ……… 154
二、读者提示与“自我批评”：《沫若文集》的序跋 …… 157
三、四类言说：《茅盾文集》的序跋 …………………… 159

四、介绍与“检讨”:《巴金文集》的序跋 …… 161

第五章 现代作家选集编选考察 …… 163

第一节 改收与避收 …… 170

一、改收的类型及规律 …… 173

二、避收的表现及原因 …… 208

第二节 序跋中的“检讨自省”和传略里的“拔高美化” …… 223

一、逝者传略中的叙述策略 …… 225

二、前进者的“改造”誓言 …… 227

三、“落伍者”的自我救治 …… 230

第三节 现实主义创作视域的倚重与崇奉 …… 232

后 记 …… 236

第一章　新中国文学的诞生与建构

新中国文学的诞生与新中国的创建几乎是同步的。1949 年 7 月 6 日，周恩来作了《在中华全国文学艺术工作者代表大会上的政治报告》。文中说："经过一九四八年九月的济南战役、一九四八年十月的辽沈战役、一九四八年十一月到今年一月初的淮海战役、一九四八年十二月到今年一月底的平津战役，蒋介石的军事力量就从此基本上被消灭了。"此时，人民解放军已发展到 400 万人以上，国民党的军事力量已锐减到 149 万，而且"大部分是属于机关、学校和后勤部门，战斗的部队不到半数"①。通过双方力量的对比，我们不难预测出最终的胜利者，正是在新中国大局已定的情况下，一个有新性质和新组织的文学统一机构才有运作的可能。

第一节　第一次文代会与文艺的方向

1949 年 3 月 22 人，华北解放区的文艺工作组与在北平的原国统区文艺界朋友举行茶会，郭沫若在会上提议发起召开全国文学艺术工作者大会以成立新的全国性的文学艺术界组织，此提议得到热烈响应，3 月 24 日，筹备委员会成立，委员 42 人，其中常务委员 7 人，分别为郭沫若、茅盾、周扬、叶圣陶、沙可夫、艾青、李广田，郭沫若任筹备委员会主任，茅盾、周扬任副主任，沙可夫任秘书长。据夏衍回忆，1949 年 5 月 13 日夜周恩来在中南海主持召开了文艺界座谈会，包括周扬、茅盾、萨空了、胡愈之、阿英、夏

① 周恩来．在中华全国文学艺术工作者代表大会上的政治报告［A］//中华全国文学艺术工作者代表大会纪念文集．北京：新华书店，1950.

衍、沙可夫等人参加。周恩来阐述了党的统一战线政策，指出中央下半年要召开一次全国文学艺术界的代表大会，组成一个全国性的、包括现在海外文艺工作者的统一组织。该会议从晚上十点一直开到第二天黎明。最后，“周副主席对周扬、沙可夫同志说，解放区——主要是西北、华北、东北、中原各解放区的情况你们比较熟悉，由你们负责联系；对我说，上海、西南、广东、香港和海外的文艺工作者（这时他特别关切地问到当时还在美国的老舍同志），由你负责；又对阿英同志说，上海、新四军所在地区的作家、艺术家你都熟悉，现在就可以开一个可以参加会议的人选名单。周副主席着重指出：要团结一切可以团结的人，团结面越广越好，必须包括戏曲、曲艺界的代表人物。他对我说，梅兰芳、周信芳、袁雪芬都还在上海吧？上海一解放，你就得一一登门拜访，不要发通知要他们到机关来谈话。你们要认识他们在群众中的影响，要比话剧演员大得多。”①

1949 年 7 月 2 日，第一次中华全国文学艺术工作者代表大会正式召开。7 月 3 日，郭沫若作《为建设新中国的人民文艺而奋斗》的总报告，在整合毛泽东《新民主主义论》《在延安文艺座谈会上的讲话》② 及政治协商会议筹备会上的讲话等理论精神的基础上，他界定了新中国文艺的性质并指出文艺活动应采取的运作策略。郭沫若在报告中指出：进入民国以来，受五四启蒙思潮及民主民族革命的影响，“代表地主阶级的封建文艺已经在理论上解除武装，代表大资产阶级的国民党法西斯文艺，一直受到全国文艺界和全国人民的唾弃”，③ 中国文艺界主要存在两条路线的论争：“一条是代表软弱的自由资产阶级的所谓为艺术而艺术的路线，一条是代表无产阶级和其他革命人民的为人民而艺术的路线。”④ 前者曾经在文学场域中占有一定的市场份额，但在解放大军迅猛攻占天津、北平、上海等大城市后，这条文艺路线逐渐式微。事实上，细心比对卷帙浩繁的现代文学报纸期刊，我们发现 1948 年

---

① 丁玲，巴金．作家的怀念［M］．成都：四川人民出版社，1979：100.

② 为叙述方便，后文一般简称《讲话》。

③ 郭沫若．为建设新中国的人民文艺而奋斗［A］//中华全国文学艺术工作者代表大会纪念文集．北京：新华书店，1950.

④ 郭沫若．为建设新中国的人民文艺而奋斗［A］//中华全国文学艺术工作者代表大会纪念文集．北京：新华书店，1950.

是话语转变的一个拐点，该年下半年诸多民间立场的印刷物一起出现了转向：描写工农大众题材的作品显著增多，在封面装帧及文本插画上也出现较多线条粗犷朴直的工农木刻群像。我们从当时诸如《春秋》《茶话》等大众流行通俗文艺刊物上能明显感知这种转变。

一、从排斥到共生

福柯认为话语是浸润各种复杂关系的语言序列组织，不同时代有不同的话语形式，一旦“话语在本身无需发生变化的情况下，可以同时或者连续地产生出互相排斥的对象的话，那么，一种话语的形成得以确定了”①。以 20 世纪 40 年代上海一份综合性通俗文艺刊物《春秋》为例，在 1948 年底的 5 卷 6 期、6 卷 1 期上分别发表徐中玉的《高尔基论典型问题》《高尔基论文学工作者的学习与修养》等反映马克思主义文艺批评和苏联社会主义现实主义的文学评论，同期上也有《今日的好莱坞》《蒋经国的幕后人物》《杜月笙与财产税案》《恶夜》等迎合市场的通俗作品，两种互相排斥的对象出现在同一刊物上彰显了一种新的话语的诞生。事实上，这些在大都市营业的期刊报纸第一次正视工农主体地位的确立，背后是一个不争的事实：国民政府的失败不可避免，工农革命的胜利是大势所趋。正是在新中国大局已定的情况下，一个有新性质和新组织的文学统一机构才有运作的可能，话语转换才有现实的土壤与动机。

① ［法］米歇尔·福柯．知识考古学［M］．谢强，马月，译．北京：生活·读书·新知三联书店，2003：48.

《春秋》是20世纪40年代上海一份通俗性的综合文艺刊物。创刊于1943年8月15日，终刊于1949年3月25日，共出6卷4期。从其封面图案的历史演变中，我们能看出时代转换的印痕。从左至右分别为1944年6月、8月、1947年4月的封面，美术编辑分别选择中国古典如意回纹、北京颐和园石舫、天空中自由翱翔的一对白鸽作为主题设计，如果说最后一幅隐在地象征对国内和平的期盼，那么前面的两幅则刻意规避着意识形态的风险，以精致的传统中国文化不温不火地熨帖着沦陷区的中国人。

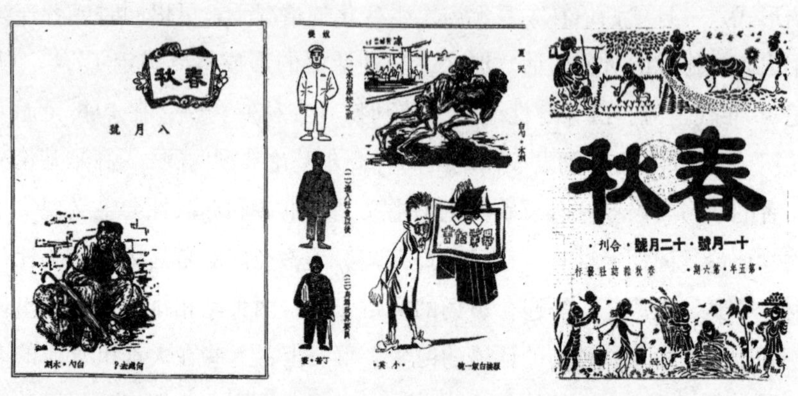

这是1948年《春秋》中的插图和封面设计，前面两幅为1948年8月号，后面一幅为1948年11、12月合刊号，在8月号第一幅插图中，一位中年男知识分子神情疲惫、衣衫褴褛，他坐在逃难途中一堵破壁旁的行李上，满面愁容，旁边斜倚着的一把雨伞暗示着他在风雨中辗转流离，漂泊不定。图下文字标明此画主题《何处去?》，署名为白勺，艺术门类为木刻版画。在8月号第二幅插图中，一共有三幅主题画，分别为丁苦的《蜕变》、白勺的《夏天》、小英的《愿换白饭一碗》。《蜕变》通过黑白分明的三幅小图，对比出社会和官场对人性良善天性的泯灭：未出学校之前，人是清白正派的；进入社会之后，人变得面目模糊不清，色彩也灰不溜秋的；身为政界要员之后，人全变黑了，这事实上也象征着唯有“厚黑”“鄙黑”才能在官场立足，对当时政治的讽刺和绝望可见一斑。《夏天》是一幅木刻版画，两名面目黧黑的车夫弓腰屈腿在烈日炎炎下挥汗如雨，他们背负纤绳赤足裸身爬行挣扎在城市的街道上，可街旁影影绰绰一群男女却在一家设有冷气冰块的吧座谈笑风生，贫富分化的社会现实在此画得到入木三分的展现。《愿换白饭一碗》

揭露了战乱中知识分子的艰难处境，饿得骨瘦如柴、眼睛深度近视的一名文化人提着他的毕业证书和学位服当街叫卖："愿换白饭一碗。"战乱冲击着每个人的生活，衣食无着成为社会的常态，知识分子在物价飞涨的年代已经断米绝炊，岌岌可危。最后一幅为1948年11月、12月合刊号封面，由于物价飞涨，纸张供应紧张，办杂志已成为稳亏不赚的行业，《春秋》也由月刊号变为双月合刊号，对于这份贯穿整个20世纪40年代的老牌著名杂志，一批文化人还在苦苦坚守。1948年12月1日出版的《春秋》在封面设计上有划时代的意义，以农家劳动场景为特征的剪纸风格的写意画，在上海这座东方大都市一份拥有稳定消费读者群的杂志上首次成为时代主题。这幅充满喜气色彩的农村耕耘收获图当然有多种解读，我们也不必捕风捉影地进行过度猜测，但它显而易见带来一股新的气象，暗示着一种新的话语介入的可能，对传统的被各种消费关系网络规约的市民话语实践的挑战，事实上表明原有话语实践形成关系成分及层次的某种裂变，这预示着一个新的时代话语的来临。在大都市中谋生的老牌文学杂志必须适应这种改变。

二、都市消费保证中的另类"他者"

在两千多年的封建社会中，工农大众从未成为文学的主人，在并不占有社会生产资料所有权的现实条件下，他们自己的创作或者以口耳相传的形式在民间流传，或者被某些文人及统治集团记录整理，而文人在有关工农大众题材的书写中大多只是以旁观者身份来观察考量，他们从未真正与工农大众相结合。① 事实上，进入民国以来，受五四启蒙思潮影响，新文学知识分子以严肃的立场书写普通民众，但新文学针对的读者群主要是都市中的知识分子和青年学生，它在普通工农民众中的影响微乎其微。有的理论家批评新文

① 周扬在《文艺战线上的一场大辩论》上也阐释了类似的观点。他说："历来的文学作品中很少把工人、农民的劳动和斗争当作作品的主题。真正的劳动者，那些创造社会物质财富和精神财富的人，在过去的作品中没有得到应有的地位。地主、贵族、商人、资产阶级及其在政治上和思想上的代表人物占据了过去作品的绝大篇幅。这是不公平的，社会主义文学从根本上改变了这个不合理的现象。为劳动人民服务，是社会主义文学的根本方针。"该文刊于1958年2月28日《人民日报》，参加执笔的有林默涵、刘白羽、张光年等，文章经过毛泽东三次审阅修改。

艺形式是“畸形发展的都市的产物，所以对于畸形发展的大学教授、银行经理、舞女、政客以及其他‘小布尔’的表现是不错的，然而拿来传达人民大众的说话、心理，就出了毛病”①。瞿秋白也认为：“中国的大众是有文艺生活，当然，工人和贫民并不念徐志摩等类的新诗，他们也不看新式白话小说，以及俏皮的优雅的新式独幕剧……城市的贫民工人看的是火烧红莲市等类的大戏和影戏，如此之类的连环图画、七侠五义、说岳、征东征西，他们听得到的是茶馆里的说书，旷场上的猢狲戏、变戏法、西洋景……小唱宣卷。”② 赵树理曾说他将自己喜爱的新文学书刊推荐给农民朋友，把《阿Q正传》读给父亲听，可惜他们都不能接受，这使赵树理清醒地认识到以少数知识分子为主体的新文学与广大群众特别是农民之间有着深深的隔膜。③ 所以赵树理开始文学创作时，首先考虑的是他的故事要老百姓听得懂。综上所述，历史上的工农大众在主流社会形态中并未真正建立起自己的文学，他们或者被代言，或者以非主流形式在民间流传自己的文学。由于生活情趣、语言习惯、传统濡染等多种因素的影响，普通工农民众对文学有自己的偏好与理解，他们往往并不认可知识分子的言说方式。老舍曾说：“用字造句，一定要注意。像有些新字和句实在为大众所不懂的。例如：‘老舍的眼光投了一个弧形，心中起了微茫的伤感’，就连初中程度的学生恐怕也不见得十分了解。”④ 老舍在此不乏幽默地对知识分子脱离大众的语言提出了委婉的批评。何容在《怎样使文章下乡》中对如何使文学的语言通俗化曾做过生动描述，他说：“‘话说中华民国二十六年七月七日’，他们（大众）一看就对味儿；开首就来一句‘轰！轰！轰！……一阵猛烈的炮声’，字倒并不难认，只是叫乡下人一看，摸不着头脑，不愿意再往下看。在词句方面也是一样，开了仗就是开了仗，不必说‘开始了武装斗争’，等着敌人来了就狠狠地揍

---

① 向林冰．论“民族形式”的中心源泉［M］//中国新文学大系（1937－1949）文学理论二集．上海：上海文艺出版社，1990：149.

② 史铁儿（瞿秋白）．大众文艺和反对帝国主义的斗争［N］．文学导报：第一卷第五期，1931－09－28.

③ 程光炜，等．中国现代文学史［M］．北京：中国人民大学出版社，2000：385.

④ 老舍，等．怎样编制士兵通俗读物［J］．抗战文艺：第一卷第五期．

他，不必说‘期待着敌人的来临而予以重大打击’。”①

匪夷所思的是，在1949年的上海，在现代性都市生活中被长期排斥在外的底层工农民众成为时代聚焦点，他们开始占据各种时尚媒介的封面，成为商品获得消费保证的另类“他者”。

这是《春秋》1949年1月10日、3月10日、3月25日出版的第六卷一月号、第三期、第四期封面。最右边图为《春秋》第三期的扉页目录。以上封面扉页图案设计显然有共性：在都市生活中被长期排斥在外的底层工农民众成为时代聚焦点，曾被忽视的人民大众成为可以改变历史发展的动力，理所当然成为大众传媒关注的对象。一月号的封面上一对爷孙模样的人互相对视着，老者推着独轮车，身穿破棉袄，头戴棉帽，近旁的树枝在萧瑟的寒冬掉光了枯叶，但老者却打着赤脚，在严寒中瑟缩着。孙子瞪着一双大大的眼睛望着爷爷，好似聆听着什么，在应该读书的年龄却出来干苦力谋生，他的神情也好似在抗议这非人道的生活。图中爷孙俩的生活处境令人揪心。第三期的封面木刻命名为“上学去”，一位年轻的母亲低头聚精会神地看着一本启蒙小学课本，细看课本上有“大家上学去”几个大字，字下有一所匾额为“树人小学”的插图。她以羡慕的眼神看着图中的学校，完全忘记了背在背后的婴儿，婴儿用粗布条绑在母亲后背上，他裸身蜷缩着，睡得正香，图中的母亲是期盼着自己在新社会能有上学的机会呢，还是渴望自己的孩子能有机会上学，我们不得而知，但“大家上学去”无疑是当时底层民众的梦想。第四期的封面木刻命名为“割草童”，一位农村少年屈腿赤脚坐在地上休息，

① 何容．怎样使文章下乡［J］．抗到底：第10期，1938－05－16.

裤管卷到膝盖以上，他的背后有一个硕大的盛草的编织背篓，少年敞开短袖对襟，手扶着镰刀，眼睛俯视着前方。该木刻刊载在曾经享有“东方巴黎”之称的上海似乎有些吊诡，完全与都市现代性无任何关联的“他者”显赫地占据着消费时尚的前沿，成为市民争相购买的消费保障，事实上也昭示着一种新的话语形式得以确定。福柯认为对象总是存在于某个关系的复杂网络条件中，这些关系建立在机制、经济和社会过程，行为的形式、标准的序列，技术，分类的类型和特征化的方式之间，从1949年《春秋》封面话语言说方式的转换我们不难看出一种全新的社会关系建构和新质话语的诞生。正如《春秋》1949年第三期“编辑室”栏目所言：“当一切都在向前进步，向自由、民主、光荣迈进的时候；当一切丑恶的、萎退的黑暗面整个地奔溃的时候，不能与时代俱进的自然被遗忘和丢弃。文化部门面临这伟大的时代，其工作更形紧张、严肃与重要了”，“我们战战兢兢地努力地改进，相信我们的工作是具有意义的”。社会的变更带来整个复杂结构图谱的迁移导致话语言说的转换，人民大众成为时代生活的主旋律，“与时代俱进”的客观要求与“战战兢兢地努力地改进”的主观实践使得文学真的展现出一种与传统市民情趣和审美习性迥异的特质：“这个世纪是人民的世纪；所以我们必得宣扬人民的声音。我们企图培植起真真的人民文艺。这一份工作希望农工大众和我们合作，希望各个角落里的人民写出他们血泪、热汗的生活报告。”书写人民的文艺成为时代最强音。为此，《春秋》从该期起新辟《人民大众生活报告》专栏，首次刊发6篇作品，涉及公务员生活、剧人生活、学校生活、学生生活等诸多方面。在该期的扉页目录上，也出现人民大众簇拥着走向街头的插画。在随后的第四期上，《人民大众生活报告》专栏刊发作品2篇，涉及农村生活、银行生活，或许觉得稿件较少，《春秋》编辑部特在栏目后发表一则启事：“这是人民大众的时代，我们应该知道全国各角人民的生活状况，在这不平凡的环境中将有多少不平凡的可歌泣、可悲喜的生活和遭遇，本刊特辟“生活报告”一栏，这应该是读者的园地，希望你们，将自己的生活、遭遇，非局外人能知道的种种的情形，在三四千字左右（材料丰富者例外）毫无掩饰地报告我们，让我们转告全中国人民。”由此观之，该栏目有新闻纪实的性质，目的是第一时间告知发生在乾坤转换时代人民的悲喜生活，值得注意的是，该栏目的参与者和读者都是平凡的普通人，其书写的

语言也朴实大众化，这在某种程度上开启了新中国成立后民众（非作家）主导文学的范式（诸如 1958 年“大跃进”民歌创作运动）。人民成为创作主体，而不只是历史长河中被书写的对象，这或许是人民文艺的最本真要求，以此观之，《春秋》栏目的开设有里程碑意义。

三、新的习性与表征

肇于历史的风云际会，代表无产阶级和其他革命人民的为人民而艺术的路线成为时代的宠儿，正是在以工农大众为主体的人民的衷心支持下，这种乾坤转换的政权更迭才有发生的可能。而只有继续强化为人民的艺术路线，才能夯实以工农大众为主人翁的人民共和国的政权基础。正是从确保战争胜利及政权建立的高度出发，郭沫若界定新中国文艺为代表无产阶级和其他革命人民的为人民的文艺。这和毛泽东《讲话》中提出的文艺为工农兵服务的思想在本质上是一致的。从文艺活动应采取的运作策略上看，当时中国尚有南方、大西南、大西北等广大国土有待解放，未解放地区人口占全国总人口 41%，占全国总城市人口 45%，所以应继续加强团结，巩固文艺战役上广泛的统一战线。许多自由派倾向作家诸如巴金、老舍、俞平伯、戴望舒、萧乾、丰子恺、冯沅君、陆侃如和通俗文艺大家张恨水顺利当选为中华全国文学艺术界工作者代表大会代表。巴金、俞平伯还当选为中华全国文学艺术界联合会全国委员和中华全国文学工作者协会常务委员。为了团结全国一切爱国的民主的文学艺术工作者，中华全国文学艺术界联合会全国委员会留有待解放区名额 8 人，而中华全国文学工作者协会、戏剧工作者协会、电影艺术工作者协会、音乐工作者协会、美术工作者协会、舞蹈工作者协会等组织机构的全国委员会则分别留有待解放区名额 2—12 人不等。

1949 年 7 月 4 日和 5 日，茅盾和周扬在大会上分别作十年来国民党反动派统治区革命文艺运动和关于解放区文艺运动的报告。这其实是阐释郭沫若总报告的两个分报告。茅盾检讨了国统区的文艺创作，周扬则示范了延安文艺座谈会讲话后解放区成功的文艺实践。茅盾的报告中说国统区的作家不熟悉工农兵，不知道工农兵为伟大时代的创造者，所以他们的作品中不能反映出当时社会的主要矛盾与主要斗争，表现在具体的创作上就是“非本质论”“主观论”“人道主义感伤论”及“个人主义”“庸俗抗战恋爱论”“颓废主义”等有害倾向的蔓延。周扬的报告则论述了解放区作家在实践了毛泽东的讲话精神后，出现了新的主题、新的人物、新的语言形式，工农兵自发的群众性的文艺活动也空前活跃。正是通过正反两方面的对照，新中国以工农兵为主体的人民文艺路线得到了强化。1949 年 7 月 6 日，周恩来做政治报告，他强调了文艺作为战斗部门在解放战争中所起的巨大作用，倡导文艺为人民服务，“我们从新区来的朋友，过去限于环境，不可能深入广大的群众，但今天的情况变了，有了深入群众的机会了。总之，应该首先去熟悉工农兵，因为工农兵是人民的主体”①。这里的新区，即指原属国统区的新解放区，周恩来将他们称为朋友，这是一个颇耐人寻味的称谓，既肯定他们在统一战线中所起的积极作用，也对他们饱含期待。当天下午七点二十分，毛泽东突然莅临会场，全场欢声雷动。毛泽东在简短讲话中说：“你们是人民的文学家，人民的艺术家，或者是人民的文学艺术工作的组织者。你们对于革命有好处，对于人民有好处。因为人民需要你们，我们就有理由欢迎你们。再讲一声，我们欢迎你们。”②

正是在新中国大局已定的情况下，第一次文代会才能胜利召开并制定出对文艺界有奠基意义的规约章程。相比于民国时段文学注重世俗生活情趣与审美品味不同，新中国“十七年”文学强调文学的无产阶级与社会主义性质，“在新的时代看来，社会历史的不同性质的交替，不仅意味着人民生活的进步和新生，同时也意味着文化发展在阶级属性上的某种中断和面临的新的起点”③。布尔迪厄在《实践理论纲要》中说：“一种特殊类型的环境所构成的结构……产生出习性，即持久的气质系统，这些已形成的结构会作为建构性的结构（structuring structures）而发挥作用，即作为实践和表征的产生和结构化的原则而起作用。”④ 新中国以《讲话》为核心的话语形成系统建

---

① 周恩来．在中华全国文学艺术工作者代表大会上的政治报告［A］//中华全国文学艺术工作者代表大会纪念文集．北京：新华书店，1950.

② 毛主席讲话［A］//中华全国文学艺术工作者代表大会纪念文集．北京：新华书店，1950.

③ 朱栋霖，等．中国现代文学史 1917—2012：下［M］．北京：北京大学出版社，2014：2.

④ ［英］汤普森．意识形态理论研究［M］．郭世平，等，译．北京：社会科学文献出版社，2013：50.

构出“十七年”特有的话语气质，而这些气质显然能生产出与之相匹配的文学内容与样式。

第一次文代会的召开揭橥了新中国文学的序幕，大会不仅明确了新中国文学的性质及方向，而且成立了领导文艺工作的全国性组织团体。在当时报到代表统计表上，我们可以看到大会有两个显著特征：一是与会代表的年轻化倾向，40 岁以下的文艺家人数占报到统计人数的 73.9%，35 岁以下的文艺家人数占 53%；二是文艺门类中戏剧艺术彰显强势姿态。从事戏剧业务的文艺工作者多达 267 人，占报到统计人数的 41.5%，而从事文学业务的工作者有 213 人，占报到统计人数的 33%。前者一方面说明第一次文代会重视文艺年轻力量的培养，从组织保障上为后续力量的发展创造条件；另一方面也说明第一次文代会在重视吸纳年龄较大的资深作家的同时，也重视吸纳年龄较轻并无大的文学实绩的文艺工作宣传者及组织者。后者说明作为大众艺术代表的戏剧更受人民欢迎。从宣传效能上看，直观的视听艺术比间接的表意符号更容易让人接受。新中国成立前工农大众主体大多为文盲半文盲的现实限制了他们对文学的接受，他们往往受传统戏曲濡染而更乐于接受这种直观的视听艺术门类。作为一种间接的表意符号艺术，文学在某种程度上对接受者的文化素质提出了要求，在绝大多数工农大众主体文化程度较低的现实情况下，文代会制定的注重普及与提高、普及第一的工作策略无疑是正确的（参见下表）。

第一次文代会报到代表统计表①

项目		总数（人）	共计（人）
性别	男	590	644
	女	54	

① 报到代表统计表［A］. 中华全国文学艺术工作者代表大会纪念文集［C］，北京：新华书店，1950.

续表

项目		总数（人）	共计（人）
年龄	20—25 岁	9	644
	26—30 岁	120	
	31—35 岁	212	
	36—40 岁	135	
	41—45 岁	88	
	46—50 岁	42	
	51—55 岁	19	
	56—60 岁	10	
	61—65 岁	6	
	66—70 岁	1	
	71—75 岁	1	
	89—	1	
业务	戏剧	267	644
	文学	213	
	美术	88	
	音乐	73	
	舞蹈	3	
未交表无法统计者		6	
报到总人数		650	

第二节 “十七年场域”的演化形式

1966 年 4 月 19 日，《人民日报》头版头条转载《解放军报》同年 4 月 18 日的社论《高举毛泽东思想伟大旗帜 积极参加社会主义文化大革命》，该文罕有地以大号字体排版，分两部分连载在头版和二版上，篇幅总长超过一个整版。该文指出：“在我国革命的两个阶段，即新民主主义阶段和社会主义阶段，文化战线上都存在两个阶级、两条路线的斗争，即无产阶级和资产阶级在文化战线上争夺领导权的斗争……在我国革命进入社会主义阶段以后，我们在文化战线上所进行的一系列重大的斗争，如对影片《武训传》的批判，对《红楼梦研究》的批判，对胡风反革命集团的斗争，反右派斗争，以及近三年来的社会主义文化大革命等等，都是党中央和毛主席亲自领导的。”时隔半个多世纪后，重新审视这段早已作了历史结论的话语，我们能清晰地看出发生在“十七年”文学中的五次“规训”。① 而通过对这些“规训”的梳理，新中国现代作家集编辑出版的历史大背景也客观真实地浮出地表。

一、从“工农兵”形象讨论到对《武训传》的批判

第一次文代会的召开标志着新中国文学的诞生，这也是一般意义上当代文学的起点，它奠定了新中国文学的秩序，大会成立的组织机构在一段时期内成为文学场域的权力中心，对新中国文学话语进行认可与评价。1950 年 4 月 22 日，《人民日报》发表《中国共产党中央委员会关于在报纸上开展批评与自我批评的决定》，决定指出：“今天大陆上的战争已经结束，我们的党已经领导着全国的政权，我们工作中的缺点和错误很容易危害广大人民的利益，而由于政权领导者的地位，领导者威信的提高，就容易产生骄傲情绪，在党内党外拒绝批评，压制批评。”而这样的后果就是“我们就要被严重的官僚主义所毒害，不能完成新中国的建设任务”。各地文艺刊物纷起响应，开展了广泛的批评与自我批评活动。1950 年 5 月 28 日，《人民日报》转载《改进我们的工作——〈人民文艺〉第一卷编辑工作的检讨》一文。8 月 13 日，《人民日报》转载《说说唱唱》编委会所做的检讨。中共中央的决定推动了文艺刊物的自我检查工作，使各地文艺刊物更加注重文艺思想，配合当

---

① 周扬也有类似的观点，他将之称为五次“大辩论，大批判”。龚育之．几番风雨忆周扬［M］//王蒙，袁鹰．忆周扬［M］．呼和浩特：内蒙古人民出版社，1998：235．“规训”（surveiller）是福柯在《规训与惩罚》中提出的概念，“它是一种权力类型，一种行使权力的轨道。它包括一系列手段、技术、程序、应有层次，目标”。［法］米歇尔·福柯．规训与惩罚［M］．刘北成，杨远婴，译．北京：三联书店，1999：241－242．

前的政治任务去组织迅速反映政治需要的稿件，更加努力地贯彻宣传《讲话》精神。1950年5月25日，《文艺报》第二卷第五期上开辟“批评与检讨”专栏，对路翎的《女工赵梅英》和经赵树理编辑发表的《金锁》进行批评。由此掀起如何正确书写工农形象的讨论。前者描写一个受旧社会浸染的女工，在共产党的教育下，从一个故意捣乱破坏工厂纪律的工人变成一个有思想觉悟的进步女工。后者中的金锁，本是一个乞丐，农忙时帮人打短工，他先和绰号“白蝴蝶”的破鞋发生暧昧关系，后又帮曹五爷当长工，曹五爷设计奸污了金锁妻，金锁妻找曹五爷报仇时被打死，金锁也被打走，后来金锁当了八路军的连长，新中国成立后回到村子斗倒地主曹五爷。这篇小说的前部脱胎于《阿Q正传》，后部关于新中国成立后的尾巴则是加上去的。当时的批评者认为这两篇小说其实是在丑化工人、农民。张明东在《评〈女工赵梅英〉》中认为，赵梅英其实是穿着工人衣服的小资产阶级人物。“她是小康人家的女儿，又漂亮，又有些聪明，以后在生活的打击下几乎变成一个下流的女人了，但仍然是不知道天高地厚，自高自大的。”“她是懦弱而虚荣的，无论吃了多大的亏，只要男人给她做一件花衣服，她就满足了。”① 这些缺点与当时工人阶级领导形象形成鲜明反差。评论还认为，赵梅英的“转变”没有思想基础，是刹那间的突然“转变”，而且在人物形象塑造上缺乏真实感。一方面对人物的社会出身、个性特点缺乏本质认识；另一方面随意糅合人物内心反差性的情感，给人造成神经质的印象。路翎自以为能充分表现人物内心丰富情感的“主观战斗精神”在这儿遭到接受者的调侃，这说明接受语境已发生时代性嬗变，一种新的审美标准正在形成。同理，当时对《金锁》的批评也认为作者描写主人公敌友不分，侮辱了农民。作者把“城市里最没出息的流氓性格，加以夸张后，硬加到一个农民身上，而写成了一个不现实的、被歪曲了的人物”②，尽管赵树理在《〈金锁〉发表前后》中对此进行了辩护，认为批评者将农民理想化了。事实上新中国成立前破产农民的谋生之道往往就是“赚”“乞”“偷”“抢”“诈”，现在看来，赵树理的辩护无疑是有生活基础的，但在当时却不被接受。“当翻天覆地划时代的大革

---

① 张明东．评《女工赵梅英》［J］．文艺报，1950（5）．

② 读者对于《金锁》的看法［N］．文艺报：第二卷第八期，1950－07－10.

命高潮卷起来的时代，描写革命动力之一的农民‘是应该写成正直的，有骨气的，敢于反抗的’（《文艺报》编者注语）正面的光明人物，而绝不应该绘制一个已经过了时的阿Q式的‘金锁’”。① 这其实是以革命胜利后的要求来拔高新中国成立前农民的革命性，用“理想化”过滤农民身上的“落后性”，但在“十七年场域”中，理想化的写作成了当时的主导话语。文艺工作者要无条件顺应这种主导话语，以便文艺更好地为工农兵服务。周扬在政务院第八十一次政务会议上报告1950年全国文化艺术工作情况时说：“过去一年，中央文化部的工作中一个比较最严重的缺点是对全国文化艺术工作的思想政策领导不够，这种缺点的形成，主要由于在思想上没有足够认识文化部的工作是一个思想的工作，而将过多的精力放在一般行政事务上，以致形成某种程度的事务主义作风。”② 周扬在政务会议上的总结一方面响应中央关于开展批评与自我批评的政策精神，另一方面也强调思想工作的重要性，倡导文艺家要提高认识，顺应时代主导话语，以便创作更好地为政策服务。

如果1950年开展的文艺刊物的批评与自我批评工作更多属于学术辩论的范畴，那么1951年对《武训传》的批判则掀起政治批判的先例。1951年5月20日，《人民日报》发表《应当重视电影〈武训传〉的讨论》的社论，该文将北京、天津、上海三地发表的歌颂武训的文章按照题目、作者、发表报刊及日期的方式列出不完全目录。毛泽东在社论中指出：“像武训那样的人，处在满清末年中国人民反对外国侵略者和反对国内的反动封建统治者的伟大斗争时代，根本不去触动封建经济基础及其上层建筑的一根毫毛，反而狂热地宣传封建文化，并为了取得自己所没有的宣传封建文化的地位，就对反动的封建统治者竭尽奴颜婢膝的能事，这种丑恶的行为，难道是我们所应当歌颂的吗?”包括《光明日报》《新民报》《天津日报》《进步日报》《大公报》《文汇报》《大众电影》在内的知名报刊受到点名批评。在批判了武训的投降主义后，毛泽东进一步指出，文化界思想混乱，部分共产党员受到资产阶级反动思想的侵蚀，不懂新事物战胜旧事物的历史发展规律。

其实早在1949年5月15日，《人民日报》曾发表《武训先生的故事》

① 读者对于《金锁》的看法［N］. 文艺报：第二卷第八期，1950－07－10.

② “文艺动态”专栏［N］. 文艺报，1951（2）.

一文，该文虽然也对武训看出了旧制度的黑暗，却并没有想到找一个革命的办法去改变这种制度的思想进行了批评，但对他行乞办贫童学校的义举是赞扬的，对他做牛做马的一生是同情的。时隔两年后，《人民日报》的态度有了根本性逆转，将义丐为穷人办学的故事上纲上线到带有根本性质的向旧制度投降的高度，导演和编剧孙瑜在《人民日报》上检讨。时任政务院副总理的郭沫若因为给李士钊编的《武训画传》写过题词，也在《人民日报》上检讨自己的错误。与检讨相配合，《人民日报》发表多篇批判文章，全国各地报刊也纷纷响应。自此，文艺批判成为读者的一种自觉反馈方式，他们纷纷争当文艺哨兵，为实践文艺的政治功能服务。诸如对萧也牧《我们夫妇之间》《海河边上》中小资产阶级倾向的批判，对影片《关连长》中人道主义和矮化英雄倾向的批判，大多不是从生活现实出发，而是从政治功效的角度去考量。

为了清除文艺工作中所谓浓厚的小资产阶级倾向，1951 年 11 月 17 日，全国文联常务委员会扩大会议召开。大会检讨了当前文艺工作状况，指出文艺工作落后于现实发展，不能满足国家和人民的要求。大会认为“文艺工作的这种落后的思想根源，就是忽视思想，脱离政治，脱离群众，迎合资产阶级小资产阶级的倾向”①。而为了战胜这种倾向，必须进行整风学习。大会决定，首先在北京文艺界组织整风学习，然后利用其经验在全国文艺界普遍展开整风学习运动。11 月 24 日，北京文艺界举行学习动员大会，胡乔木、周扬分别做报告。胡乔木指出文艺要充分宣传马克思主义文艺思想，使文艺成为工人阶级的战斗的武器，应该用工人阶级的思想来教育民众。周扬检讨了由于领导上的放松或放弃毛泽东同志的文艺路线，使文艺界思想战线上产生思想界限不清的混乱现象。非工人阶级的思想在某些机关中居于领导地位，没有反对《武训传》的制作、放映和对《武训传》的赞扬。与会代表丁玲、欧阳予倩、老舍、李广田等也发言表态，支持整风学习，改造思想改进工作。

二、从第二次文代会到对胡适思想的批判

1953 年 9 月 23 日，文学艺术工作者第二次代表大会在北京开幕。当时

① 北京文艺界开始整风学习［N］. 人民日报，1951－12－01.

中国正处于开展大规模经济建设的第一个五年计划时期，国家提出要逐步实现社会主义工业化和对农业、手工业和私营工商业的社会主义改造。大会的精神也要求文艺工作者用社会主义精神教育、鼓舞广大人民。大会的主题报告是周扬的《为创造更多的优秀的文学艺术作品而奋斗》，茅盾、邵荃麟分别做了《新的现实和新的任务》《沿着社会主义现实主义的方向前进》的报告。茅盾在报告中指出作家应根据时代精神“以艺术的力量推进社会主义的改造工作，要以社会主义思想去教育、改造千百万人民，用新型人物的高尚品质和英雄气概去鼓舞他们前进的勇气和信心”①。因此作家创作应更理想化，更典型。

第二次文代会召开前的 4 月下旬到 6 月下旬，“中国作协创委会组织北京的作家、批评家和各部门的领导干部，进行了两个多月的关于社会主义现实主义的学习，并就四个专题进行讨论，这四个专题是‘从马、恩、列、斯关于意识形态的学说及对文艺的指示来认识现实主义的发展’，‘关于典型和创造人物的问题’，‘关于文学的党性、人民性问题’，‘关于目前文学创作上的问题’，每个专题内都指定发言人组织发言和讨论”②。大会主题报告起草人由周扬替换了力图总结教训的冯雪峰。“第二次文代会，中央高层主要想解决的，是建国后文学艺术向什么方向走的问题。”“相对 1949 年以来较为宽松的文艺环境来说，第二次文代会以后，文艺的自主空间被进一步压缩，一举一动，都要从政治的视角打量和审思。某种程度上，这意味着文艺开始沿着毛泽东构建的方向悄然转身，一直延伸到‘文革’时期趋于极端的文艺路线。”③

1954 年 9 月，山东大学《文史哲》发表了李希凡、蓝翎的论文《关于〈红楼梦简论〉及其他》一文，李、蓝二人作为“年轻的《红楼梦》爱好者”对俞平伯的红学观提出了诸多批评。他们认为俞平伯的研究从抽象的“色空”概念出发，拘泥于烦琐考据的窠臼，违背了原著现实主义倾向性，

① 文学工作者代表大会开始举行［N］．人民日报，1953－09－26.

② 肖进．理念分歧还是方向之误？——第二次文代会的两个报告之争［J］．扬子江评论，2014（2）．

③ 肖进．理念分歧还是方向之误？——第二次文代会的两个报告之争［J］．扬子江评论，2014（2）．

贬低了作品的民族性和人民性。该文主要借鉴马列主义理论、毛泽东文艺思想及杜勃罗留波夫等人的文艺观，着重发掘《红楼梦》中反封建专制因素，也从原著中找到了一些令人信服的史料证据。对于百科全书式的《红楼梦》，读者的解读本可以仁者见仁智者见智，但李、蓝的文章最初发表时，发生了一些波折，后来在《文艺报》转载时，主编冯雪峰的按语也有暧昧之处。毛泽东一向推崇并深谙《红楼梦》，在读了李希凡、蓝翎写的《关于〈红楼梦简论〉及其他》后，写了《关于〈红楼梦〉研究问题的信》，并将此信传给部分党和国家领导人及文艺界领军人物传阅。毛泽东在信中说无产阶级大人物对“小人物”的很有生气的批判文章加以阻拦，却同资产阶级作家在唯心论方面讲统一战线。1954 年 12 月 8 日，中国文联和作协主席团扩大联席会议做出《关于〈文艺报〉的决议》，改组《文艺报》的编辑机构。主编冯雪峰被解职，检讨刊登在《人民日报》上。全国文艺界掀起反对胡适派资产阶级唯心论的斗争，要用马克思主义科学观点去研究古典文学，而不是让胡适派烦琐的考证、牵强的索引去诱导青年钻“故纸堆”，回避现实。对《红楼梦简论》中的所谓“反现实主义”唯心观的批判是用马列主义统领文化界思想的一次尝试。

三、对“胡风集团”的批判

1955 年 5 月 13 日，《人民日报》罕见地以整版刊发《关于胡风反党集团的一些材料》一文，由此掀起声势浩大的对“胡风集团”的批判。5 月 24 日、6 月 10 日，《人民日报》又分别刊发《关于胡风反党反社会主义集团的第二批材料》《关于胡风反革命集团的第三批材料》，批判不断升级。

新中国成立前，胡风派与中共文化人有过争论，其“主观论”“生活斗争论”在某种程度上阻碍着延安文艺座谈会讲话精神的贯彻执行。1944 年底到 1945 年初，参加过延安文艺整风的何其芳、刘白羽根据讲话精神，在重庆召开座谈会，对胡风等人的文艺思想进行批评。1948 年，在香港工作的邵荃麟、林默涵、胡绳等以《大众文艺丛刊》为阵地，对胡风派进行批判。新中国成立后，文艺界对胡风派的批评并未停止。1950 年 4 月，《人民日报》人民文艺专栏对胡风派成员阿垅“歪曲和伪造马克思主义”提出批评。1952 年 6 月 8 日，《人民日报》转载舒芜发表在《长江日报》上的《从头学习〈在延安文艺座谈会上的讲话〉》一文，舒芜在文中检讨了《论主观》的错误。《人民日报》在编者按中一方面对胡风小集团对抗知识分子改造提出批判，另一方面也对舒芜的自我批评表示欢迎。1953年1月30日，《文艺报》第二期上发表林默涵《胡风的反马克思主义的文艺思想》，第二天，《人民日报》加上按语转载了。按语指出胡风文艺思想“是一种实质上属于资产阶级、小资产阶级的个人主义思想”。这种文艺思想“因为在一些‘左’的、‘马列主义’的词句掩盖之下，对于部分小资产阶级知识分子就有迷惑作用，因此必须从根本上加以批判”。而林默涵的这篇文章则“从一些基本问题上揭露了胡风的文艺思想的实质，指出这种文艺思想与马克思列宁主义毛泽东文艺思想的根本区别”。紧接着林默涵的批判后，1953年《文艺报》第三期发表何其芳《现实主义的路，还是反现实主义的路》一文，也是专门批判胡风文艺思想的。1954年《文艺报》第12号上发表侯金镜《评路翎的三篇小说》，认为《洼地上的“战役”》《战士的心》《你的永远忠实的同志》对部队的政治生活作了歪曲描写，在部队中产生不良影响。胡风于同年7月向党中央提交三十万字的《关于解放以来的文艺实践情况的报告》，他首先检讨了自己的自由主义错误，然后对林默涵和何其芳“混乱的主观主义和庸俗的机械论”提出反批评，指出统治整个文艺战线的其实是“歪曲毛泽东理论的宗派主义者”。以周扬同志为中心的宗派主义者在文坛上“用行政命令制造威信”，只有“清算宗派主义，恢复党的正确领导”，文艺事业才能繁荣发展。胡风同时也运用马克思主义理论对新中国的文艺事业提出诸多建议与设想。

1954年胡风两次在“批判《红楼梦研究》运动”中的高调发言及尖锐的《万言书》，在当时环境下，当然不为所允，胡风及胡风分子被定性为“一切反革命阶级、集团和个人的代言人”①。所谓的“胡风分子”及“骨干成员”的出版物均被收缴，其在改变众多文人命运的同时，也深远地影响了当代文学的格局与走向。

四、从“双百”方针到“整风”“反右”

在批判了所谓“胡风反革命集团”之后的1956年，毛泽东在最高国务

---

① 毛泽东．毛泽东选集：第五卷［M］．北京：人民出版社，1977：180.

会议上提出“百花齐放、百家争鸣”的方针，受到文艺界和科学界的欢迎。文学领域出现一批真实书写社会生活、正视现实矛盾的作品。1957 年 5 月 1 日，《人民日报》刊发《中国共产党中央委员会关于整风运动的指示》一文，指出：“几年以来，在我们党内，脱离群众和脱离实际的官僚主义、宗派主义和主观主义，有了新的滋长。因此要通过整风，经过批评与自我批评，在新的基础上达到新的团结。”指示欢迎党外人士提意见，以帮助党内整风。各级党政机关、高等院校、科研机构、文化艺术单位纷纷召开各种形式的座谈会和小组会，听取党内外群众意见，欢迎“鸣”“放”。在广大群众和爱国人士提出大量有益建议的同时，少数右派分子对党的领导和社会主义制度进行攻击。6 月 8 日《人民日报》发表《这是为什么?》的社论，指出：“在‘帮助共产党整风’的名义之下，少数的右派分子正在向共产党和工人阶级领导权挑战。”由此揭开文艺界反右派的序幕。

在“双百方针”时期，文艺界发表了许多重要理论文章。秦兆阳的《现实主义——广阔的道路》，对妨害文学现实主义发挥的教条主义提出了批判，肯定了社会主义现实主义的批判功能，同时对只顾政治宣传的文艺作品提出了委婉的批评。钟惦棐在《电影的锣鼓》中尖锐地指出电影与观众的欣赏脱节，行政管理上官僚作风严重，干涉过多，题材上将为工农兵服务理解为“工农兵电影”。钱谷融在《论“文学是人学”》中指出文学的目的是写人，不是将人作为工具去反映现实。这里的人不是整个人类的“人”，也不是某个阶级的“人”，而是具体的、个别的人。在描写人中，起决定作用的是作家的美学理想和人道主义精神。社会主义现实主义是按照社会主义的人道主义原则来描写人、对待人。阶级性是从具体的人身上概括出来的，而不是具体的人按照阶级性来制造的。作家的创作不应该从抽象的阶级性出发，而是从感性的活生生的人出发，这样才能创造出典型。刘绍棠在《我对当前文艺问题的一些浅见》中对当时的文艺现象提出了一些大胆的意见。他指出文坛上公式化概念化的根源在于教条主义者机械地、守旧地、片面地、夸大地执行了毛泽东指导新中国成立前文艺运动的策略性理论。要求文学艺术作品非常及时地为政策方针服务，其实违反了唯物论的基本原则。因为根据存在决定意识的原理，作为观念形态的文学艺术，它只有在生活中的事物已经发生和存在以后才能反映。在普及与提高的关系上，刘绍棠指出当前应以“提高”为主。他认为创作题材虽有主从之分，即以工人农民的题材为主，以知识分子和其他阶层的题材为从，但最终决定作品价值的，不是题材和主题的重大与否，而是作品艺术形象表现的思想意义和艺术感染力。在思想改造方面，刘绍棠认为要采用说服的办法，而不能用压服的方法。其他探讨当时文艺现状的理论文章还有陈涌的《为文学艺术的现实主义而斗争的鲁迅》、周勃的《论社会主义时代的现实主义》、巴人的《论人情》、黄秋耘的《刺在哪里?》、于晴的《文艺批评的歧路》、唐挚的《繁琐公式可以指导创作吗？——与周扬同志商榷几个关于创造英雄人物的论点》、蔡田的《现实主义，还是公式主义?》等文章，这些发表于“双百方针”期间的论文对当时文坛中的问题提出了不少真知灼见。

五、从“社教”到“社会主义文化革命”

1960 年 7 月 22 日，第三次文学艺术界代表大会召开，大会指出文学艺术工作者要通过文艺武器提高全国人民社会主义和共产主义的思想觉悟，提高全国人民共产主义的道德品质。大会的召开正值国内三年自然灾害时期，“大跃进”带来的严重后果使“单干风”有回潮倾向。国际上，苏共领导人赫鲁晓夫对中国的“三面红旗”提出了批评。同年 6 月 24—26 日，两党在布加勒斯特举行的社会主义各国共产党和工人党代表大会上发生争论。7 月 16 日，苏联政府单方面决定，撕毁中苏签订的合同和协定，一个月内撤走全部苏联专家。正是在国内外复杂的情势下，加强社会主义教育，防止国家变资变修，成为国家领导人警醒的话题。1962 年 9 月 24 日，中国共产党第八届中央委员会第十次全体会议在北京举行，毛泽东在会上进一步提出“千万不要忘记阶级斗争”的论断。此后，在全国城乡开展了长达三年之久的社会主义教育运动，在文艺界则强调意识形态的阶级斗争，反对阶级调和，认为在整个社会主义阶段都有资本主义复辟的危险。“革命传统教育”“忆苦思甜教育”“问五老访四史教育”等成为时代潮流。1964 年 6 月 5 日，全国京剧现代戏观摩演出大会在北京举行，19 个省、市、自治区的 28 个剧团参加，演出了《芦荡火种》《红灯记》《奇袭白虎团》《红色娘子军》《智取威虎山》《洪湖赤卫队》等 37 个剧目。6 月 30 日，《红旗》杂志第十二期发表社论《文化战线上的一个大革命》。7 月 1 日，《人民日报》全文转载该社论，由此揭开了“社会主义文化革命”（非政治意义上的1966年的“无产阶级文化大革命”）的序幕。毛泽东也对文艺界“非工农兵方向、非社会主义方向”进行了批评。7月2日，中央决定成立“文化革命五人小组”，负责领导文艺界整风事宜，开始对意识形态领域所谓非无产阶级思想进行批判。1964年8月对影片《早春二月》展开批判，认为其美化剥削，宣传资产阶级人道主义和阶级调和；1964年《文艺报》第8、9期合刊对邵荃麟曾支持的“中间人物论”“现实主义深化论”等展开批判，认为其掩盖阶级斗争，排斥革命现实主义与革命浪漫主义相结合的创作方法，其本质是资本主义的文学主张；1965年《人民日报》批判电影《林家铺子》，认为其掩盖阶级剥削，抹煞阶级矛盾。《早春二月》《谢瑶环》《李慧娘》《林家铺子》《红日》《兵临城下》等众多优秀作品被打成“毒草”。

综上所述，“十七年”时期文艺界发生了五次全国性的“大辩论，大批判”（周扬语），政治批判逐渐取代严谨科学的学术探讨，对新中国成立后文学的发展走向产生深远的影响。置身于“十七年”特定的历史场域中，现代作家集的编选出版也呈现相应的历史印记。

第二章　人文社：新的国家级文学出版机构与新的经典规范的打造

阿尔都塞在论述意识形态国家机器（Appareils Idéologiques d’Etat）时说，国家机器包括两类：一类是代表镇压性国家机器的机构；一类是代表那些意识形态国家机器的机构。前者属于公共领域，包括政府、行政机关、军队、警察、法庭、监狱等。而后者绝大多数是私人领域的组成部分，诸如教会、党派、工会、家庭、某些学校、大多数报纸、各种文化投机事业等，与前者主要通过法律和政令来行事不同，后者主要通过占统治地位的意识形态这个中介来“行事”。阿尔都塞明确地说：“任何一个阶级如果不在掌握政权的同时对意识形态国家机器并在这套机器中行使其领导权的话，那么它的政权就不会持久。”① 他举例强调这一点：“列宁忧心忡忡地惦念着教育（及其他）意识形态国家机器的革命化，只是为了让已经夺取国家政权的苏维埃无产阶级能够保证未来的无产阶级专政和向社会主义过渡。”② 毛泽东也说：“凡是要推翻一个政权，总要先造成舆论，总是先做意识形态方面的工作。革命的阶级是这样，反革命的阶级也是这样。”③

新中国成立前夕，随着解放战争的胜利，各地军管会相继接管国民党官办的出版社及所属印刷厂。对于私营出版社则采取登记监督、发放营业许可证的管理办法。在新中国成立后两三年内的国民经济恢复时期，随着政治宣

---

① 阿尔都塞．意识形态和意识形态国家机器［M］//肖燕雄，刘彬彬，丁忠伟．戏剧与影视理论精粹．广州：世界图书出版广东有限公司，2012：258.

② 阿尔都塞．意识形态和意识形态国家机器［M］//肖燕雄，刘彬彬，丁忠伟．戏剧与影视理论精粹．广州：世界图书出版广东有限公司，2012：258.

③ 1962 年毛泽东在八届十中全会上发言［N］．人民日报，1966 - 08 - 08.

传工作的发展需要，公私出版社均获得一定的发展。1953 年，国家开始对资本主义工商业进行社会主义改造，私营出版社逐渐减少，到 1956 年底完成对私营出版社的社会主义改造，私营出版社成为历史。现将 20 世纪 50 年代初期公私出版社统计列表如下：①

单位：家

年份（截至年底统计）	国营		私营	总计
	中央	地方		
1950	6	21	184	211
1951	13	51	321	385
1952	16	54	356	426
1953	21	41	290	352
1954	30	40	97	167
1955	37	40	19	96
1956	54	47	0	101

在新中国成立初期，为了配合政府机关、部队顺利接管城市工作，以北京、上海、沈阳、武汉等大城市为中心，许多出版社、报社、书店纷纷印制宣传新中国意识形态的文艺丛书，诸如北京的文艺建设丛书、中国人民文艺丛书、青年文艺丛书、收获文艺丛书、解放军文艺丛书；上海的文艺创作丛书、劳动文艺丛书、人民文学丛刊、新中国文艺丛书、群益文艺丛书、文艺复兴丛书、文化工作社丛书；沈阳的东北文艺小丛书、青年学习小丛书；武汉的长江文艺丛书、大众文丛、部队文艺丛书等。私营出版社对新中国的意识形态建构做过一定贡献，但新中国的国家性质及意识形态工作的重要性，决定了以营利为目的的私营出版业的发展必将受到限制，中国共产党领导的出版社和新成立的出版社将成为出版业的领导力量，人民文学出版社正是在此契机中成立的。

---

① 本表根据“中国作家网”上信息整理，参见中华人民共和国出版大事记［EB/OL］. 中国作家网，2011－11－06.

新中国私营出版社社徽管窥。此期间的私营出版社包括上海出版公司、海燕书店、良友、北新、平明、开明、新潮等，为数众多，后来大多为国营出版社合并。

第一节　人文社的创建与定位

新中国成立初始，并没有国家级的专业文学出版社，有关文学的书籍主要由三类出版社完成。一类为国家级综合性的出版发行单位新华书店；一类为国家级非文学专业出版社，比如工人出版社；最多的一类为地方出版社及私营出版社。上海的新文艺出版社、华东人民出版社、开明书店、北新书局、上海杂志公司、中华书局、群益出版社、平明出版社、上海出版公司、文化工作社、新群出版社、劳动出版社，北京的生活·读者·新知三联书店，武汉的中南人民出版社、武汉通俗图书出版社，香港的新少年出版社、求实出版社，广州的人间书屋、沈阳的通俗文艺出版社等均是当时较为知名的文艺书籍出版社。

1950 年底，当时文化部艺术局下设有一个编审处，“具体工作是编印《中国人民文艺丛书》《新文学丛书》和《苏联文学丛书》，分别交新华书店、三联书店、开明书店出版。但因呼应不灵，周扬便有意要成立一个文学出版社，隶属文化部，就命沙可夫（办公厅主任）和蒋天佐（编审处主任）负责筹组”①。而当蒋天佐到出版总署商谈成立人民文学出版社时，正逢出

① 许觉民．四十年话旧说新——祝人民文学出版社成立四十周年［J］．新文学史料，1991（1）．

版总署部署出版专业化以利分工合作的良机。1950 年 7 月 17 日，《人民日报》刊载中央人民政府出版总署署长胡愈之在京、津出版工作会议上的报告《出版事业中的公私关系和分工合作问题》，报告指出要合理调整出版业中的公私关系，对于私营出版业，则“在国营的出版业领导下，鼓励其经营的积极性，并扶助其发展，使之分工合作，各得其所”。报告同时指出要实行发行和出版分工及出版专业化。新华书店专营发行，停止出版。要成立书刊贸易公司，代理各公私出版社的发行工作，而新华书店的出版职能则交给专业的国家出版社，“出版总署在最近时期内，将建立人民出版社，作为国营出版机关，代表国家出版政治文件性著作及一般的时事政治读物，除了现有工人出版社、青年出版社、科学技术出版社和专业国际问题书刊的世界知识社之外，今后将分开创立人民教育出版社、地图出版社、辞书出版社等等。”出版总署成立专业出版社，“是使出版事业逐步走上有计划有步骤的道路”，以避免各出版社之间为了抢占资源而出现“重复及不良竞争”。正是基于国家出版总署出版专业化的构想，文化部拟创建专业的文学出版社的方案获得通过。双方决定由文化部、出版总署双重领导成立一个人民文学出版社。文化部将艺术局下设编审处的人员全数调入出版社，出版总署将三联书店一部分人调入，同时文化部也公开招考一批青年参加出版社。① 总计约有 40 余人。1951 年 3 月，人民文学出版社宣告成立。②

① 许觉民．四十年话旧说新——祝人民文学出版社成立四十周年［J］．新文学史料，1991（1）．

② 在 1958 年 9 月人民文学出版社编制的《五年出版规划草案（1958—1962）》一书中（该书为内部资料，由时任人文社主要领导的王任叔动员编辑部全体工作人员编制而成），介绍人民文学出版社概况时，指出“我社成立于 1951 年 3 月，至今已经七年”。

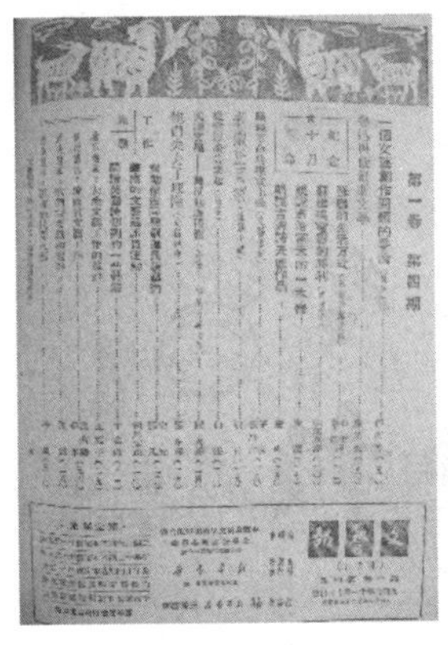
第一卷　第四期

第三卷　第六期

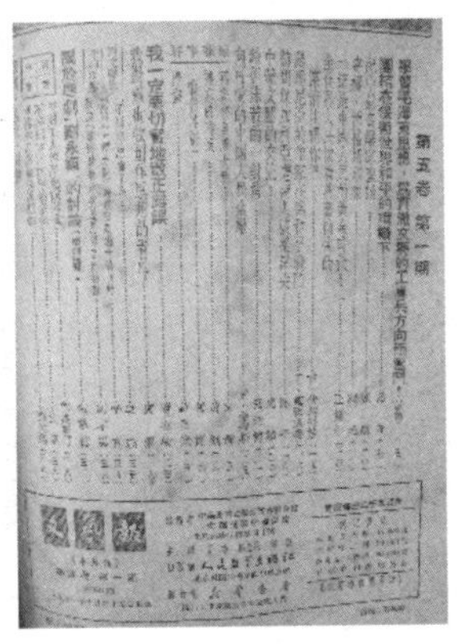
第五卷　第一期

〔创刊于1949年9月25日的《文艺报》出版发行折射出国家出版社的变迁，首先由新华书店出版兼发行（位于北京北新华街甲一号），后改由人民出版社出版（社址在北京东总布胡同十号），新华书店发行（总店在北京延寿寺街刘家大门），最后由新成立的人民文学出版社出版（社址在北京东四头条胡同5号），其出版社名称书写字体也由毛泽东改成了鲁迅。〕

在1951年3月25日《文艺报》第三卷第十一期上，刊载了《中华全国文学艺术界联合会一九五〇工作总结及一九五一的工作计划》一文，在工作计划部分提到要协助筹建文学出版社，可见人文社的成立也得到全国文联的支持。1951年4月25日《人民日报》上刊载一则有关《文艺报》第四卷第二期的广告①，在出版社一栏标明该期由人民文学出版社出版，《文艺报》创刊至第四卷第一期之前，曾先后由新华书店和人民出版社出版。从第四卷第一期起由人民文学出版社出版，这也是人文社第一次在全国最重要的媒介上亮相。1951年6月23日，时任中央人民政府委员、政务院副总理兼财政经济委员会主任的陈云为人民文学出版社签署营业执照。当时人文社的地址为北京东四头条胡同5号，1958年1月迁入朝内大街166号。

① 根据刊物的实际出版情况，应为《文艺报》第四卷第一期，《人民日报》误印为第四卷第二期（笔者注）。

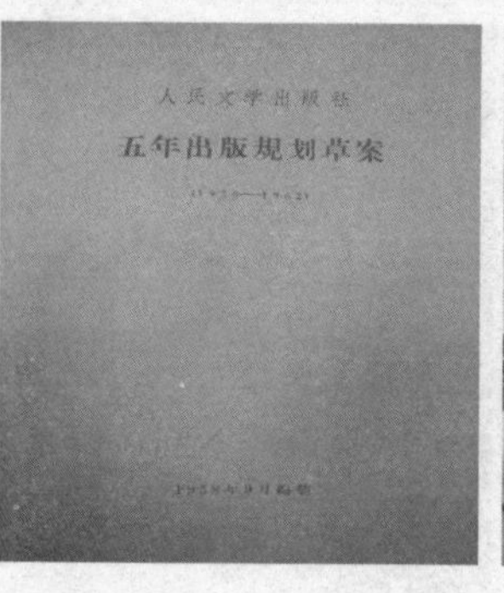

〔左图为刊载于1951年4月25日《人民日报》的一则广告：“《文艺报》第四卷第二期由人民文学出版社出版。”中图为1958年9月由王任叔负责编制的《人民文学出版社五年出版规划草案（1958—1962）》，时值大跃进，该草案也设计了远景规划：苦战三五年后成为世界上最先进的出版社之一，使出版社作品在丰富鲁迅和高尔基传统的基础上，出现社会主义时代的屈原、杜甫、巴尔扎克和托尔斯泰。书籍形式要有独特的民族风格，装帧设计和印刷质量，三年内要超过一切资本主义国家。右图为位于朝内大街166号的原人文社社址。〕

人文社是新中国的第一家国家级的专业文学出版社，此后成立的国家级文学出版社诸如时代文艺出版社、通俗读物出版社、中国青年出版社和解放军文艺出版社，在当时的影响均不及人文社。人文社成为国家级出版社中的“皇冠出版社”，在文学出版领域居于最重要的地位。据1958年9月由时任人文社主要领导的王任叔负责编制的《五年出版规划草案（1958—1962）》一书介绍，“七年来，我社共出书1571种；干部方面，从97人增长到1957年底的280多人。与我社有约稿和出书的著译者，1957年即达1863人，其中基本著译者，有640人以上”①。而在具体的出版业务上，出版物涵盖中国现代文学（包括五四文学、当代文学）、中国古典文学、外国古典名著、苏联及兄弟国家的文学作品、文艺理论等诸多方面。从发行来看，人文社的业绩也是很可观的。“印数从五万册到一百多万册的古典名著和现代优秀作品，

① 人民文学出版社．人民文学出版社概况［M］//五年出版规划草案（1958—1962）．北京：人民文学出版社，1958：1．（该书为内部资料，并未公开发行，笔者注）

约占总出版物品种 25% 以上。"① 人文社取得的以上成绩显然与人文社的出版实力、出版理念及人文社首任社长兼总编辑冯雪峰关系密切。

据曾任出版总署署长的胡愈之回忆："周总理打电话给我讲，'叫冯雪峰做人民文学出版社社长，但待遇要比普通社长高一点，工资要高一点，要给他一辆私人用小汽车。'"② 可见，授命冯雪峰为人民文学出版社社长是中央领导之意，这也说明人文社受到高层的支持，其享受的"高于普通社长"的待遇也是对这位参加过长征的老党员的充分肯定。尽管冯雪峰对出版社的上级领导机关中的某些成员不满意，对在其领导之下工作有些踌躇，他还是于 1951 年 7 月将家眷从上海迁到北京，不准备回上海，要安心在人文社工作。据鲁迅著作编刊社成员王士菁回忆说："胡乔木（当时是中共中央宣传部副部长）、胡愈之（当时是出版总署署长）、邵荃麟等同志都希望他到北京工作，所以他'不能不去了'。"③ 冯雪峰到人文社时，还将 1950 年 10 月成立于上海的"鲁迅著作编刊社"成员也一起带来，其中包括孙用、林辰、杨霁云、王士菁、杨立平、殷维汉、王珩等人，并成立人文社"鲁迅著作编辑室"。

作为现代文学著名作家、鲁迅先生的学生及朋友，冯雪峰以其特有的眼光与魄力对人文社的创建做出了奠基贡献。他首先充实提升了编辑部，先后调来王任叔、聂绀弩、楼适夷、严辰、舒芜、牛汉等知名学者。在出版理念上制定了"古今中外、提高为主"的八字方针，将出版面涵盖宽广的人类优秀文艺作品。与一般地方级出版社和大众通俗文艺出版社不同，人文社注重"普及基础上的提高"，强调图书的质量与品位，将服务对象界定为知识界中有一定文学素养的读者。曾任人文社副社长的徐觉民回忆："在五十年代的几年中……现代文学方面，《鲁迅全集》以外，先后出版了《茅盾文集》《沫若文集》《巴金文集》等各十余卷，还印了《叶圣陶文集》数卷和《郑振铎文集》两卷。至于'五四'以来作家的选集，出版了近五十种左右……

① 人民文学出版社．人民文学出版社概况［M］//五年出版规划草案（1958—1962）．北京：人民文学出版社，1958：2．（该书为内部资料，并未公开发行，笔者注）

② 胡愈之．我所知道的冯雪峰［J］．新文学史料，1985（4）．

③ 王士菁．编辑三愿——纪念人民文学出版社成立四十周年［J］．新文学史料，1991（1）．

读书界和出版社的同志往往回忆起这一段光景，常称之为是人民文学出版社的黄金时代。这因为不仅出版物势如汹涌，重要的是质量高，基本上都具有流传价值。”① 而这些成绩的取得，显然是冯雪峰卓越的远见及人文社同仁共同努力的结果。

第二节　新的经典规范的打造

1949 年 7 月 1 日，《人民日报》发表毛泽东为纪念中国共产党成立二十八周年而撰写的论文《论人民民主专政》，该文指出人民民主专政就是工人阶级领导的，以工农联盟为基础的专政。而人民的具体内容则包括工人阶级、农民阶级、城市小资产阶级和民族资产阶级，他们是中国革命的领导者与参与者，理所当然要享受革命的胜利果实。而对一切革命的反对派（即非人民者）则要实行专政。由此可见，人民不仅是一个历史概念，更是一个政治概念，新中国关于人民的定义与定位昭示了国家的性质及发展走向。时任出版总署副署长的叶圣陶曾在《光明日报》上解释为什么要叫“人民文学出版社”：“1949 年开国的时候，《共同纲领》是代表宪法的根本大法。《共同纲领》关于文教政策的一章里，就有一条提出‘要发展人民出版事业’。这就是个总方针，说明我们的出版事业是为人民服务的事业。陆定一部长在 1949 年 10 月召开的全国新华书店出版工作会议闭幕词中更明确地说：‘我们的出版事业要为人民服务，首先是为工农兵服务，同时也为知识分子和学生服务。’这个总方针不仅指出了我们的出版事业的根本性质，并且指出了我们的出版事业的发展方向。后来国营出版社一个一个成立起来，社名上都有‘人民’两个字。加上这两个字大有意思，大有道理，可以让人家从这些出版社的名称上领会这些出版社的实质。为人民的出版社，只有人民解放了的新中国才可能成立起来。”② 王任叔在论述人民文学出版社的定位时说：“一

---

① 许觉民．四十年话旧说新——祝人民文学出版社成立四十周年［J］．新文学史料，1991（1）．

② 叶圣陶．出版工作有方针有成绩［N］．光明日报，1957－08－12．

方面我们的出版社是国家和人民的事业，也是作家们的共同事业；另一方面出版社和作家的关系是建筑在为人民服务、保卫党、国家和人民的利益的这个唯一的基础之上的。这样我们文学的出版事业必然能够随着经济战线上社会主义建设和社会主义改造的高潮共同前进。”①

人民是新中国的主人，“人民”的概念不仅标示着权威的舆论导向，也衍生成经典规范的打造者、制订者。诸如人民教育出版社、人民美术出版社和人民文学出版社等，均为各自出版行业中最大最具实力的机构，事实上也成为该行业经典规范的制订者。而人民文学出版社作为文学出版界的翘楚，其打造经典的身份确立显然与该社的地位、出版旨要以及社长风格密切相关。

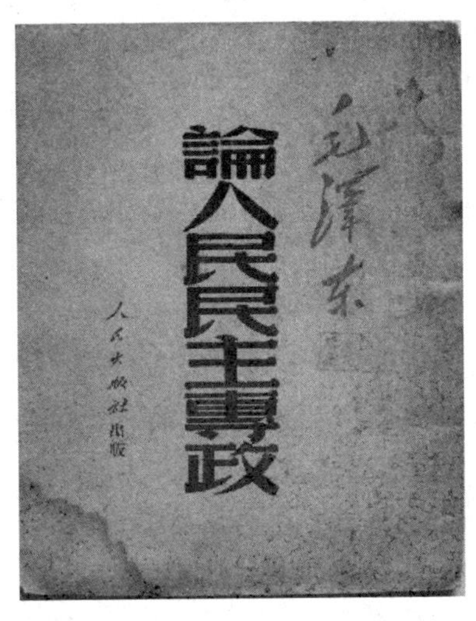

〔图为《论人民民主专政》的单行本，1949 年 7 月初版后又多次印刷。〕

1949 年 7 月 1 日，《人民日报》头版刊发了毛泽东的《论人民民主专政——纪念中国共产党二十八周年》一文，该文语言通俗平易，语调侃侃而谈，雄辩有力的论述给人亲和踏实感。毛泽东首先从远景上阐释了一条真理：“消灭阶级、消灭国家权力，消灭党，全人类都要走这一条路的，问题

① 中国作家协会编．中国作家协会第二次理事会会议（扩大）报告、发言集［C］．北京：人民文学出版社，1956：351.

只是时间和条件。”这才符合辩证法。随后，毛泽东论述了中国人筚路蓝缕寻求救国救民的历程，共产党人找到马列主义才使得这一理想最终实现。指出了新中国成立后的斗争策略，“中立是伪装的，第三条道路是没有的”，我们必须坚决“倒向社会主义一边”。“我们要做生意”，“我们也要国际援助”。最后，毛泽东幽默地说，正如“可爱的先生们”所言，我们是“独裁”的，“我们实行人民民主专政，或曰人民民主独裁”，我们“剥夺反动派的发言权，只让人民有发言权”。在人民内部，“实行民主制度，给予言论集会结社等项的自由权”。对于反动派，“只许他们规规矩矩，不许他们乱说乱动”。只有这样，革命才不会失败，人民才不会遭殃，国家才不会灭亡。该版《人民日报》上毛泽东头戴八角帽的照片，为新中国宣传标准照，此照片多次出现在媒体宣传的国家重大事件时间节点上，诸如政协会议的召开闭幕、中苏建交、人民革命军事委员会首次会议召开等。

1957年5月5日，《人民日报》刊发《出版界的内部矛盾需要解决》一文，这是在全党整风鼓励“大鸣大放”中反映出的问题之一。该文指出目前出版界过分强调专业分工，形成“只此一家，别无分设”的情况，不利于出版社之间的互相竞赛与竞争。对计划经济体制下国家包办出版业的情况提出委婉的批评。同时也指出北京的人民文学出版社过于强势，其十二年规划中把所有的外国文学名著都列入计划，并且网罗了所有知名的翻译家，当时知名的上海新文艺出版社与人民文学出版社在竞争中明显处于劣势，因为优秀的读物要先让人文社出。客观审视这篇“鸣放”，我们不难发现集中国家体制内诸多优势因素的人文社事实上在文学出版界居于顶端位置。“在与其他出版社之间的分工问题上占据明显优势，并获得了更好的文学资源。”① 在文化部1957年5月召开的文艺作家座谈会上，吴祖光就反映上海新文艺的稿费比人民文学出版社低一半。王中青在回忆赵树理的文章《太行人民的儿子》中也有类似介绍，有一次赵树理在北京马家庙胡同的新居招待他，“我又问起他的新作《三里湾》印了多少册，收入一定不小。他说：‘我要是为了收入多，就送到人民文学出版社了，现在送到通俗读物出版社出版，是为

① 王秀涛．当代出版制度的建立与文学生产［J］．现代中文学刊，2013（3）．

了销行广，只要广大农民能看到这本书，我是不顾及稿费多少的！'"① 据中青社的编辑黄伊回忆："50年代中期，人家并不怎么看得起中国青年出版社，一直把我们当作第二流的出版社。本来，总政文化部已经在人民文学出版社出版了一套"解放军文艺丛书"。但是，当我们得知他们还想另外再编一些丛书交给中国青年出版社时，我虽然明知他们不打算将最好的作品给我们，还是跟他们签了合同，忍气吞声发了三四本一般性的书稿。"② 由此可见，在同属中央一级的国家出版社之间，由于出版社的实力名气等因素的差异而存在等级关系，人文社则在等级关系中明显处于优势，这为其打造经典奠定了坚实的物质客观条件。1956年2月27日至3月6日，中国作家协会召开了第二次理事会会议（扩大），出席会议的除中国作家协会理事外，还有一部分作家和各省、市文艺工作负责人。人文社负责人王任叔在大会上也发了言。他指出社会主义国家的出版社不是某些艺术爱好相接近的朋友集体或同仁性质的事业，而是国家和人民的事业，不允许存在资本家对作家的"收买"和"豢养"关系，民国时期市场主导的买卖文稿制度、利用朋友感情私相授受情况应该杜绝。同时他也委婉地指出了人文社的缺点，包括大会代表在会上批评的"掌柜坐柜台"思想、组稿工作不全面、对社会力量信任不足、对读者迫切需要不够敏锐等。王任叔关于缺点的论述佐证了人文社"一家独尊"的文艺界出版老大地位：挂着国家的招牌，出版社没有积极约稿组稿，许多作家反而要主动送稿上门。他最后总结一定要统筹社会各方面力量，做好计划选题，拟定好远景规划，在"五四"文学的编选方面，"在我们的规划中希望七年以内做好五四至建国时期的文学全面编选工作，包括代表作家的全集、文集、选集和单行本；包括按时期按类别编选的总集；包括文艺理论的参考资料"③。按此计划，至迟到1963年，人文社可以编讫出版全套现代作家集。④

---

① 丁玲，巴金等．作家的怀念［M］．成都：四川人民出版社，1979：33.

② 黄伊．我在中国青年出版社的难忘岁月［J］．出版科学，1999（1）．

③ 中国作家协会编．中国作家协会第二次理事会会议（扩大）报告、发言集［C］．北京：人民文学出版社，1956：359.

④ 由于受制于文艺运动、经济困难、专家学者人手缺乏等多方面原因，此计划并未完全实现。

1952年7月15日，出版总署制订了中央一级各出版社的专业分工，规定人民文学出版社为国家的文学书籍出版机构，它的任务是：（1）编辑出版现代中国的文学作品；（2）编辑出版文艺理论和文学史；（3）编选出版五四以来的重要文学作品；（4）编选出版优秀的通俗文学读物和民间文学作品等。① 由此可见，五四以来重要的现代文学作家作品集一直是人文社的出版重点。1959年9月5日，文化部为了进一步明确出版社的分工，加强出版社之间的协作，调整了文学、戏剧、青年、儿童、美术、文物出版社的出书任务，规定人民文学出版社的主要任务是：选拔出版当代中国优秀文学作品（作品须经过2—3年的社会考验，有些还应经过原作者修改提高）；选拔和出版有较高水平的文艺理论、文艺研究和文学史著作；整理编选中国各兄弟民族的优秀传统作品；整理出版五四以来的新文学作品；整理出版最重要的中国古典文学名著等。② 相比1952年的专业分工，人民文学出版社在此阶段更重视当代文学的建设，这是为配合文学大跃进和新中国成立十周年文学成果巡礼而制订的，是当时政治工作的需要，同时也强调了要整理出版五四以来新文学作品，以满足高校、科研院所及社会的需求。作为出版现代作家集的重要平台，人文社的出版旨要保证了现代文学经典打造的产生，使得"'五四'新文学运动以来的创作情况大体上展现了出来，为今后进一步更为系统地整理和研究中国现代文学，提供了良好的基础"③。

从人文社首任社长冯雪峰的角度来考察，冯雪峰是经典生产的最终决策者。人文社"社内采取党委领导下的社长负责制"，"行政集体领导机构为社务委员会，由社长、总编辑、编辑组组长、部室主任、青年团负责人、工会负责人组成。社务委员会下设编辑会议、生产会议和行政会议等；负责处理全社日常工作。""在社长、总编辑领导下，设六个编辑组和一室：1. 新创作

① 《出版总署关于中央一级各出版社的专业分工及其领导关系的规定（草案）（1952年7月15日）》，见中国出版科学研究所，中央档案馆．中华人民共和国出版史料第四卷［M］．北京：中国书籍出版社，1998：96.

② 《文化部党组关于进一步明确出版社的分工，加强协作和调整若干出版社的方针任务给中央宣传部的报告（1959年9月5日）》，见中国出版科学研究所，中央档案馆编．中华人民共和国出版史料第十卷［M］．北京：中国书籍出版社，2005：160.

③ 当代中国丛书编辑部．当代中国的出版事业：上［M］．北京：当代中国出版社，1993：375.

组；2. 五四文学（包括鲁迅著作）组；3. 中国古典文学组；4. 苏联、东欧文学组；5. 亚非文学组；6. 欧美文学组；7. 编务室（下设资料科及宣传联络干事若干人）负责宣传、联络、资料供应以及其他编辑行政工作。”“在社长领导下，设：一、生产部，负责书籍的出版、发行工作。下设计划财务科、出版科（包括美术设计）、校对科、材料科、发行科、排版所。二、办公室，办公室设人事干事、秘书干事、打印组和管理科。”① 从以上人文社的组织概况说明中，我们不难看出，身兼社长、总编辑的冯雪峰在社内处于名副其实的主要领导地位，他对出版物的选题有终审权。据曾任出版总署署长的胡愈之回忆：“人民文学出版社搞得很不错，雪峰有眼光，有魄力，出版了许多优秀的文艺书籍，也拒绝了不少‘有来头’的不够出版水平的书稿。”② 有一回，“时任诗歌散文组组长的牛汉，把一个编辑编的一本某现代诗人的诗选，送交给冯雪峰签名，冯雪峰接过稿子，啪地扔到了地上，说：‘他也就三四十年代有那么两首好诗，再就没什么好的了！’”③ 正是冯雪峰耿介正直的性格及对文本价值和艺术质量的追求，使人文社在现代作家集的出版上书写了浓墨重彩的一笔，留下了不少有流传价值的经典文本。

---

① 人民文学出版社．人民文学出版社概况［M］//五年出版规划草案（1958—1962）．北京：人民文学出版社，1958：1．（该书为内部资料，并未公开发行，笔者注）

② 胡愈之．我所知道的冯雪峰［J］．新文学史料，1985（4）．

③ 鲁大智．冯雪峰：一介文人［N］．中华读书报，2009－09－23．

第三章 《鲁迅全集》编选考察

中国古代历来有文人编纂文集的传统，“集”的本义是指“群鸟在木上也”（《说文·雥部》）。后来引申出“荟萃”“聚合”之意。据《四库全书总目·卷一四八·集部·别集类一》载：“集始于东汉。荀况诸集，后人追题也。其自制名者，则始张融玉海集。”“全集”指收录作者全部著作的出版物，该词至迟在清代出现，如清叶廷琯《鸥陂渔话·石唯庵残稿》：“拟俟异日求得征君全集，再谋专刻矣。”① 作家全集以其收录内容的完整性、权威性和编纂的系统性、科学性，具有极高的文献价值和收藏价值。全集往往也成为研究作家最全面、最客观的资料。

第一节 现代作家全集编纂溯源及复社版《鲁迅全集》

中国现代文学史上题名“全集”之作甚多，最早为1927年上海创造社出版部出版《达夫全集》第一卷《寒灰集》，1927—1933年，郁达夫陆续编了七卷《达夫全集》。其他诸如《冰心女士全集》（1930年上海合成书店）、《沫若诗全集》（1930年现代书局）、《蒋光慈小说全集》（1931年上海新文艺书店）等。以上皆为作家某时段某类作品的集萃，并非真正意义上的全集。《曼殊全集》（1928年上海北新书局）的编纂体例包括诗文、书札、小说、译诗、译小说、杂著等，柳亚子的搜集整理也较为齐备，可算现代文学

---

① 汉语大词典编纂处编．汉语大词典（普及本）［M］．上海：上海辞书出版社，2012：207.

史上第一部全集，但苏曼殊于 1918 年去世，他的成就主要集中于文言小说、旧体诗，其影响也主要在晚清至民国初创时段，一般现代文学研究者并未将其纳入新文学考察范畴。民国时段还有一部《闻一多全集》，1948 年由上海开明书店出版，但有诸多重要遗著未能收入，并不能算真正的全集，且出版时间在《鲁迅全集》之后 10 年。新中国成立后，全集成为作家身份和层次的标志，一般作家只能出文集或选集。至 1978 年改革开放以前，只有鲁迅出过全集。进入 20 世纪 80 年代以来，关于作家出版全集的等级限令逐步放开，现代作家陆续出版了多部全集。据笔者统计，自 1981 年《鲁迅全集》出版后，出过全集的现代文学作家依次为郭沫若、茅盾、巴金、朱自清、欧阳予倩、艾青、闻一多、冰心、宗白华、曹禺、张爱玲、俞平伯、郑振铎、胡风、老舍、冯至、田汉、何其芳、赵树理、丁玲、沈从文、聂绀弩、胡适、孙犁、师陀、穆时英、萧乾、徐志摩、郁达夫、萧军、王统照、叶君健、高长虹、李广田、施蛰存、萧红、邱东平、李劼人、林徽因、艾芜等人。自新中国成立到 1981 年，只在 1956 年 10 月至 1958 年 10 月出过《鲁迅全集》10 卷（1958 年 12 月出版《鲁迅译文集》10 卷，1959 年 8 月出版《鲁迅日记》2 卷），1973 年出过《鲁迅全集》20 卷（其实是 1938 年复社版的简体字本），此外并无其他现代作家的全集出版。

1938 年 6 月 15 日，中国第一部《鲁迅全集》在上海出版。据许广平在全集《编校后记》中的说明，鲁迅在大病中曾说从 1906 年在东京中止学医而从事文艺，到 1936 年刚刚 30 年。鲁迅在生前拟将这 30 年中的 250 余万言的著述编成《三十年集》发行，却不幸病逝，这一计划遂未告成。1937 年 10 月 19 日，上海文化界同人在鲁迅先生逝世一周年纪念日在浦东同乡会举行纪念座谈会（此时也是日军疯狂进犯上海之时），大家决定要在最短时期内完成《鲁迅全集》的刊行。① 1937 年 12 月，胡愈之在上海创设复社，1938 年 4 月，复社与鲁迅先生纪念委员会协商，负担刊行《鲁迅全集》的责

① 复生．鲁迅全集刊行的经过［N］．新华日报，1938－10－19.

任。① 鲁迅先生纪念委员会在鲁迅手定的《三十年集》目录基础上，加上翻译作品及《汉文学史纲要》《月界旅行》《地底旅行》等早期作品，总字数在600万言以上，编成20巨册，于1938年9月15日出齐。1938年复社版《鲁迅全集》分普通本和纪念本两种，纪念本又分为甲乙两类。抗战期间，普通读者购买力下降，故普通本定价不能过高，另印纪念本由鲁迅先生纪念委员会出售，拟将盈余的钱补足普通本的亏损。纪念本“图书质量好，装帧设计别具一格。精装的红色布面上印着银色书名，为方便收藏，还用柚木制作了一批书箱，与之配套出售”②。鲁迅先生纪念委员会主席蔡元培、副主席宋庆龄先生曾通函海内外人士募集纪念本。出版《鲁迅全集》的目的在于“扩大鲁迅精神的影响，以唤醒国魂，争取光明”③。在编辑出版发行过程中，得到鲁迅先生纪念委员会、编辑委员会以及诸多爱国人士及受鲁迅思想影响的青年的鼎力支持。蔡元培先生撰序，许寿裳撰年谱，台静农粗加整理，周作人拿出鲁迅《会稽郡故书杂集》手稿，周建人将《药用植物》用日文校正。唐弢、柯灵参与校对，商务印书馆王云五允先出版，复社同仁胡愈之、张宗麟、郑振铎、王任叔等筹划出版发行。为了推动发行订购工作，茅盾、巴金在华南，邵力子、沈钧儒在汉口，陶行知在美国热心号召，使得征购工作成绩斐然。

1938年复社版《鲁迅全集》“把鲁迅先生的著译做了第一次的整理，在保全和流传鲁迅先生遗著的工程上已经完成了极重要的必须做的一步工作”④。但这版全集毕竟是在三个月中短期完成，其仓促错讹之处难免，“既不可能把书信、日记等以及未印的著作都编入无遗，也不可能没有编辑校对上的错误；这是当时条件所限制，有待于第二次的整理和重编重校的”⑤。

---

① 法律上鲁迅的原配夫人朱安无可置疑享有著作继承权。许广平联系鲁迅挚友许寿裳，委托他与朱安商量版权问题，朱安自己不识字，便请鲁迅的学生、另一位挚友宋琳（紫佩）代笔，写了一封全权委托书给许广平。许广平由此取得全权处理鲁迅著作版权事宜。

② 高奋．创造民族的新生——抗战期间胡愈之革命出版活动述评［J］．中国出版，2015（15）．

③ 鲁迅先生纪念委员会编．鲁迅全集：第二十卷［M］．光华书店，1948：662.

④ 冯雪峰．关于鲁迅著作的编校注释和出版［N］．人民日报，1951－10－03.

⑤ 冯雪峰．关于鲁迅著作的编校注释和出版［N］．人民日报，1951－10－03.

事实上，该版《鲁迅全集》（20 册，12940 页）在 1948 年 9 月和 12 月曾由东北光华书店和上海鲁迅全集出版社再版，因上海复社在 1938 年 6 月出版普通本，1938 年 8 月再版纪念本，故上海鲁迅全集出版社版权页标明为第 3 版，而光华书店则标明为初版。该版《鲁迅全集》收入作品总目如下：第一卷《坟》《呐喊》《野草》；第二卷《热风》《彷徨》《朝华夕拾》《故事新编》；第三卷《华盖集》《华盖集续编》《而已集》；第四卷《三闲集》《二心集》《伪自由书》；第五卷《南腔北调集》《准风月谈》《花边文学》；第六卷《且介亭杂文》《且介亭杂文二集》《且介亭杂文末编》；第七卷《两地书》《集外集》《集外集拾遗》；第八卷《会稽郡故书杂集》《古小说钩沉》；第九卷《嵇康集》《中国小说史略》；第十卷《小说旧闻钞》《唐宋传奇集》《汉文学史纲要》；第十一卷《月界旅行》（美国培仑作）《地底旅行》（英国威男作）①《域外小说集》《现代小说译丛》《现代日本小说集》《工人绥惠略夫》（俄国阿尔志跋绥夫作）；第十二卷《一个青年的梦》（日本武者小路实笃作）《爱罗先珂童话集》《桃色的云》（俄国爱罗先珂作）；第十三卷《苦闷的象征》（日本厨川白村作）《出了象牙之塔》（日本厨川白村作）《思想・山水・人物》（日本鹤见祐辅作）；第十四卷《小约翰》（荷兰蔼覃作）《小彼得》（匈牙利妙仑作）《表》（苏联班台莱耶夫作）《俄罗斯的童话》（苏联高尔基作）《附：药用植物》（日本刈米达夫作）；第十五卷《近代美术思潮论》（日本坂垣鹰穗作）《艺术论》（苏联卢那卡尔斯基作）；第十六卷《壁下译丛》《译丛补》；第十七卷《艺术论》（苏联蒲力汗诺夫作）《现代新兴文学的诸问题》（日本片上伸作）《文艺与批评》（苏联卢那卡尔斯基作）《文艺政策》；第十八卷《十月》（苏联雅各武莱夫作）《毁灭》（苏联法捷耶夫作）《山民牧唱》（西班牙巴罗哈作）《坏孩子和别的奇闻》（俄国契诃夫作）；第十九卷《竖琴》《一天的工作》；第二十卷《死魂灵》（俄国果戈理作）附录：《自传》《鲁迅先生年谱》（许寿裳编）《鲁迅译著书目续编》《鲁迅先生的名・号・笔名录》《编校后记》（许广平作）。在最后一卷中，编者将鲁迅生前手画书刊图案置于卷首，开创了将美术作品视为全集（文

① 《月界旅行》《地底旅行》实为法国凡尔纳作，分别由鲁迅于 1903 年、1906 年在东京翻译出版。

集）有机组成部分的先河，综观我国历史久远的全集整理传统，此举提供了一种全新的思路视野。

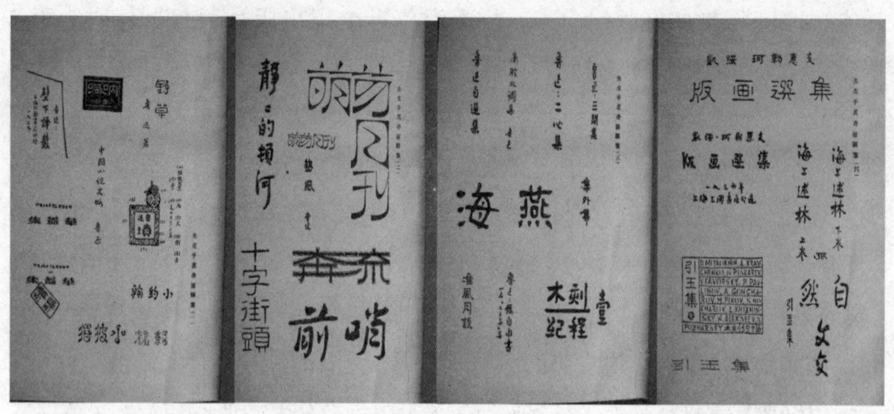

〔第二十卷中，编者将鲁迅手画的书刊封面作为艺术品，开创了中国现代作家全集（文集）整理中收录美术作品的先河。〕

值得一提的是，1938 年复社版《鲁迅全集》第一卷卷首分列全集总目和插图（照片）总目，第二十卷卷尾分列作家年谱、作家名、号、笔名录及编后记，事实上为新中国成立后作家全集（文集）的整理做了一个示范。20 世纪 80 年代以来，已逝现代作家的全集整理蔚为壮观，但体例大都以此为楷模，复社版《鲁迅全集》的编纂可谓厥功甚伟。该版《鲁迅全集》是由作家亲属、专家学者、出版社三方共同运作完成的文化盛举，编纂立场客观。蔡元培在全集序中指出，鲁迅不仅是新文学的开山者，其承续清代朴学的学术研究也颇有创新，并未涉及政治上的评判。附录中许广平的《编校后记》在感激大家协助时透着对鲁迅先生的尊敬，但并无任何拔高之嫌。整部全集对鲁迅作品采取实录的方式，无引导式注释及题解，由读者自行判断。要之，该版《鲁迅全集》的编纂运作方式、编纂体例、底本选择、技术处理以及编纂精神，仍对当今的全集整理发挥着积极的建设性贡献。

〔1948 年 9 月东北光华书店出版发行的《鲁迅全集》，这是 1938 年复社版的再版，从左至右分别为书中版权页、插图、书衣封面、封底。〕

第二节 删减、编者说明与新中国文艺方向

新中国成立后，鲁迅著作的重新整理很快被提上日程。一方面，“投机商人和恶劣分子又随意偷印与胡乱编选他的著译，不仅侵害作者的版权，尤其错讹百出，损害作品的内容，遗害读者很大”①。另一方面，随着中国革命的胜利，推广被毛泽东称为“中国文化革命的主将，代表中华民族新文化方向”的鲁迅先生的著作，获得各方面的全力支持，这与新中国成立前国民党的公开或暗中阻挠鲁迅著作出版形成鲜明对比。而全国解放后人民对鲁迅著作市场需要的扩大和要求上的提高，也使重新整理《鲁迅全集》，辑佚校勘厘定版本，以提高质量，显得很有必要。

新中国成立伊始，政府已开始鲁迅著作的整理工作，1950 年 10 月，有关负责方商量决定了两个办法，“一、由出版总署代表许广平先生逐步向各私营书店收回鲁迅著作部分单行本的版权，并禁止随便翻印和编选。二、组织一个鲁迅著作的编辑部，以重新编校和注释鲁迅先生的全部著作。这个编

① 冯雪峰．关于鲁迅著作的编校注释和出版［N］．人民日报，1951－10－03.

辑部十一月间在上海成立，称为‘鲁迅著作编刊社’,① 归出版总署领导。人民文学出版社成立后又划并给人民文学出版社，作为该出版社的一个专门编辑部”②。1951 年 1 月 10 日，《文艺报》第三卷第六期刊登《征求鲁迅先生书简手迹和作品启事》一文，落款为中央人民政府出版总署鲁迅著作编刊社。该文指出，为了编校鲁迅先生的全部著作，郑重征求先生书简、手迹及作品。“藏有鲁迅书简的，请将原件用双挂号信寄到‘上海武进路 309 弄 12 号’，我们摄影留底后当立刻用双挂号信寄还。其他诸如鲁迅先生早年发表在‘河南’‘越铎日报’‘小说林’等旧报纸杂志上的文章，如有收藏请告知。”“鲁迅先生的其他手稿或墨迹，也请用双挂号信寄来，摄影后当立刻寄还。但已经装裱，体积过大，不便邮寄的，请拍成四寸照片连同底片寄来。摄影费用当由我们归还。”随着国家整理鲁迅著作专门机构的成立，鲁迅著作编校注释在慎重周密地进行，出版发行工作也大为增加，据 1953 年 10 月 19 日《人民日报》的报道，“人民文学出版社从一九五二年九月到一九五三年九月已印行鲁迅著作（包括创作、辑录、翻译）三十六种，共七十七万多册，并计划在年内再印二十五万册。这一出版数量，不但比解放以前大大增加，就是比该社一九五一年九月到一九五二年的出版数四十一万七千多册，也增加了三十五万多册”。随着广大读者对学习鲁迅的要求越来越高，普通单行本的发行已不能满足更高层次的要求，编选一部把鲁迅的全部文学工作都可以收印进去的“最完整全集本”就在鲁迅著作编刊社的筹划准备中了。而编法则“以现在的全集为底子，而加进全部书简、全部日记、编选的画集和其他著作与翻译的遗文。此种全集本，主要的是为了保存和供给研究者之用，印数不要多，只够全国图书馆、大学和高等学校及个人研究者具备就是了。但印刷装帧和校对都必须讲究，以便保存长久并能作为查考的根据”③。

---

① 王士菁在《介绍〈瞿秋白文集〉（文学编）》（《新文学史料》1999 年第 1 期）中回忆，鲁迅著作编刊社 1950 年 10 月成立于上海，由冯雪峰负责，直属于出版总署。这与冯雪峰所说的鲁迅著作编刊社成立于 1950 年 11 月略有出入。另据上海《东方早报》（2004 年 6 月 11 日 4C 版）《〈鲁迅全集〉版本流变》一文介绍，鲁迅著作编刊社 1950 年 10 月 7 日成立于上海，冯雪峰任社长兼总编辑。

② 冯雪峰．关于鲁迅著作的编校注释和出版［N］．人民日报，1951－10－03.

③ 雪峰．鲁迅著作编校和注释的工作方针和计划草案［N］．文艺报：第三卷第九期，1951－02－25.

1956年10月，在鲁迅逝世20年后，《鲁迅全集》第一、二卷由人民文学出版社出版，其他卷随后也相继出版，每卷印数为5000册，第九、十卷也于1958年10月出齐。该版《鲁迅全集》在鲁迅编校本基础上参照初刊本及手稿校勘。与复社版不同的是，该版《鲁迅全集》第一次加了注释，十卷共有5884个注释，以附录附于各卷卷末。在编讫《鲁迅全集》后，人民文学出版社又于1958年12月出版了《鲁迅译文集》，在鲁迅编校本基础上，参照初刊本校勘。与《鲁迅全集》的编纂不同，《鲁迅译文集》对于译文，除了原有小注外，一般不再加注释。只在发现小注有错误时编者才加按语，另外编者仅对知识性的少数外文人名等加简略注释。1959年8月，人民文学出版社按照上海出版公司1951年影印本排印出版了《鲁迅日记》。鲁迅生前并没有出版日记的意思，为了研究的需要，1951年冯雪峰与许广平相商，征得同意后编辑了《鲁迅日记》，由上海出版公司影印出版。《鲁迅日记》共25本，但第十一本（即1922年本）在1941年12月日寇搜查许广平寓所并把她逮捕入狱时失落，所以当时影印的只有24本。1959年人文版以铅印出版，其中1922年的部分，原稿已经散失，根据许寿裳手抄片段补印，原稿本没有标点符号，人文社编者为此加了标点。《鲁迅译文集》《鲁迅日记》与《鲁迅全集》的装帧版式相同，为了论述直观方便，特将“十七年”人文版《鲁迅全集》及相关的《鲁迅译文集》《鲁迅日记》列表如下：

“十七年”人文版《鲁迅全集》编选一览表

名称	出版时间	卷数	编选方式	备注
鲁迅全集	第一、二卷 1956.10 第三卷 1956.11 第四卷 1957.7 第五卷 1957.11 第六卷 1958.4 第七卷 1958.9 第八卷 1957.12 第九、十卷 1958.10	10	在作者编校本基础上，参照初刊本及手稿校勘	
鲁迅译文集	1958.12	10	在作者编校本基础上，参照初刊本校勘	

续表

名称	出版时间	卷数	编选方式	备注
鲁迅日记	1959.8	2	按照上海出版公司1951年影印本排印，其中1922年的部分，原稿已经散失，根据许寿裳手抄片段补印	原稿本没有标点符号，书中标点符号为编者所加

［“十七年”人文版《鲁迅全集》的整理是一项艰巨浩繁的文化工程，其编选理念、注释与书信编选打上鲜明的时代烙印。］

毛泽东历来重视鲁迅的思想文化价值及社会现实意义。1936年10月19日，鲁迅在上海病逝，即日成立由毛泽东列名，由蔡元培、宋庆龄、沈钧儒、茅盾、周建人、内山完造、史沫特莱等组成的治丧委员会。10月22日，根据毛泽东提议，中共中央和中华苏维埃政府联名发表致许广平唁电、致国民党及南京国民政府电、《告全国同胞和告全世界人民书》，对鲁迅战斗的一生做出崇高评价，要求国民政府撤销对鲁迅著作的出版禁令。1938年，鲁迅艺术学院在延安成立，毛泽东题写校名和校训。1940年，毛泽东在《新民主主义论》中评价鲁迅为“中国文化革命的主将，他不但是伟大的文学家，而且是伟大的思想家和伟大的革命家”，“在向帝国主义文化和封建主义文化进攻的文化新军中，鲁迅成为最伟大和最英勇的旗手”，“鲁迅的方向，就是中华民族新文化的方向”。① 1942年5月，毛泽东《在延安文艺座谈会上的讲话》中指出，文艺工作者必须和群众相结合，要学习鲁迅的“横眉冷对千夫指，俯首甘为孺子牛”精神，每个革命的文艺工作者要不屈服于任何阶级敌人，要做无产阶级和人民大众的“牛”，鞠躬尽瘁，死而后已。新中国成立后，随着毛泽东文艺思想对新中国文艺的决定性影响，《鲁迅全集》的编选理念也要力求符合毛泽东文艺方向。

在新中国成立前夕召开的第一次文代会上，鲁迅被抬高到和毛泽东并列

① 毛泽东．毛泽东选集［M］．北京：人民出版社，1964：658.

的导师地位。在主席台上高挂着由六面红旗装饰的毛泽东和鲁迅的侧面像，鲁迅像朝里，毛泽东像朝外，这显然是一种政治象征："不仅把毛泽东描述为1942年以后的解放区文学的导师，而且意味着以鲁迅为代表的'五四'新文学发展的最终方向，就是走向1942年以后的文学上的'毛泽东时代'，从鲁迅到毛泽东，这是新中国文学发展的必由之路。"①

《鲁迅全集》第四卷《南腔北调集》中有一篇《〈竖琴〉前记》，在谈到1920年代成立于苏联的绥拉比翁的兄弟们（Serapion Sbrüder）文学团体时，指出该团体不久就几乎席卷了全国的文坛。其理由有三个，鲁迅的原稿为：

> 当时的革命者，正忙于实行，唯有这些青年文人发表了较为优秀的作品者其一；他们虽非革命者，而身历了铁和火的试练，所以凡所描写的恐怖和战栗，兴奋和感激，易得读者的共鸣者其二；其三，则当时指挥文学界的瓦浪斯基，是很给他们支持的。**讬罗茨基也是支持者之一，**称之为"同路人"。（文中黑体字在《鲁迅全集》中被删去）

讬罗茨基即托洛茨基，"同路人"概念本为托洛茨基提出，他的代表作《文学与革命》第二章就是"革命的文学同路人"。在中国现代文学史上，托派作为斯大林的对立面一向被视作政治异己分子，新中国成立后相当长时间内政府对托派的文艺活动采取"隐形"处理。故该版《鲁迅全集》删去了"讬罗茨基也是支持者之一"这一句，此删除既掩盖了托洛茨基参与的文艺活动，也将"同路人"称呼的首创者界定为曾任俄共（布）中央执行委员会委员的瓦浪斯基，这明显与事实不符。在装帧版式与《鲁迅全集》相同的《鲁迅译文集》中，虽没有出现删改鲁迅原著的情况，但编者根据"十七年"主流意识形态的标准对鲁迅的有关译文提出了批评。在第一卷《出版说明》中，人文社编辑指出："从1903年出版《月界旅行》到1936年出版《坏孩子和别的奇闻》的三十多年间，除另星的译文不计外，鲁迅翻译的单行本共有三十种。这些译文，现在看来，其中有一些已经失去了译者介绍他们时所具有的作用和意义；或者甚至变成为有害的东西了。如厨川白村的文艺论文，鹤见祐辅的随笔，阿尔志跋绥夫的小说，以及收入《文艺政策》一书中

---

① 商金林．序［M］//陈改玲．重建新文学史秩序．北京：人民文学出版社，2006.

的某些发言记录等；我们只把它们作为一种供给研究者参考的资料。”

日本厨川白村的论文集，鲁迅于1924、1925年分别译成《苦闷的象征》和《出了象牙之塔》，二者均作为“未名丛刊”之一出版。按照厨川白村《苦闷的象征》中的文艺观点，文艺是潜意识的象征化与具象化，诸如某种不能满足的欲望（精神苦闷）经过改装（象征化）以具体形象（具象化）表现出来，就是艺术的诞生。厨氏的观点显然受到了弗洛伊德的影响，虽然为理解文艺提供了一个独特视角，但在新中国成立后强调文艺革命功效和战斗功能的大语境下，宣传个人主义的、带有神秘化倾向的潜意识文艺理论显然与“十七年”集体化时代的文艺书写不相匹配，故人文社编辑部认为其为有害的东西。厨川白村在《出了象牙之塔》《题卷端》中谈到“象牙之塔”的出典时说：“一切艺术，都为了艺术自己而独立地存在，绝不与别问题相关；对于世间辛苦的现在的生活，是应该全然超然高蹈的态度的。置这丑秽悲惨的俗世于不顾，独隐处于清高而悦乐的‘艺术之宫’——诗人迭仪生所歌咏那样的 the Palace of Art 或圣蒲孚评维尼所用的‘象牙之塔’（tour d' ivoire）里。但在物质文明兴盛生存竞争的时代，每个人并没有离开实人生而悠游的余裕。”① 故题名《出了象牙之塔》。鲁迅在《出了象牙之塔》的《后记》中说厨川白村以“现了战士身而出世”的姿态“于本国的微温、中道、妥协、虚假、小气、自大、保守等世态，一一加以辛辣的攻击和无所假借的批评”，而以上诸缺点，则中国文明无一不具备。故“著者既以为这是重病，诊断之后，开出一点药方来了。则在同病的中国，正可借以供少年少女们的参考或服务，也如金鸡纳霜既能医日本人的虐疾，即也能医治中国人的一般”②。由此观之，鲁迅当时译《出了象牙之塔》也有“揭示病苦，以引起疗救”的思想启蒙之意，但在新中国成立后的五六十年代，诸如以上中国文明所固有的缺点因与社会主义时代气质相冲突而显得不合时宜，故《出了象牙之塔》也就失去了译者介绍时所具有的作用和意义了。

《思想·山水·人物》是日本鹤见祐辅的随笔，鲁迅于1928年3月译成，同年由上海北新书局出版。在《说自由主义》一文中，鹤见祐辅客观地

① 鲁迅译文集：第三卷［M］．北京：人民文学出版社，1958：107.

② 鲁迅译文集：第三卷［M］．北京：人民文学出版社，1958：285.

分析定义了自由主义，指出日本最要紧的东西，乃是真实的自由主义。自由主义并非社会主义似的有某种原则的定义，“自由主义云者，是居心。有着自由主义底心的人们的思想和行动，就是自由主义”①。而这居心，就是宽容和公平，是 personality（人格）的思想，人格的完成是人类社会生活的最终目的，自由主义不否定社会的存在，而以个人和社会的有机关系为前提。但在谈到一战后的世界形势时，鹤见祐辅说：“我觉得亡德国者，并不是军国主义者，而是自由主义的缺如；俄国的跑向社会主义的极端，也就是为了自由主义的不存在。尤其是当欧洲战后的各国，内部渐苦于极端的武断专制派和极端的社会革命派的争斗的时候，就使我更其切实地觉得，将这两极端的思想，加以中和的自由主义的思想之重要了。”② 该段话将开创人类历史新纪元的俄国“十月革命”贬为“极端社会革命”，对战后欧洲各国的无产阶级革命运动也进行批评，将德国的失败归咎为自由主义的缺失，此类观点与新中国成立后的主流话语明显相悖，故成为“有害”的东西了。

阿尔志跋绥夫（Mikhail Astsybashv）为俄国作家，鲁迅翻译了他的《工人绥惠略夫》《幸福》《医生》三篇小说。在《译了〈工人绥惠略夫〉之后》中，鲁迅评价“阿尔志跋绥夫是俄国新兴文学典型的代表作家的一人，流派是写实主义，表现之深刻，在侪辈中称为达了极致”。“阿尔志跋绥夫是厌世主义的作家，在思想黯淡的时节，做了这一本被绝望所包围的书。”③《工人绥惠略夫》讲述个人主义和无政府主义者绥惠略夫对社会的复仇，他以尼采式的强者的姿态，用炸弹和手枪，向社会上不幸者与幸福者宣战，最终在反抗中沦灭。《幸福》写年老色衰的妓女赛式加为了得到生存的五个卢布，剥光衣服在雪地中忍受色情狂的十次手杖的重击。《医生》写俄罗斯曾经发生的 Pogrom（犹太人虐杀）事件，医生以拒绝救治病人的方式，对于他同胞的非人类行为发出极猛烈的抗争。尽管阿尔志跋绥夫的小说作为时代的肖像，不失为深刻，鲁迅也对此做出肯定评价，但其描写的反抗、复仇、虐杀、肉欲等内容与“十七年”的时代审美要求相去甚远，故受到人文社编辑部的

---

① 鲁迅译文集：第三卷［M］．北京：人民文学出版社，1958：450.

② 鲁迅译文集：第三卷［M］．北京：人民文学出版社，1958：448.

③ 鲁迅译文集：第一卷［M］．北京：人民文学出版社，1958：190－191.

批评。

《文艺政策》是1924年5月9日在俄国共产党中央委员会内所开的关于党的文艺政策的讨论会的速记。鲁迅以日本外村史郎和藏原惟人所辑译的本子为底本进行翻译。当时的讨论会，本为自由地讨论文艺上党的政策，因此各种不同的意见聚讼不已，瓦浪斯基及托罗兹基所代表的立场否定独立的无产阶级文学，瓦浪斯基的艺术论有超阶级的倾向。而瓦进及其他“那·巴斯图”一派、布哈林、卢那卡尔斯基则肯定无产阶级文学的地位，但在党是否应直接干涉与领导文艺上，又出现派别争论。对照毛泽东《新民主主义论》及《讲话》中关于新民主主义文化是无产阶级领导的反帝反封建的大众文化、文艺服从于政治、文艺首先为工农兵服务的观点，我们不难看出俄共中央委员会文艺政策讨论会上的某些观点的偏颇，故人文社编辑部也对此译文进行了批评。

综上所述，“十七年”人文社在编选整理《鲁迅全集》及《鲁迅译文集》时，通过修改鲁迅原稿及加出版说明的方式，力求使鲁迅著作符合当时文艺界主流话语要求。

第三节　注释中的国家意识形态询唤

“十七年”人文版《鲁迅全集》与1938年复社版《鲁迅全集》相比，仅仅收集鲁迅的著作，译文一概不收，而且加了注释。为了论述的方便，现将人文版《鲁迅全集》中的注释列表如下：

《鲁迅全集》注释一览表　　　　**单位：处**

	注释				合计	备注
第一卷	呐喊	坟	热风		854	
	91	631	132			
第二卷	彷徨	野草	朝花夕拾	故事新编	412	
	49	28	186	149		

续表

	注释				合计	备注
第三卷	华盖集	华盖集续编	而已集		924	
	316	348	260			
第四卷	三闲集	二心集	南腔北调集		627	
	202	199	226			
第五卷	伪自由书	准风月谈	花边文学		807	
	229	290	288			
第六卷	且介亭杂文	且介亭杂文二集	且介亭杂文末编		980	
	348	413	219			
第七卷	集外集	集外集拾遗			550	
	207	343				
第九卷	两地书	书信			294	
	138	156				
第十卷	书信				436	
	436					
					5884	

《鲁迅全集》中的注释共5884处，《鲁迅全集》第八卷中没有注释，编者仅对鲁迅作品作了初步校勘。现将校勘情况列表如下校勘一览表：

《鲁迅全集》第八卷校勘一览表 **单位：处**

	校勘			合计	备注
第八卷	中国小说史略	汉文学史纲要	中国小说的历史的变迁		
	6	1	0	7	

第八卷中，《中国小说史略》中增“再版附识”1则。校正时间错误4处，引文错误1处。分别是“贞元”改为“建中”，“一六三〇”改为“一六四〇”，“清世祖”改为“清圣祖”，“康熙”改为“乾隆”（以上为校正时间错误）。“古今小说十八篇”，改为“《古今小说》八篇，《警世通言》十

篇”（以上为校正引文错误）。《汉文学史纲要》校正时间错误1处，将“文帝”改为“景帝”。《中国小说的历史的变迁》中没有校勘的改误。

冯雪峰在《鲁迅著作编校和注释的工作方针和计划草案》中说：“注释必须绝对严守科学的客观的方法态度和历史的观点，正唯如此，事实上就不能不有关于时代环境的说明和带有历史评价的意义。这不仅是关于鲁迅本人的，而尤其是关于和鲁迅有关系的一切人物、事件和思想学说。因此，注释的方法和观点，必须是马列主义毛泽东思想的科学历史的方法和观点。立场和标准，是中国人民革命的利益和前进方向。”① 综观《鲁迅全集》中的注释，其涉及面极其广泛，举凡“（1）古字、古语、引用古籍的文句与掌故；不易懂者和不常见者。（2）外国语、外国人和引用外籍文句、学说与掌故之不为一般人所熟识者。（3）引用民间俗语和故事等等之不为一般人所熟识者”②，均在注释之列。除此之外，对于鲁迅著作中所涉及的当时的人物、掌故及引用的说话与文字，则强调应该注释更详细。其他诸如因为忌讳而以暗示和以×××隐指的当时的人和事，则加以索隐和考证。

仔细阅读人文社《鲁迅全集》中5884处注释，我们可以看出，从第七卷开始，其注释与前六卷明显不同。第一，很多注释有注无释，仅仅标明出处；第二，注释大多简略，并无实质内容；第三，注释量显著减少。以第七卷为例，收录《集外集》与《集外集拾遗》的第七卷为《鲁迅全集》中字数最多的一卷。注释仅550处，其他字数少于第七卷的第一、三、五、六卷则分别有854、924、807、980处注释。在《鲁迅全集》有注释的九卷本中，第七、九、十等三卷中的注释未及总卷数注释的1/3，只占20%左右。朱正解释此种情况时说：“1957年发生的‘反右派斗争’对正在运作的《鲁迅全集》十卷本造成了明显的影响。一是人民文学出版社社长冯雪峰被划为‘右派分子’，开除了党籍，读者只要拿‘反右’之后出版的七、八、九、十各卷跟以前的几卷比一比，一眼就可以看出工作马虎草率多了。比如《集外集》附录《〈奔流〉编校后记》十二篇，十卷本只做了12条注，分别注明本

① 雪峰．鲁迅著作编校和注释的工作方针和计划草案［N］．文艺报：第三卷第九期，1951-02-25.

② 雪峰．鲁迅著作编校和注释的工作方针和计划草案［N］．文艺报：第三卷第九期，1951-02-25.

篇见于某月某日出版的某期《奔流》，涉及内容的实质性注释是一条也没有，而在后来1981年版的十六卷本和2005年版的十八卷本中，这一部分的注释都是174条，近一万七千字。”①

《鲁迅全集》中的注释，许多是知识性的客观介绍，并无明显的意识形态倾向，而在涉及具体的历史人物、事件及思想学说的评价上，则严守马列主义毛泽东思想的科学历史观。对比鲁迅著作中的本意，人文社编辑部的注释在意识形态评价上体现出保留、肯定、否定三种基本倾向。

在《父亲的病》中，鲁迅对清朝末年绍兴城里的几位中医名家提出了批评。他们治病并无科学根据，却抬高诊金盘剥病人。在《呐喊·自序》中，鲁迅也指出“中医不过是一种有意的或无意的骗子”②。《鲁迅全集》中的注释对此加以解释，指出鲁迅文中所反映的“只是当时我国医学界（中医）的一部分情况，我们不能以一部分的不良作风来概括全体。在我国历史上，富有有效经验而且勤劳不倦地为人民服务的，真正名副其实的良医（包括有名的和无名的），是不可计数的”。鲁迅在“其他早期的文章中对于我国医学的某些论断也有不够全面的地方”③。此种解释与新中国成立后我国医疗卫生事业的发展状况相一致，早在1954年10与23日，《人民日报》刊文《人民卫生出版社出版各种中医中药书籍》，该文指出：“为发扬祖国医学成就，更好地为增进人民健康服务，人民卫生出版社正在有计划地积极地整理、编辑、出版各种中医中药书籍。”首批拟出版的书籍包括《内经素问》《灵枢经》《难经》《伤寒论》《神农本草经》《本草纲目》等22种。为了帮助初学者，该社还决定出版注解本、简要本，以方便需者体会使用。所有书拟1955年第二季度陆续出齐。可见，新中国对中医中药持鼓励支持的态度。1956年5月27日，《人民日报》发表社论《积极培养中医，壮大卫生工作队伍》，社论指出：“目前我国的卫生工作队伍，是由掌握现代医药知识的西医和掌握祖国医药知识的中医所组成的。我国人民的医疗保健事业，就是依靠他们建立起来的。随着人民保健事业的发展，除了必须大量培养西医以外，还必

① 朱正．略说《鲁迅全集》的五种版本［J］．中国图书评论，2006（4）．
② 鲁迅全集：第一卷［M］．北京：人民文学出版社，1956：4.
③ 鲁迅全集：第二卷［M］．北京：人民文学出版社，1956：449.

须大量培养中医，才能满足人民群众在医疗保健方面的要求，并且使祖国医学遗产得到继承和发扬。”“祖国医学的宝贵经验不但散载在医药文献上，而且散存在数十万中医的手里。”对中医的历史贡献做出正面肯定。《鲁迅全集》的注释对鲁迅关于中医的态度采取保留态度，同时在注释中也指出，“鲁迅对于我国医学的宝贵经验是重视的，他发表于1933年的《经验》即对我国的《本草纲目》作出正面肯定”①。

人民日報

積極培养中医，壯大衛生工作隊伍

北京各界紀念三位世界文化名人

毛主席电賀阿富汗王國独立紀念日

〔在1956年5月27日的《人民日报》社论中，评论员认为发展中医是我国卫生事业的一项重大任务。除了中医学院及中医学校培养中医人才外，通过“带徒弟”方式应是培养中医的主要途径。因为中国的医药传统没有得到系统科学的整理，保存在数十万中医手中的宝贵经验通过“带徒弟”方式能更好地得到继承。〕

在《鲁迅全集》第一卷中，鲁迅对张献忠、黄巢等农民起义领导人及义和团有过批判。在《坚壁清野主义》中，他说：“至于‘清野’的通品，则我要推举张献忠。张献忠在明末的屠戮百姓，是谁也知道，谁也觉得可骇

① 鲁迅全集：第二卷［M］. 北京：人民文学出版社，1956：449.

的。"① 在《灯下漫笔》中，鲁迅论述中国人向来就没有争到过"人"的价格，至多不过是奴隶。而在朝政更迭之时，则连奴隶也不如。"举其大者，则如五胡十六国的时候，黄巢的时候，五代时候，宋末元末时候，除了老例的服役纳粮以外，都还要受意外的殃。"② 在《热风·三十三》中，鲁迅论述国人信口开河，造谣生事，祸害科学，使科学也带了妖气。所谓的"嗣汉六十二代天师正一真人张天旭"的序文"简直说是万恶都由科学，道德全靠鬼话；而且与其科学，不如'拳匪'了"③。鲁迅的反讽中道出了对义和团迷信行为的批判。人文社编辑部在《鲁迅全集》的注释中对此持保留态度。在关于张献忠的注释中，指出旧日史书中的记载，显然有意过分夸张他的残暴，而"鲁迅好几次批判张献忠的杀人过多，根据的也是这种经过夸张的旧日史书的记载"④。在关于黄巢的注释中，指出"黄巢和张献忠一样，他的杀人之多是受到了封建阶级的历史家的夸张的"⑤。在关于义和团运动的注释中，指出义和团是1900年反帝国主义武装斗争的人民群众。"当时统治阶级和帝国主义者则诬蔑他们为'拳匪'。鲁迅批判义和团的某些落后方面是必要的，但作者的批判有片面性的缺陷，尤其是对于义和团斗争的基本方面——反帝国主义的革命意义和性质，不曾予以明确的承认，则是一个重要的错误。"在指出鲁迅的错误后，注释中接着说："但在后期，作者自己已经改正了这个错误，如在《田军作八月的乡村序》中就明白地肯定了义和团的反帝国主义的革命性质。"⑥

后期创造社在现代文学史上曾对鲁迅进行过偏激的批判，由此引起关于"革命文学"的论争。在鲁迅原著中，不乏对后期创造社成员的反批判。新中国成立后，原创造社成员郭沫若、成仿吾等人身居文艺界教育界领导职位，某种程度上成为新中国意识形态的代言人。《鲁迅全集》对有关他们的注释也采取保留态度。比如对成仿吾的注释，一方面认为成仿吾"从当时所

---

① 鲁迅全集：第一卷［M］. 北京：人民文学出版社，1956：345.
② 鲁迅全集：第一卷［M］. 北京：人民文学出版社，1956：311.
③ 鲁迅全集：第一卷［M］. 北京：人民文学出版社，1956：379.
④ 鲁迅全集：第一卷［M］. 北京：人民文学出版社，1956：542.
⑤ 鲁迅全集：第一卷［M］. 北京：人民文学出版社，1956：547.
⑥ 鲁迅全集：第一卷［M］. 北京：人民文学出版社，1956：567－568.

认为文学是‘自我表现’的见解出发，错误地判断了《呐喊》中的《狂人日记》《孔乙己》《药》《明天》《阿Q正传》等等都是‘自然主义’的、‘浅薄’的、‘庸俗’的作品”，另一方面也肯定他“约在1925年‘五卅’运动后，倾向革命运动，曾于1927—1928年间同郭沫若等发动革命文学运动，以后则转入革命教育工作”①。此注释有两个鲜明的特征：一是用词的精微巧妙；一是运思的贬中含褒。成仿吾作为当时著名的文学批评家，不是批判，也不是批评，而是判断鲁迅作品有误，这就大大减轻了对鲁迅的攻击力度。尽管成仿吾当时的判断是错误的，但他以后转向革命，成了一名革命的教育工作者。

《人的历史》的题注是《鲁迅全集》所有单个注释中字数最多的，注释超过2000字，对鲁迅的《人之历史》《科学史教篇》《文化偏至论》《摩罗诗力说》等早期作品作了综合考察，指出“这些作品就是在当时的革命潮流和作者本人的爱国主义与民主主义思想的推动之下，为着革命的文化启蒙目的而产生的”②。注释对鲁迅借鉴欧洲资产阶级哲学家斯谛纳尔、叔本华、尼采等的学说采取保留态度，一方面指出，鲁迅以他们的学说为理论根据，提出“重个人，非物质，尊个性而张精神”等主张对反对旧中国当时封建专制主义统治，打破传统保守思想有相当的革命意义，另一方面也指出，“斯谛纳尔的极端个人主义、叔本华的悲观主义、尼采的超人主义，都是为了适应资产阶级反对无产阶级革命的需要而产生出来的，都是对于无产阶级所要求的真正的民主、它的集体主义精神、它的共产主义的世界观等的反动。”③很显然，编者是以阶级立场作为评判历史人物的标尺，为无产阶级人民大众利益服务的就是革命进步的力量，为封建阶级资产阶级等剥削阶级服务的就是反动落后的力量。

《鲁迅全集》中涉及当时文艺领域论争的注释大多采取肯定鲁迅原意的倾向。一方面，毛泽东在《新民主主义论》和《讲话》中高度评价鲁迅的历史贡献，另一方面，新中国成立后党和政府高度重视鲁迅文化工程的建设，

① 鲁迅全集：第二卷［M］．北京：人民文学出版社，1956：457.
② 鲁迅全集：第一卷［M］．北京：人民文学出版社，1956：496.
③ 鲁迅全集：第一卷［M］．北京：人民文学出版社，1956：497.

相继兴建上海鲁迅纪念馆、北京鲁迅博物馆、广州鲁迅纪念馆来保存鲁迅文物文献。成立了出版鲁迅著作的专门编辑部，每年在鲁迅逝世的10月19日开展纪念活动，主流媒体上发表文艺界领导人学习鲁迅的文章。以上诸多举措事实上奠定并巩固了鲁迅在文学场的中心地位。鲁迅成为代表革命正确方向的精神符号，他在笔战中的价值取向也得到人文社编辑的充分肯定。具体来说，鲁迅主要对四类对象进行过批判：对现代评论派、新月派等欧美派文化人的批判；对与新文化相对立的旧道德旧文化的批判；对晚清、北洋政府、国民政府统治的批判；对第三种人的批判。在以上相关论战中，人文社编辑部的注释与鲁迅原文互文指涉，充分肯定并支撑了鲁迅的批判。

陈西滢是鲁迅在笔战中批判最多的作家，1946年他被国民政府任命为驻联合国教科文组织首任代表。胡适曾任国民政府驻美大使，新中国成立时寄寓美国，后返台湾。梁实秋于大陆解放前迁台湾，任职台北师范学院。林语堂则长期生活在美国。除了鲁迅与他们在女师大学潮、整理国故主义、人性论、性灵文学等方面的论争外，政治意识形态的敌对关系也使注释加重了批判色彩，人文社编辑部在关于现代评论派的注释上指出："这派人物和帝国主义——特别是美英帝国主义、北洋军阀以及后来的国民党反动派，有密切的实际联系；特别是胡适，他在'五四'爱国运动发生时即已成为美帝国主义的忠实走狗。他们装着自由主义的面孔，积极地做帝国主义及大资产阶级的代言人；他们办的这个刊物的主要特点，就是有时曲折地有时露骨地反对当时在共产党领导之下的人民群众的革命斗争。"① 新中国成立伊始，中国与美国的关系迅速恶化，两国因意识形态与台湾问题成为敌对国家，对美帝国主义的批判成为当时主流意识形态的重要内容，故注释批判崇尚美国民主制度的胡适为"美帝国主义的忠实走狗"。在新月派的注释上，也指出"新月派是中国一部分资产阶级知识分子所组织的一个社团，约成立于1923年，其主要人物为胡适、梁实秋、徐志摩等，于1928年3月发刊综合性的《新月》月刊，进行反共反苏和反对革命文学运动"②。事实上，毛泽东早在1940年发表的《新民主主义论》中就指出："一部分所谓欧美派的文化人

① 鲁迅全集：第一卷［M］．北京：人民文学出版社，1956：494.
② 鲁迅全集：第三卷［M］．北京：人民文学出版社，1956：536.

(我说的是一部分)，他们曾经实际赞助过国民党政府的‘文化剿共’，现在似乎又在赞助什么‘限共溶共政策’。他们不愿工农在政治上抬头，也不愿工农在文化上抬头。”① 毛泽东在此对以一部分欧美派的文化人为代表的资产阶级顽固派提出了批评，指责他们在文化上脱离工农大众，实行的是一条走不通的文化专制主义路线。《讲话》中也对资产阶级、小资产阶级、自由主义、个人主义的创作倾向进行了批评，指出只有破坏以上这些创作情绪，才可以建设新的为人民大众服务的艺术。人文社编辑部的注释也据此来评判现代评论派和新月派，将其代表人物定性为“反动文人和帝国主义走卒”。

法国结构主义马克思主义创始人阿尔都塞认为一切意识形态就是把人“构造”“询唤”为主体。“把个人质询为主体意味着把人纳入到一种文化体系中。人自己感到自己是主体，那是因为人在这里是被文化所建构起来的。”② 英国新马克思主义文学批评家伊格尔顿曾精辟地指出：“在阿尔都塞看来，意识形态主要活动在无意识层面上，其功能是把我们组合成担当一定社会任务的历史主体，把我们拉进与社会制度的一种‘想象的’关系之中，让我们相信自己和社会制度都是中心所在，谁也离不了谁。”③ 国家意识形态使人们同化到政治制度和社会组织体系中，同化到既定的话语体系中。人文社编辑部的注释显然承担了此功能。

对打着“国粹”的旗号进行“复古”的旧文化旧道德的抨击，是鲁迅杂文的重要内容。人文社在《答 KS 君》中关于《甲寅》周刊的注释中指出这是章士钊主编的杂志，“他办这刊物的宗旨，一方面为了提倡古文，宣扬封建思想；一方面则为压制学生和他的反对者，以巩固他的地位”④。在《“一是之学说”》关于《学衡》在内的七种刊物的注释中，人文社编辑指出这些刊物“都是以反对新文化运动为目的，宣传反动的复古主义的刊物”⑤。在

① 毛泽东．毛泽东选集［M］．北京：人民出版社，1964：664.

② 王晓升，等．西方马克思主义意识形态理论［M］．北京：社会科学文献出版社，2009：217－218.

③ 王晓升，等．西方马克思主义意识形态理论［M］．北京：社会科学文献出版社，2009：221.

④ 鲁迅全集：第三卷［M］．北京：人民文学出版社，1956：464.

⑤ 鲁迅全集：第一卷［M］．北京：人民文学出版社，1956：580.

《长青》《红》《快活》《礼拜六》的注释中指出，这些“都是‘五四’前后在上海发刊的流行于小市民阶层中的低级趣味的文艺刊物”①。在《两地书》中关于《红玫瑰》的注释为“1925 年创刊，严独鹤、赵苕狂编辑，上海世界书局发行，是一种低级趣味的文艺刊物”②。综观以上人文社编者的注释，实质上与鲁迅对复古主义的抨击互为印证。从 20 世纪五六十年代的时代语境来考察，用社会主义集体观彻底清除封建毒素的影响，是当时思想政治工作的重要内容，在出版发行领域，诸如武侠言情等在民国都市流行的通俗小说均被明令禁止，故人文社编者的注释对这些与当时社会主义意识形态相去甚远的刊物采取批判态度。

对晚清、北洋政府、国民政府残杀革命人士、奴化人民、卖国倾向等的批判是鲁迅著作中民主独立精神的体现，在当时严酷的环境下，鲁迅大多采取隐晦反讽的方式冷静书写，人文社编者的注释则进一步阐释鲁迅原文中的深意。比如在《观斗》中，鲁迅指出“但我们的斗士，只有对于外敌都是两样的：近的，是‘不抵抗’，远的，是‘负弩前驱’云”③。由于原文中并无具体的历史背景的交代，这些语焉不详的只言片语确实令读者不解。人文社编者的注释为“由于当时国民党政府对日本侵略采取不抵抗的卖国政策，每当日军进攻，中国驻守军队大都奉命后退……但远离前线的大小军阀却常常装模作样地发通电，例如山海关沦陷后，在汉口的田颂尧即于 1 月 20 日通电全国说：‘准备为国效命，候中央明令，即负弩前驱。’”④ 注释不仅指出了鲁迅的言外之意，而且交代了“负弩前驱”的出处。读者阅读此处，有豁然开朗之感。在《我的种痘》中，鲁迅写道：“我每看见这一幅图，就诧异我自己，先前怎么会没有染到天然痘，呜呼哀哉，于是好像这姓名是从路上拾来似的，没有什么稀罕，即使姓名载在该杀的‘黑册子’上，也不十分惊心动魄了。”⑤ 从上海小孩种牛痘说起，联系到自己的种痘，忽然又跳跃到自己的名字上了“黑册子”，何为“黑册子”，全文中并无任何相关介绍。人文

---

① 鲁迅全集：第一卷［M］. 北京：人民文学出版社，1956：581.
② 鲁迅全集：第九卷［M］. 北京：人民文学出版社，1958：383.
③ 鲁迅全集：第五卷［M］. 北京：人民文学出版社，1957：6.
④ 鲁迅全集：第五卷［M］. 北京：人民文学出版社，1957：475－476.
⑤ 鲁迅全集：第七卷［M］. 北京：人民文学出版社，1958：644.

社编者的注释为："'黑册子'，即黑名单，这里指当时国民党反动派准备加害，特别是要加以暗杀而秘密开列的人的名单……在1933年杨杏佛被暗杀以前，国民党特务机关准备暗杀的一张名单中竟列有五六十人之多，其中有人权保障同盟的领导人蔡元培和宋庆龄，有革命作家鲁迅和茅盾，有各党派人士和国民党中反对蒋介石的分子等。"① 注释不仅交代了"黑册子"的来历，而且对国民党的暗杀政策进行了批判。

对"第三种人"的批判，人文社编者的注释也采取肯定态度。在《论"第三种人"》中，鲁迅指出以苏汶为代表的"第三种人"的"搁笔"，原因并不在左翼批评的严酷，而是做不成"第三种人"，因为在"生在有阶级的社会里而要做超阶级的作家，生在战斗的时代而要离开战斗而独立，生在现在而要做给与将来的作品，这样的人，实在也是一个心造的幻影，在现实世界上是没有的。要做这样的人，恰如用自己的手拔着头发，要离开地球一样"②。很显然，鲁迅对标榜文艺脱离政治脱离阶级的自由文艺观提出了批评，人文社编者在此文中很罕见地用8则注释批判了胡秋原的"自由人"和苏汶的"第三种人"文艺观。

《鲁迅全集》中否定鲁迅本意的注释极少，极少数否定的注释则依据新中国成立后党和政府在五六十年代政治运动中所做的历史结论。《答徐懋庸并关于抗日统一战线问题》的题注是文学史上一段著名的公案。针对徐懋庸以教训的口吻攻击鲁迅的信，鲁迅愤而作答，对徐懋庸所言逐一辩驳，同时对田汉、周扬及其与之交往者的盛气凌人、轻易诬人提出严肃批评。指出徐懋庸之流无凭无据，随意加给对方一个很坏的恶名，实在是"左得可怕"。由于鲁迅当时在病中，此信是冯雪峰先把徐懋庸的信带回去，按照鲁迅平日的谈话拟就的草稿，但鲁迅对草稿并不满意，亲自对全篇进行修改，对后半篇作了重写。从保存在北京鲁迅博物馆的原稿中可以看出有四页是重写的，而这正包括鲁迅批评以周扬为代表的"四条汉子"在内。当时的注释工作颇为曲折，冯雪峰已被划为"右派"，于是由冯雪峰来承担责任，注释定稿为："鲁迅当时在病中，他的答复是冯雪峰执笔拟稿的，他在这篇文章中对于当

① 鲁迅全集：第七卷［M］．北京：人民文学出版社，1958：831.
② 鲁迅全集：第四卷［M］．北京：人民文学出版社，1957：336.

时领导‘左联’工作的一些党员作家采取了宗派主义的态度，做了一些不符合事实的指责。由于当时环境关系，鲁迅在定稿时不可能对那些事实进行调查和对证。”① 很显然，按照注释的观点，对周扬等“四条汉子”的攻击不是鲁迅，而是冯雪峰。这显然完全不符合鲁迅本意，更不符合客观事实。注释定稿中认为冯雪峰“对于当时领导‘左联’工作的一些党员作家采取了宗派主义的态度”，其寓意一方面是说冯雪峰作为一名党员，却对党员作家采取宗派主义态度，他的错误其实是在“划右派”之前就有前科的；另一方面是说既然冯雪峰采取的是宗派主义，他的指责显然也就不符合事实了。

《答徐懋庸并关于抗日统一战线问题》中关于胡风的注释也与鲁迅的原意相左。鲁迅在该文中对胡风根本上是肯定的，虽然也指出胡风“也自有他的缺点，神经质，繁琐，以及在理论上的有些拘泥的倾向，文字的不肯大众化”，但同时指出“他明显是有为的青年”，“胡风鲠直，易于招怨，是可接近的”。鲁迅还指出，他和胡风、巴金、黄源等人“虽然还不能称为至交，但已可以说是朋友”②，而对周扬这样轻易诬人“内奸”的青年，则感到憎恶。很明显，鲁迅通过对比肯定了胡风，但人文社编者的注释则全面否定了胡风，认为胡风“1927 年国民党蒋介石举行反革命政变后，曾积极参加国民党反动派的‘剿共’工作；1931 年‘九一八’后，隐瞒着他的反革命历史，混入中国左翼作家联盟，在内部进行挑拨离间；解放后又组织小集团，进行反革命活动”③。很显然，人文社的注释完全参照 1955 年对胡风做出的政治结论。在《我的种痘》中关于丁玲的注释也出现类似情况，鲁迅将丁玲视作与柔石一样的革命烈士，而注释中则说她被捕后变节。其实，早在延安时期，中共中央组织部的审查结论中就认定丁玲自首说没有根据，她仍是一个对党对革命忠实的共产党员，但 1957 年 8 月 7 日《人民日报》刊出《文艺界反右派斗争的重大进展 攻破丁玲陈企霞反党集团》一文，指出她的变节，故人文社编者的注释也照此做定论了。

综上所述，《鲁迅全集》中的注释依照 20 世纪五六十年代的意识形态做

① 鲁迅全集：第六卷［M］．北京：人民文学出版社，1958：614.
② 鲁迅全集：第六卷［M］．北京：人民文学出版社，1958：437－439.
③ 鲁迅全集：第六卷［M］．北京：人民文学出版社，1958：615.

出价值判断，其审定过程是由人文社编辑部将“初稿以至二稿三稿，都先印刷多份，送给文化界各大家和鲁迅各老友和中共中宣部、中央出版总署审阅修正和补充；大约总须经过二、三次至四、五次六、七次的修改纠正，然后近于定稿。再由中宣部和中央出版总署最后审查批准出版”①。由此观之，注释的定稿是由文化界、中宣部、出版总署三方合力共同完成的，既要符合基本的客观事实，又要遵循国家意识形态的标准，从而形成《鲁迅全集》注释的最终构架。

第四节　书信删减中的场域张力

1938 年复社版的《鲁迅全集》，除了收录鲁迅与许广平的通信集《两地书》外，并没有收录一般书信，许广平说：“因为自己太替出版家的生意眼着想，以为影印耗费成本过巨，倘先行排印之后，再有影印版出，恐销路大受打击，因此强行把日记、书简留置，未即编入全集之内。”② 1946 年 10 月 19 日，鲁迅逝世十周年纪念日，鲁迅全集出版社出版了《鲁迅书简》，内收许广平陆续收集到的 800 余通书信。此版《鲁迅书简》由人民文学出版社于 1952 年 2 月重印，版权页标明“根据鲁迅全集出版社纸版重印”，但删去了杨霁云作的跋。1958 年 10 月，收有鲁迅书信的《鲁迅全集》第九、十卷由人民文学出版社出版。编者在《第九卷说明》中指出：“我们这次印行的《书信》，系将 1946 年排印本所收 855 封和到现在为止继续征集到的 310 封，加以挑选，即择取较有意义的，一般来往信件都不编入，计共收 334 封。在本卷中收入 79 封，其余续编入第十卷。”③ 据笔者仔细统计，此处说法有误，1946 年鲁迅全集版《鲁迅书简》实收鲁迅书信并非 855 篇，而是 865 篇，其中 12 封信函系据出版物抄录。其书简目次如下：

① 雪峰．鲁迅著作编校和注释的工作方针和计划草案［N］．文艺报：第三卷第九期，1951－02－25.

② 许广平．编后记［M］//许广平．鲁迅书简．上海：鲁迅全集出版社，1946.

③ 鲁迅全集：第九卷［M］．北京：人民文学出版社，1958：1.

鲁迅的简目次

姓名	书简数量	时间
李秉中	21 封	一九二三年二月——九三二年六月
孙伏园	3 封	一九二三年一月—十月
许季茀	2 封	一九二三年十二月——九三六年九月
李霁野	55 封	一九二五年二月——九三六年五月
台静农	41 封	一九二五年八月——九三六年十月
许钦文	4 封	一九二五年九月——九三二年三月
陶元庆	7 封	一九二六年二月——九二七年十一月
韦素园	28 封	一九二六年五月——九三一年二月
翟永坤	5 封	一九二六年五月——九二八年七月
许广平	1 封	一九二六年八月
李小峰	1 封	一九二六年十一月
刘随	1 封	一九二七年三月
韦丛芜	4 封	一九二七年三月——九二九年十一月
赵景深	3 封	一九二七年十一月——九三五年十二月
邵铭之	3 封	一九二七年十二月——九三六年六月
孙用	14 封	一九二九年一月——九三一年十一月
陈君涵	3 封	一九二九年六月—十一月
王余杞	1 封	一九二九年十一月
方善竟	2 封	一九三〇年四月—八月
王乔南	2 封	一九三〇年十月—十一月
崔真吾	3 封	一九三〇年十一月——九三二年十月
内山完造	5 封	一九三一年四月——九三六年十月
董绍明	1 封	一九三一年八月
母亲	50 封	一九三二年三月——九三六年九月
郑伯奇	3 封	一九三二年九月——九三五年五月
王志之	17 封	一九三二年十二月——九三五年九月

续表

姓名	书简数量	时间
赵家璧	45 封	一九三三年一月——九三六年十月
张天翼	1 封	一九三三年二月
黎烈文	32 封	一九三三年二月——九三六年十月
姚克	32 封	一九三三年三月——九三六年四月
曹聚仁	24 封	一九三三年五月——九三六年二月
唐诃	4 封	一九三三年六月——九三六年九月
罗清桢	20 封	一九三三年七月——九三六年四月
吕蓬尊	2 封	一九三三年八月——九三四年十一月
胡今虚	5 封	一九三三年八月—十月
董永舒	1 封	一九三三年八月
曹靖华	6 封	一九三三年九月——九三六年十月
郑振铎	49 封	一九三三年二月——九三六年九月
吴渤	13 封	一九三三年十一月——九三六年九月
徐懋庸	43 封	一九三三年十一月——九三六年二月
陈铁耕	5 封	一九三三年十二月——九三四年七月
李雾城	12 封	一九三四年二月——九三五年五月
张慧	4 封	一九三四年四月——九三五年三月
杨霁云	34 封	一九三四年四月——九三六年八月
楼炜春	7 封	一九三四年六月——九三六年四月
韩白罗	1 封	一九三四年七月
唐弢	4 封	一九三四年七月——九三五年八月
黄源	39 封	一九三四年八月——九三六年十月
萧军	54 封	一九三四年十月——九三六年二月
孟十还	32 封	一九三四年十月——九三六年三月

续表

姓名	书简数量	时间
叶芷、汤咏兰	11 封	一九三四年十月——一九三六年十月
沈振黄	1 封	一九三四年十月
窦隐夫	1 封	一九三四年十一月
金肇野	4 封	一九三四年十一月——一九三五年二月
李桦	7 封	一九三四年十二月——一九三五年九月
赖少麒	5 封	一九三五年一月—八月
费慎祥	4 封	一九三五年三月——一九三六年九月
曹白	15 封	一九三五年三月——一九三六年十月
胡风	6 封	一九三五年五月——一九三六年二月
唐英伟	2 封	一九三五年六月——一九三六年三月
蔡斐君	2 封	一九三五年九月——一九三六年八月
谢六逸	2 封	一九三五年十月—十二月
王野秋	10 封	一九三五年十一月——一九三六年九月
马子华	1 封	一九三五年十一月
耳耶	1 封	一九三五年十一月
周剑英	1 封	一九三五年十二月
夏传经	3 封	一九三六年二月—三月
颜黎民	2 封	一九三六年四月
段干青	1 封	一九三六年四月
吴朗西	10 封	一九三六年四月—九月
时玳	2 封	一九三六年五月—八月
沈明甫	8 封	一九三六年八月—十月

续表

姓名	书简数量	时间
答世界社	1 封	一九三六年八月
王正朔	1 封	一九三六年八月
康小行	1 封	一九三六年八月
鹿地亘	1 封	一九三六年九月
许杰	1 封	一九三六年九月
附编（下列信函系据出版物抄录）		
萧参	2 封	一九三二年九月——九三四年
施蛰存	2 封	一九三三年五月—七月
杜衡	6 封	一九三三年八月—十一月
孔若君	1 封	一九三五年十一月
汪馥泉	1 封	年月未详

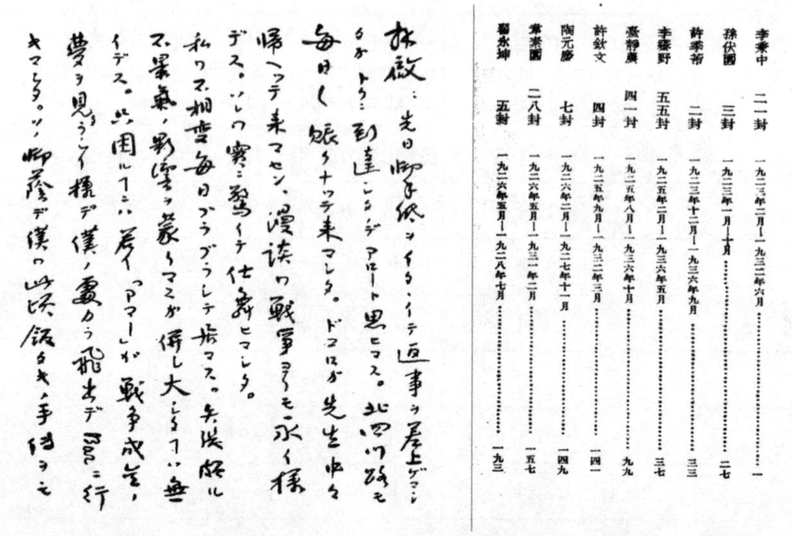

拝啓：先日御手紙ヲイタヾイテ返事ヲ差上ゲマシタカラトウニ到達シタデアロート思ヒマス。北四川路モ毎日々々賑ヤカナッテ来マシタ。ドマロガ先生中々帰ヘッテ来マセン。漫談ノ戦争ヨリモ永イ様デス。ソレノ実ニ驚イテ仕舞ヒマシタ。私ハ不相変毎日ブラブラシテ居マス。矢張頗ル不景気ノ影響ヲ蒙リマスガ併シ大シタ事ハ無イデス。此間ハ一人ノ「アマー」ガ戦争成金ノ夢ヲ見タラシイ様デ僕ノ處カラ飛出デ田舎ニ行キマシタ。ソノ御蔭デ僕ノ此頃飯タキノ手伝ヲモ

目次

李秉中	二一封	一九二三年二月—一九三二年六月	一
孫伏園	三封	一九二三年一月—十月	二七
許季茀	二封	一九二三年十二月—一九三六年九月	三三
李霽野	五五封	一九二五年二月—一九三六年五月	三七
臺靜農	四一封	一九二五年八月—一九三六年十月	九九
許欽文	四封	一九二五年九月—一九三二年三月	一四一
陶元慶	七封	一九二六年二月—一九二七年十一月	一四九
韋素園	二八封	一九二六年五月—一九三一年二月	一五七
翟永坤	五封	一九二六年五月—一九二八年七月	一九三

〔这是1946年《鲁迅书简》（鲁迅全集出版社出版）的有关插图及排版原文。左图为鲁迅亲笔手书信件影印件。右图为正文目次。鲁迅全集出版社是抗战期间许广平在上海自办的出版社，出版发行鲁迅的著作，包括《鲁迅

全集》《鲁迅三十年集》及各种单行本。地址在上海法租界霞飞路（今淮海中路）927 弄 64 号。创办的目的主要是以鲁迅著作权版权来维持许广平和周海婴的生计。〕

值得说明的是，书简卷末附编的 12 封信中，致萧参的两封信根据《救国日报》摘录，其余 10 封信根据生活书店版《现代作家书简》抄录。此 10 封信中，鲁迅 1933 年 8 月 14 日致杜衡的信有删节，以 ××× 将作者的通信地址省略。致汪馥泉的信则具体年月未详。《鲁迅书简》中并非只有附编部分根据出版物抄录信件，正文部分同样有此编法，比如致曹靖华和郑振铎的信件，就有部分抄录于《鲁迅先生纪念集》和《现代作家书简》。通过仔细校读目次和相对应的正文书信，我们不难看出，该书收录鲁迅书信共 865 封。事实上，许广平和参与抄录鲁迅书信的杨霁云均未指出《鲁迅书简》的具体数量。许广平在《编后记》中说："记得在鲁迅先生刚逝世不久，曾经登报征求远近友好给我帮助，把以前鲁迅先生逐字写出、逐封寄出的信借还给我拍照留底，以便将来影印成集。那时获得朋友大量予以同情的首肯，先后惠寄的信有八百余封，计通讯者七十余位。"① 杨霁云也指出："这一束书简，共计八百余通，合之先生生前所作之信札，大约不过三分之一而已。"② 由此可知，《鲁迅书简》为 855 封的论断并非出自二人之口。1952 年 2 月，人民文学出版社根据鲁迅全集出版社纸版重印了《鲁迅书简》，到 1953 年 11 月，北京人文社第三次印刷，印数已达 32000 册。该版《鲁迅书简》只在 1946 年版上删去了杨霁云的跋，跋中将鲁迅要求林语堂"放弃无聊小品文"的劝言理解为鲁迅"对朋友的诚挚爱护"。在新中国成立初期，林语堂因为其政治立场问题一直受到批判，杨霁云的跋尽管更接近历史真实，但以当时标准来看，该文不仅模糊阶级斗争，美化了林语堂，而且大大降低了新文化旗手鲁迅的战斗精神，其删去当在意料之中。

综上所述，1958 年 10 月《鲁迅全集》第九、十卷出版时，人民文学出版社编辑部实际收集到的鲁迅书信为 865 + 310 = 1175 封，而 1956 年 10 月

---

① 许广平．编后记［M］//许广平．鲁迅书简．上海：鲁迅全集出版社，1946.

② 杨霁云．跋［M］//许广平．鲁迅书简．上海：鲁迅全集出版社，1946.

《鲁迅全集》第一卷中的总出版说明则表示“本版新收入现在已经搜集到的全部书信”①。为什么仅仅两年后，人民文学出版社就改变初衷，将 1175 封信删减为 334 封，仅仅是因为要“择取较有意义的，一般来往信件都不编入”吗？综观被删减的鲁迅信件，我们可将其归为四类：一为信件本身触犯时代禁忌；二为信件批评了当时文艺界的一些领导；三为通信者已被划为右派或其他“阶级异己分子”；四为意义不大的一般应酬来往信件。以下拟选择相关信件作以点带面的说明。

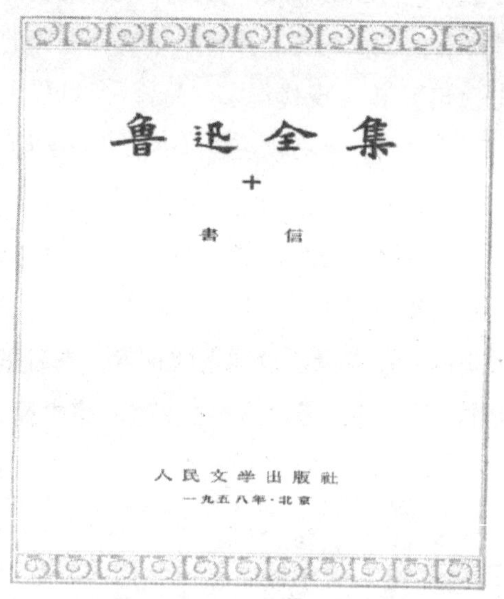

第十卷目录

書信

章廷谦　11 封　1926. 2. 23.—1929. 8. 17. ……… 3
韦素园　7 封　1926. 8. 8.—1931. 2. 2. …………14
许广平　1 封　1926. 8. 15. ……………………24
陶元庆　2 封　1926. 10. 29.—1926. 11. 22. ……25
沈兼士　1 封　1926. 12. 19. ……………………28
翟永坤　3 封　1927. 1. 12.—1927. 11. 18. ……30
江绍原　1 封　1927. 7. 27. ……………………34
李小峰　4 封　1927. 12. 6.—1933. 1. 2. …………35
邵文镕　2 封　1927. 12. 19.—1935. 5. 22. ………39
钱君匋　1 封　1928. 7. 17. ……………………41
康嗣群　1 封　1928. 7. 25. ……………………42
赵景深　1 封　1928. 11. 4. ……………………43
陈　濬　1 封　1928. 12. 30. ……………………44
陈君涵　1 封　1929. 6. 21. ……………………45
白　莽　1 封　1929. 6. 25. ……………………47
方善境　2 封　1930. 4. 12.—1930. 8. 2. …………49
王乔南　2 封　1930. 10. 18.—1930. 11. 14 ……52

I

〔这是 1958 年 10 月人民文学出版社出版的《鲁迅全集》第十卷扉页和目录。当时征集到的鲁迅信件有 1175 封，但在第九、十卷中只采用 334 封，删减 841 封，删减率高达 71.57%，这大大违背了全集要全的编选精神。与 1956 年 10 月出版的《鲁迅全集》第一卷中的总出版说明“本版新收入现在已经搜集到的全部书信”相矛盾。〕

1927 年 6 月 30 日，鲁迅回李霁野一封信，信的开篇如下：

霁野兄：

---

① 出版说明［M］//鲁迅全集：第一卷. 北京：人民文学出版社，1956.

六月六十二日信，都收到了。季黻早已辞职回家，凤举我到此后，曾寄他一信，没有回信，所以也不便再写信了。

托罗茨基的书我没有带出，现已写信给密斯许，托她在寓中一寻，如寻到，当送上……①

托罗茨基即托洛茨基，他被视为苏联时期与斯大林对立的政治异己分子。在现代革命史上，中国共产党党内开展过肃清托派活动。新中国成立后相当长时间内，对涉及托派的文艺作品也采取“隐形处理”，此处鲁迅与李霁野在信中谈到托罗茨基的书，在特定的时代语境中容易引起读者误读，故《鲁迅全集》书信卷中未收此信。事实上，鲁迅“是从托氏的《文学与革命》开始接受马克思主义的文艺理论并以之解读、指导当时正方兴未艾的中国革命文学的。查《鲁迅日记》，1925 年 8 月 26 日，鲁迅即购买了日文版的《文学与革命》”②。后来，李霁野把《文学与革命》从英文译成中文，1926 年出版。鲁迅自己也从日文翻译了托洛茨基在苏共中央 1924 年 5 月 9 日召开的文艺政策讨论会上的长篇演说，1926 年鲁迅又从日文翻译了《文学与革命》第三章中关于亚历山大·布洛克的一段，并写了相关介绍：“在中国人的心目中，大概还以为托罗兹基是一个喑呜叱咤的革命家和武人，但看他这篇，便知道他也是一个深解文艺的批评者。”③ 在 20 世纪五六十年代的历史语境中，这种正面肯定托洛茨基的话语显然不合时宜，其避收也在情理之中了。

1946 年鲁迅全集版《鲁迅书简》共收鲁迅致胡风的六通书信，而在《鲁迅全集》中都被删除了，一方面是 1955 年胡风已被打成反革命分子，另一方面更重要的原因是鲁迅在信中对左联及左联领导人周扬出言不逊。在 1935 年 6 月 28 日的信中，鲁迅向胡风说不愿出门与叶紫谈话，“因为我实在有些不愿意出门。我本是常常出门的，不过近来知道了我们的元帅深居简出，只令别人出外奔跑，所以我也不如只在家里坐了。记得托尔斯泰的什么小说说过，小兵打仗是不想到危险的，但一看见大将面前防弹的铁板，却就

① 鲁迅全集：第十二卷［M］．北京：人民文学出版社，2005：41.
② 田刚．鲁迅《答托洛斯基派的信》考辨［J］．东岳论丛，2011（8）．
③ 鲁迅全集：第七卷［M］．北京：人民文学出版社，1981：301.

也想到了自已，心跳得不敢上前了。”① 鲁迅在此处将自己比喻成小兵，而将周扬称为元帅，并暗讽周扬工作上的官僚主义作风，自己要向他学习，珍惜生命，不轻易出门以预防不测。事实上，从 1927 年“四一二”政变到1937 年抗战全面爆发，国民党在上海实行残酷的白色恐怖。“上海的中共组织不断遭到破坏，大量中共党员被捕被杀，党员人数从顶峰时的 1 万人锐减为 500 人”，“1934 年至 1935 年，中共上海中央局机关等遭到毁灭性破坏，仅 1935 年 2 月 19 日，就有上海中央局书记黄文杰等 36 人同时被捕。中共中央文化工作委员会（下文简称“文委”）五个领导成员中，只有周扬和夏衍幸免于难”。②“四条汉子”中的田汉、阳翰笙均被捕过，周扬采取深居简出的工作方式也是形势所迫，鲁迅的嘲讽或许并无恶意，但受到代表中华民族新文化方向的鲁迅的批评，显然不利于周扬。同年 9 月 12 日，鲁迅又致信胡风，信的开篇如下：

> 十一日信收到。三郎的事情，我几乎可以不须思索，说出我的意见来，是：现在不必进去。最初的事，说起来话长了，不论它；就是近几年，我觉得还是在外围的人们里，出几个新作家，有一些新鲜的成绩，一到里面去，即酱在无聊的纠纷中，无声无息。以我自己而论，总觉得缚了一条铁索，有一个工头在背后用鞭子打我，无论我怎样起劲的做，也是打，而我回头去问自己的错处时，他却拱手客气的说，我做得好极了，他和我感情好极了，今天天气哈哈哈……③

鲁迅在此信中明确表示反对萧军参加左联，一方面从“通盘筹算”的角度来考察，留在外围的作用更大一些；另一方面，鲁迅对左联的工作方式领导方式并无好感，担心萧军进左联后“酱在无聊的纠纷中，无声无息”。鲁迅对当时左联领导人的作风颇为不满：既在背后像工头一样用鞭子抽打，又当面虚与委蛇拱手打哈哈。很显然，通过形象的比喻，鲁迅将自己对周扬的不满宣泄无遗。这或许仅为一面之词而已，但“从作家的日记或尺牍上，往

① 鲁迅全集：第十三卷［M］．北京：人民文学出版社，2005：491.

② “新文委”在沉沉阴霾中挺起胸膛［N］．人民网，2012－11－11.

③ 鲁迅全集：第十三卷［M］．北京：人民文学出版社，2005：543. 此信首行称呼已被胡风裁去。

往能得到比看他的作品更其明晰的意见，也就是他自己的简洁的注释”①。这封鲁迅致胡风的信件，对周扬的批评是显而易见的。正因如此，在1957年人民文学出版社负责人冯雪峰被打倒后，周扬便抽掉这些信件，于是《鲁迅全集》“第九卷说明”与第一卷的总“出版说明”便自相矛盾了。

鲁迅书信中有不少通信者在1957年被划为“右派”，诸如萧军、徐懋庸、施蛰存等。1946年鲁迅全集版《鲁迅书简》中收录鲁迅致萧军54封信，这些信不少是写给萧军、萧红共收的，信中充满对年轻人的殷殷关怀，鲁迅也饶有风趣地向他们谈自己的家庭、孩子，对于我们今天了解鲁迅后期的生活具有重要的史料价值，但《鲁迅全集》仅收3封，分别写于1934年10月9日、1935年1月29日、2月9日。信的内容是对文学问题的探讨及对萧军、萧红稿件的推荐发表建议举措，行文之余鲁迅以特有的幽默讽刺了文界的腐败。《鲁迅书简》中收鲁迅致徐懋庸43封信，这些信既有一部分是两人交际来往的记载，也有一部分涉及对当时文坛的某些评价，《鲁迅全集》中仅收3封，分别写于1933年12月20日、1936年2月17日、2月21日，前一封信的内容先对韩侍桁的“机械唯物论”提出批评，指出其目的是“动摇文学上的写实主义”，然后为青年徐懋庸推荐了相关的书目：首先要看历史书，比如日文的《世界史教程》；其次是唯物论，日本最新的《唯物辩证法讲话》《史的唯物论》值得一看；文学史方面的书则以 G. Brandes 的《十九世纪文学的主要潮流》为佳，尽管该书出于人道主义立场；在理论方面，则《写实主义论》值得一阅。该信对生活在20世纪50年代的青年教育仍有借鉴意义。后两封信的内容分别回答了徐懋庸询问《故事新编》中的出典及作者对《故事新编》批评的反批评，特别指出作者对《出关》中老子“大而无当”思想的批评。《鲁迅书简》中鲁迅致施蛰存的两封信，分别写于1933年5月1日、7月18日，其内容较为简略，语气谦和客气，均是鲁迅对施蛰存主编《现代》约稿的答复，二者未被《鲁迅全集》书信卷收录。

《鲁迅全集》中被删减的书信大都为意义不大的一般应酬来往信件。这

---

① 鲁迅．孔另境编《当代文人尺牍钞》序［M］//鲁迅全集：第六卷．北京：人民文学出版社，1958：331.

些信件大都篇幅简短，并无实质内容①，许多只是业务上的客套交际而已，诸如鲁迅 1927 年 3 月 3 日致刘随的信，正文仅 35 字，原文如下：

惠函敬悉。讲演稿自然可以答应先生在日报发表，今寄还。其中僭改了几处，乞鉴原为幸。②

此信中的刘随，为鲁迅在香港青年会讲演《老调子已经唱完》的记录者，鲁迅与之通信商议该文发表一事（此记录稿后来未能在香港报纸发表），纯为业务应酬，《鲁迅全集》中被删减的信件大都可归为此类。

---

① 当然，从史料学角度考察，可以得知鲁迅的交游情况，对于了解事件来龙去脉，溯源文本生产过程还是很有帮助的。

② 许广平．鲁迅书简［M］．上海：鲁迅全集出版社，1946：207.

第四章　现代作家文集编选考察

“十七年”人民文学出版社共出版发行现代作家文集七部，按文集首卷出版时间顺序排列，分别为《瞿秋白文集》《沫若文集》《茅盾文集》《巴金文集》《叶圣陶文集》《郑振铎文集》《靳以文集》，其中后三部文集一度中断，《叶圣陶文集》只出三卷。《郑振铎文集》只出两卷，其余五卷分别在1983—1988年出齐。《靳以文集》则只出上卷，下卷在“文革”中遗失，1983年重新编定。关于该套文集的出版原因，在1966年9月20日《人民日报》刊载的《不许周扬攻击和诬蔑鲁迅》一文中，许广平引述了1958年5月8日林默涵给人文社社长王任叔的一封信：

> 我明天要到外地一个时期，有几件事奉告：
>
> 一、关于五四以来作家文集或选集的出版，周扬同志意见，应该有一个通盘的计划。那些该出，那些不出或缓出，大家讨论一下。郁达夫文集可稍缓出，先出选集就行了。

由此可见，现代作家文集或选集的出版是一个有计划有步骤的过程，出版人选的名单及出版时间顺序取决于中宣部领导的意见和决定。楼适夷也曾回忆：“到了1956年，解放后第一次加了注释的十卷本《鲁迅全集》开始出版后，根据读者的希望，认为某些新文学运动兴起后的重要作家，光出一本篇幅不多的选本是不能满足的，于是规划出版重要作家的多卷本‘文集’，第一批就着手原定十卷而后来逐步扩大到十七卷还未完成的《沫若文集》、十卷本的《茅盾文集》及十四卷本的《巴金文集》……按照预定计划，又出了《叶圣陶文集》《郑振铎文集》，但都只出了两卷三卷就停顿起来。计划内原定还有《丁玲文集》，则作者在1955年受了大批判，1957年又错划为‘右派分子’而取消了。《老舍文集》，则作者自己一口谢绝：‘那些旧作品还出它干么，你们已经印了一本《骆驼祥子》也就够了。’”① 值得一提的是，《瞿秋白文集》与《郑振铎文集》《靳以文集》是在作家已经去世后由人文社成立的专门编辑委员会来编选的，而其他文集则由作家本人编选，人文社编辑部审核后提出相关修改意见。在以上两种方式的编纂实践中，不少现代作家的旧作留下修改、删减或者加上序跋、篇末后记、文中注释等再创作痕迹。

“十七年”现代作家文集的编选工作是国家有计划有组织参与文学生产的系统工程，通过对编选过程的考察，我们能清楚地看到新中国文学的定位与建构。为了论述直观方便，现将“十七年”人文版现代作家文集列表如下：

“十七年”人文版现代作家文集编选一览表

名称	时间	卷数	编选者	编选方式	备注
瞿秋白文集	第一册，1953.10 第二册，1953.12 第三册，1953.11 第四册，1954.2	8卷 4册	《瞿秋白文集》编辑委员会	按照年代先后，根据著作和翻译分类，在刊载原作基础上，根据手稿校勘。	
沫若文集	第一、二、三、四卷 1957.3 第五卷 1957.4 第六卷 1958.5 第七卷 1958.8 第八卷 1958.9 第九卷 1959.9 第十、十一、十二卷 1959.6 第十三卷 1961.10 第十四卷 1963.6 第十五卷 1961.11 第十六卷 1962.11 第十七卷 1963.2	17	作家自选	在原版原作上经作者修订后编入	

① 楼适夷．零零碎碎的记忆——我在人民文学出版社［J］．新文学史料，1991（1）．

续表

名称	时间	卷数	编选者	编选方式	备注
茅盾文集	第一、二卷 1958. 3 第三、四卷 1958. 5 第五卷 1958. 8 第六卷 1958. 9 第七卷 1959. 3 第八卷 1959. 6 第九卷 1961. 10 第十卷 1961. 11	10	作家自选	第一、三卷在修订本上重新校阅； 第二、五、六卷在原版上重新校订； 第七、八卷在原版上选录校订； 第九、十卷在原版上选录校订，有关篇目作者作了补注	
巴金文集	第一、二卷 1958. 3 第三卷 1958. 4 第四卷 1958. 5 第五卷 1958. 8 第六卷 1958. 10 第七卷 1959. 6 第八卷 1959. 6 第九卷 1959. 10 第十、十一卷 1961. 10 第十二卷 1961. 11 第十三卷 1961. 12 第十四卷 1962. 8	14	作家自选	第一、二、四、五、六卷在原版上重新修订； 第七、八卷根据原版选录编定； 第三、九、十、十一、十二、十三、十四卷根据原版编定，另十四卷中《谈自己的创作》部分作品未曾发表	
叶圣陶文集	第一卷 1958. 4 第二卷 1958. 5 第三卷 1958. 10	3	作家自选	在原版上经作者校阅、修订后编入	
郑振铎文集	第一卷 1959. 10 第二卷 1963. 3	2	人民文学出版社编辑部	在作者生前编订本及原作基础上，人文社编辑部整理编入	
靳以文集	《靳以文集》（上卷）1964. 5	2	《靳以文集》编辑委员会	根据作者生前编定的版本编定，有关篇目中个别词句略作必要的修改	

第一节　改收：系统性再经典工程

人文版现代作家文集的编选存在较为普遍的改收与避收现象。改收是指作家或编者将旧作进行意识形态、语言、审美等方面的修正后重新结集。避收是指作家或编者有意删减曾经印行的作品集中部分单篇作品的现象。

一、典型个案:《茅盾文集》(一、三卷)

《茅盾文集》中第一、三卷（即《蚀》和《子夜》）的修改可谓改收的典范。为什么要修改《蚀》（包含《幻灭》《动摇》《追求》三部小说）和《子夜》呢？根据茅盾的说法："表现在《幻灭》和《动摇》里面的对于当时革命形势的观察和分析是有错误的，对于革命前途的估计是悲观的；表现在《追求》里面的大革命失败后的小资产阶级知识分子的思想动态，也是既不全面而且又错误地过分强调了悲观、怀疑、颓废的倾向，且不给以有力的批判。"① 茅盾对《子夜》的修改也做了解释：《子夜》除了描写革命运动者及工人群众因为仅凭"第二手"材料，写得远不如买办金融资本家和反动的工业资本家外，"最大的毛病还在于：一、这部小说虽然企图分析并批判那时的城市革命工作，而结果是分析与批判都不深入；二、这部小说又未能表现出那时候整个的革命形势"②。查茅盾1958年《致作协办公室》的书信，我们可以得知出版《茅盾文集》并非茅盾之意，而是"人民文学出版社楼适夷同志再三来说"，茅盾当时处于两难之境："我觉得不改呢，读者将说我还在把'谬种流传'，改呢，那就失去了本来面目……当时我主张干脆不再重印，但出版社又不以为然。"③ 最后，茅盾决定采用折中的方法，即在不改变原作思想内容的前提下，对其中的字句作或多或少的修改。以《蚀》三部曲为例："《幻灭》和《动摇》改的少，仅当全书的百分之一或不及百分之一，《追求》则较多，但亦不过全书的百分之三。"④ 据国内学者统计，1954年《蚀》人文版在初版本基础上修改多达900余处。"其中《幻灭》120余处，《动摇》350余处，《追求》450余处（处次的计算最小以逗号隔开的半句为

① 茅盾. 自序［M］//新文学选集编辑委员会. 茅盾选集. 上海：开明书店，1952.

② 茅盾. 自序［M］//新文学选集编辑委员会. 茅盾选集. 上海：开明书店，1952.

③ 茅盾. 写在《蚀》的新版的后面［M］//茅盾. 茅盾文集：第一卷. 北京：人民文学出版社，1958：433－434.

④ 茅盾. 写在《蚀》的新版的后面［M］//茅盾. 茅盾文集：第一卷. 北京：人民文学出版社，1958：434.

单位，半句中无论修改几处均按 1 处计算。两半句前后语句调换的只算一处。其他增、删的句段连续成片的算 1 处）。”① 而 1954 年《子夜》人文版在初版本基础上改动 600 余处，“修改最多的是第十五章（160 处），最少的是第十九章（3 处）。这些修改包括对初版本误植的订正、标点符号的增加和改换、字词的改换、句子和段落的删改”②。

〔这是 1958 年 3 月出版的《茅盾文集》第一卷，左图为文集书衣。从 20 世纪 50 年代开始，人民文学出版社陆续出版了现代作家优秀作品单行本，后来又推出现代作家文集选集，这类图书的封面，1958 年前多为白底绿字，被称为“白皮书”，其后多采用淡绿底深绿字，被称为“绿皮书”。以这两种颜色为特征的人文版图书，在广大读者中留下持久温情的回忆。左图即为“绿皮书”。中图为《茅盾文集》第一卷扉页。右图为第一卷中的总“出版说明”：“这个文集收辑了作者三十多年以来创作生活中的大部分文学著述，按照小说、戏剧、散文、文学论文等体裁和著作年代编次。作者翻译的外国文学作品，以及多年在从事杂志的编辑工作中所写的部分带有时间性的文章，都不收入在内。”这则署名人民文学出版社编辑部的说明还指出：“我们收辑的作品可能还有遗漏，在编印时虽进行了初步的编辑和校勘工作，并由

① 金宏宇．新文学的版本批评［M］．武汉：武汉大学出版社，2007：207.

② 金宏宇．中国现代长篇小说名著版本校评［M］．北京：人民文学出版社，2004：109.

作者亲自校阅、编订，但仍不免有许多缺点，希望得到读者和研究者的指正。”落款时间为1957年8月，离出版时间仅隔7个月。］

综观茅盾作品中的以上修改，一共有五种类型。一种是涉及性内容的删改；一种是涉及工农革命国共斗争等政治话语的修改；一种是涉及汉语规范化的词语置换修改；一种是涉及少数晦涩语段的删改；一种是涉及个别语句精益求精的润色修改。前两种可看成文本中的内容修改，后三种可看成形式修改。其中修改量最大的是性内容的删改。在茅盾的早期小说《蚀》《虹》《子夜》中，诸如乳房、屁股、身体曲线和肉感等性语句屡见不鲜。国内有学者认为，茅盾是高举文学的社会性大旗而建立起写“性”说“欲”的合法性。① 胡风在当时曾直言不讳地批评茅盾的早期小说：“那形象是冷淡的，或者加点刺激的色情，也没有普通人民的真情实感的生活。”② 此类说法虽不免偏激，但也是有事实依据的。茅盾早期小说受自然主义的影响，认为性是人生内容和社会性的重要组成部分，作为一种客观存在，丝毫不能以之为秽亵。但事实上，茅盾早期小说中的性话语并非单纯作为一种客观存在，除了男欢女爱的自然本能欲望之外，这些性话语还有革命激情、女性（权）解放与自由、女性身体的商品化等诸多隐喻之意，茅盾为了获得这些隐喻之意，难免夸大夸张女性的性征体态，这往往成为人们诟病的理由。对于一般的工农大众读者来说，他们对这些过量过分的性内容所阐释的隐喻之意难以理解，同时，这些性话语也容易产生不良的社会影响。新中国成立之初，就开始大规模打击卖淫嫖娼和清查妓院，1949年11月22日，《人民日报》头版以大篇幅报道北京市封闭全市196家妓院的举措，并配发一则《解放妓女》的短评。该文指出：“北京市第二届各界人民代表会议，于昨（廿一）通过了封闭妓院的决议，并即由市人民政府下令开始执行。这是废除反动黑暗的娼妓制度、解放妇女的一项重要措施。”在新中国的政治语境中，涉及性内容描写的作品（非“五四”以后的一般新文艺作品及一般谈情说爱的

① 黄子平．“灰阑”中的叙述［M］．上海：上海文艺出版社，2001：55.

② 李继凯．关于胡风与茅盾的交往、冲突及比较［J］．中国现代文学研究丛刊，2003（2）．

“言情小说”）往往被看成半殖民地半封建社会旧文学旧艺术的残余，被看成地主阶级和资产阶级反动腐朽思想和下流无耻生活方式的代表，其受到批判也是社会大众心理的合理表现。1949 年 12 月 25 日《文艺报》第一卷第七期上发表《黄色文化的末路——上海通讯》一文，指出新中国成立前“整个上海都被黄色的‘毒氛’所弥漫”，其原因是受到敌人、反动派的支持。因为黄色文化“时事不提，真话不说，即使有，亦限于‘粉饰太平’的。他们所写的都是旧社会中落后的小资产阶级，堕落的市民生活，以及才子佳人式的几角恋爱，不是宣传升官发财之‘乐’，就是描述林黛玉式的‘悲哀’，鼓吹着腐化的享乐主义。敌人、反动派，正希望青年们沉醉在这些‘淫奢’的生活中，倘若能以此自满，那么就永难觉悟，再也不会起来反抗他们了”。该文从革命功效的角度对麻醉青年的黄色文化进行了批判，指出黄色文化就是维护旧社会统治的帮凶。1955 年 7 月 22 日，国务院发布了《关于处理反动的、淫秽的、荒诞的书刊图画的指示》，指出“一部分人民群众，尤其是有些青年、少年、儿童，因为受到这类图书的毒害，思想堕落，身体败坏，生活腐化，学业旷废，工作消极，甚至做出殴斗、盗窃、奸淫、凶杀等犯罪行为……为了保护人民尤其是青年、少年、儿童的身体和思想的健康，巩固社会治安，保障社会主义的经济建设和文教建设，必须对上述反动的、淫秽的、荒诞的书刊图画进行坚决的严肃的处理。”① 茅盾作品显然与淫秽无关，但其早期小说存在大量性话语却是事实。同时，这些性话语往往产生在特定的都市语境中，作品人物也有浓厚的小资产阶级知识分子的经验情趣，与普通工农大众的审美隔膜较大。故茅盾做了大量删除或简化的修改，② 既不改变作品的情节结构，也适应了工农大众的欣赏水准。《茅盾文集》采用修改本作底本，实质上是肯定了这种修改的正确性。

1955 年 7 月 27 日《人民日报》的社论《坚决地处理反动、淫秽、荒诞的图书》指出：“利用反动的、淫秽的、荒诞的书刊图画，宣传地主阶级和资产阶级的反动腐朽思想和腐化堕落的生活方式，腐蚀劳动人民，麻痹他们

---

① 洪子诚．中国当代文学史·史料选：上［M］．武汉：长江文艺出版社，2002：280.

② 茅盾修改的原因也与人文社编辑有关，具体细节可参阅陈改玲．重建新文学史秩序［M］．北京：人民文学出版社，2006.

的阶级意识，瓦解他们的团结的意志和革命的精神，败坏人民民主新社会的公共道德，借以阻碍社会的进步，阻碍建设事业的发展，这正是资产阶级向工人阶级进行思想进攻的具体表现。”为此，必须对以上书刊图画进行坚决严肃有计划有步骤的处理。而“目前全国省会以上城市约有租赁书籍和连环画的店铺、摊贩一万个以上。在他们手中存有大量的旧社会遗留下来的反动的、淫秽的、荒诞的旧小说、旧唱本、旧连环画、旧图片，每天出租给几十万读者”。该社论提出了具体处理办法：“在处理的时候，应有明确的标准，并应按毒害程度的不同，采取区别对待的办法。凡政治上极端反动的图书和描写性行为的极端淫秽的图书，应一概予以查禁。以后再有租售，即属犯法，应给以适当处分。凡渲染荒淫生活的色情图书和宣传寻仙修道、飞剑吐气、采阴补阳、宗派仇杀的荒诞武侠图书，应予收换，即以新书与之调换。查禁的面应窄，凡采取查禁手段稍嫌过严，而任其流通又为害很大的，可以加以收换。不属于上述查禁和收换两类范围的其他图书，包括‘五四’以前出版的图书，‘五四’以后出版的一般新文艺作品，一般谈情说爱的所谓‘言情小说’，虽有一些色情描写但以暴露旧社会黑暗为主的图书，一般的侦探小说、神话、童话及由此而改编的连环画，真正讲生理卫生知识的科学书，等等，应该一律准许继续租售，不得任意处理。”而为完成此任务，“应组织包括文化、公安、司法等部门和文化界著名人士在内的图书审查机构，负责进行对于查禁和收换的图书的审查工作，经过审查批准，然后执行”。

对涉及工农革命国共斗争等政治话语的修改，其实是新的国家意识形态诉求所致。经济基础决定上层建筑，全国革命取得胜利后，旧的剥削阶级的经济基础已被摧毁或受到很大限制，新的人民大众的经济基础已经或正在建设中，新的经济基础必然产生新的上层建筑，新的上层建筑的改变必然导致作为上层建筑重要组成部分的意识形态的改变，反映到具体文学作品上，其旧的意识形态必然被新的意识形态所取代。《蚀》的创作时期，正处于大革命失败阶段，中国共产党及工农武装的前途到底在何方，当时并不能有一个明确的答案。反映在《蚀》中小资产阶级知识分子的悲观、怀疑、颓废恰好是客观事实，茅盾非常准确地把握了他们的思想动态，反映了事物发展的辩证性与复杂性。同样，《子夜》的创作也是作家认真调查分析中国社会现状的结果，《子夜》中有关党在领导工人运动中存在的“左倾”教条主义路线、脱离群众的简单粗暴“命令”作风的描写，使我们看到事物发展的某种原生态。而在新中国成立后新的历史语境中，这些看似有损工农革命者和党的形象的描写大都被修饰或删改。①

涉及汉语规范化的词语置换修改和涉及少数晦涩语段的删改，一方面是为了适应广大工农读者的阅读需要，另一方面也是50年代汉语规范化的客观要求。1951年6月6日，《人民日报》发表题为《正确使用祖国的语言，为语言的纯洁和健康而斗争》的社论，社论指出：“学习把语言用得正确，对于我们的思想的精确程度和工作效率的提高，都有极重要的意义。很可惜，我们还有许多同志不注意这个问题，在他们所用的语言中有很多含糊和混乱的地方，这是必须纠正的。”该文在具体分析有关报纸杂志、党政机关文件出现语言混乱的基础上，呼吁要正确地运用语言来表现思想，要坚决地学好祖国的语言，为祖国语言的纯洁和健康而斗争。同日，《人民日报》开始连载吕叔湘、朱德熙的《语法修辞讲话》，极大地促进了我国语言文字规范化建设。1955年10月，全国现代汉语规范化问题学术会议召开，12月26日，《人民日报》发表社论《为促进汉字改革、推广普通话、实现汉语规范化而努力》。1956年2月6日，国务院发布关于推广普通话的指示，指出：“语言中的某些不统一和不合乎语法的现象不但存在在口头上，也存在在书面上。在书面语言中，甚至在出版物中，词汇上和语法上的混乱还相当严重。为了我国政治、经济、文化和国防的进步发展的利益，必须有效地消除这些现象。汉语统一的基础已经存在了，这就是以北京语音为标准音、以北方话为基础方言、以典范的现代白话文著作为语法规范的普通话。在文化教育系统中和人民生活各方面推广这种普通话，是促进汉语达到完全统一的主要方法。”② 1956年2月9日，中国文字改革委员会发表了《汉语拼音方案（草案）》和《关于拟订汉语拼音方案（草案）的几点说明》。2月10日，中央推广普通话工作委员会成立，国务院任命了组成人员：主任陈毅；副主任

① 具体修改情况可以参阅金宏宇的两部著作。金宏宇．新文学的版本批评［M］．武汉：武汉大学出版社，2007；金宏宇．中国现代长篇小说名著版本校评［M］．北京：人民文学出版社，2004.

② 现代汉语规范问题学术会议秘书处编．现代汉语规范问题学术会议文件汇编［M］．北京：科学出版社，1956：249.

郭沫若、康生、吴玉章、陆定一、林枫、张奚若、舒舍予等七人；委员丁西林、丁声树、王力、叶圣陶、吕叔湘、沈雁冰、吴冷西、邵力子、周有光、周建人、周扬、胡乔木、胡愈之、胡耀邦、范长江、夏衍、梅兰芳、邓拓、谢觉哉、魏建功等43人。同年2月12日，《人民日报》发表社论《努力推广普通话》，该社论指出：在全国汉族人民中大力推广普通话，“这是一个加强我国在政治、经济、国防、文化各方面统一和发展的重要步骤”。“各级学校是推广普通话最重要的基地。教育部已经决定从1956年秋季起，在全国小学中学和师范学校开始教学普通话。全国小学一年级和初中一年级的语文教师和师范学校的语文教师，在1956年暑假以前，都要受到普通话的语音训练。其他需要集中受训的教师，应该在1958年受训完毕。”“文化部门对于推广普通话和促进汉语规范化也负有重大责任。广播、电影和戏剧拥有广大的听众和观众，它们应该成为传播普通话的最有力的工具。至于书面语言的规范化，首先应该是全国新闻出版机构的责任。必须做到，无论是广播中的语言，银幕上的语言，舞台上的语言或者出版物上的语言都是健康的，合乎规范的。”汉语统一的实践构想体现在现代作家集的编选上，对许多作家而言，就是将作品中20世纪二三十年代的用语置换成50年代的规范用语，这也是从语言上构建一个统一的“文学民族共同体”的重要内容。

国务院的指示得到众多文化界人士的积极响应，时任中国作协主席、文化部部长、政协常委的茅盾也按照汉语规范化的要求来修改旧作。茅盾将作品中二三十年代的用语置换成五十年代的规范用语，诸如“马将”换成“麻将”、“看护妇”换成“女护士”、“汽车夫”换成“司机”、“利害”换成“厉害”、“年少”换成“少年”、“餐间”换成“餐厅”等。晦涩语段的删改是将一些文艺性太强不易理解的语段作简化删除的修改，顺应文艺大众化的要求以方便工农大众阅读。《动摇》结尾处描写方太太在尼庵中出现幻觉：“……在这中间，有一团黑气，忽然扩大，忽然又缩小，终于弥漫在空间，天日无光……”① 而原文为：“……在这中间，有一个黑心，忽然扩大，忽然又缩小，终于是不息的突突的跳！每一跳，分生出扩展出一个黑的圈子

① 《茅盾全集》编辑委员会．茅盾全集：第一卷［M］．北京：人民文学出版社，1984：257－258.

来，也在突突的跳。黑圈子一层一层的向外扩展，跳得更快，扩展的也更快，吞噬了一切，毁灭了一切，弥漫在全空间，全宇宙……”① 后者的描述更细腻，更有文学色彩，但这种意识流的理解难度也越大。涉及个别语句精益求精的润色修改，是作家继续锤炼雕琢作品的结果。在《子夜》修改本中将吴荪甫小客厅墙壁上那幅丝织的《明妃出塞图》换成“缂丝的”，恰如其分地衬托出主人的豪华阔绰，而用“丝织的”，则无此艺术效果。

事实上，关于汉语规范化大众化的必要性还可以从接受者（受众）的角度来考察。新中国诞生时，全国文盲半文盲人数高达总人口 90% 以上，中央政府在恢复改革学校教育的同时，1956 年 3 月 15 日成立了全国扫除文盲协会。会长为陈毅，副会长为吴玉章、林枫、张奚若、胡耀邦、董纯才等五人，秘书长为林汉达，其他委员还有沈雁冰、胡乔木、胡愈之、陆定一等人。“全国扫除文盲协会的成立，是为了协助政府更广泛地动员和组织社会力量，开展扫除文盲的运动，按照国家计划如期完成扫除文盲的任务，以适应社会主义建设的需要。”② 在全国范围内扫除占人口 78% 的文盲，这是一项空前伟大的事业。1956 年 1 月以来，河南、山东、吉林、青海、云南等诸多省份召开扫盲积极分子大会。“参加扫盲积极分子大会的，有这些地区艰苦办学的民校校长，积极教学的教师和辅导员，积极参加扫盲工作的小学教师，坚持扫盲学习的学员，以及中共支部、青年团支部和青年扫盲队等组织的代表。”③ 事实上针对新中国工农大众文化阅读水平整体较低的现实，《人民日报》多次刊文报道全国各地举办文化扫盲班的情况，国家级、省市级的出版社也专门出版通俗易懂的文化读物送到农村，在中央级媒体诸如《人民日报》上还出现了为生僻字注音及标明简明同音字以方便认读的情况。以 1962 年 4 月 12 日发表在《人民日报》副刊版的散文《春满珞珈山》为例，一千余字的散文注音多达 17 处，诸如潋滟［liànyàn］、徜徉［chángyáng］、旖旎［yǐnǐ］、倥偬［kǒngzǒng］、帷幄［wéiwò］等词语均注音如上。为方便普通群众阅读，《人民日报》呼吁“文章应该口语化”，“写文章不能离开群

① 《茅盾全集》编辑委员会．茅盾全集：第一卷［M］．北京：人民文学出版社，1984：258.

② 全国扫除文盲协会成立［N］．人民日报，1956－03－16.

③ 许多省市召开扫盲积极分子大会［N］．人民日报，1956－03－16.

众，不能离开中国人民的语言习惯，要熟悉群众，熟悉他们的口吻，熟悉他们常用的词汇，不能用绅士的眼光去看群众的语言，以为他们讲话都是粗俗、简单的。最好的话，一针见血的话，常常正是出在群众当中。”① 综上所述，汉语的通俗化大众化能拉近文艺作品与普通工农大众的距离，体现毛泽东《讲话》中文艺为工农兵服务的主张，实践文艺大众化的方向。故当时的评论者认为，只有符合最大多数民众审美习性的文学语言才是好的语言。茅盾在《夜读偶记》中也表达了类似的观点：“我以为国风中最好的作品（就思想内容和艺术形式而言），例如《郑风》的《萚兮》《风雨》《将仲子》《野有蔓草》等篇，《魏风》的《伐檀》《硕鼠》等篇，其文学语言最为大众化，大概最为接近当时的‘引车卖浆者之言’。《大雅》和《颂》的文学语言那就是庙堂中的语言，即后世所谓‘雅言’，装模作样，官气十足，干燥无味。”② 通过对比，我们不难看出作者对普通大众语言的认可和对“学究气”“雅言”的贬抑，这为我们考察“十七年”文本异动中的语言修改提供了一个重要面向。

二、来自“老大哥”的压力：《赤都心史》

《瞿秋白文集》第一卷《赤都心史》也存在多处修改，原著的第十四章《“死人之家”的归客》、第二十一章《新资产阶级》、第二十四章《民族性》被彻底删去，第十八章《列宁杜洛次基》中标题被改成《列宁》，文中涉及赞扬杜洛次基（即托洛茨基）的一段话被彻底删去。原文为：“第三次大会第一天，杜洛次基提案《世界经济现象》，指呈当时经济恐慌稍缓，渐有改善，劳动运动由进攻一转而为防守——资本家反乘机进取，然而这不打紧，共产国际可借此深入群众，正是历练巩固革命力的好机会。丰采奕奕的杜氏，演说辞以流利的德语，延长到三小时余……后来讨论时，法国共产党有许多疑问，争辩很久。我们新闻记者中有不十分懂的，因约着布加利亚代表同去问杜氏。杜氏见中国新闻记者很欣喜，因竭力和我们解释，说话时眉宇昂爽，流利倜傥。他说，经济状况窘迫——就是‘恐慌’到时，并不一定是

① 浦薇．文章应该口语化［N］．人民日报，1959－05－23.

② 茅盾．夜读偶记［M］．天津：百花文艺出版社，1979：7.

革命的时机，有时一部分小资产阶级的无政府派之激于意气，冒昧爆发，反丧群众的元力；经济状况改善时，工人资本家冲突渐入‘经济要求’的狭轨里，然而即此可鉴‘社会党人’和群众的密接训练程度增高……‘法国同志就是不赞成我这一层意思……’他说得兴高采烈的时候，手里一枝短铅笔，因他指划舞弄，突然失手飞去，大家都哄然笑起来了。”以上一段话，不乏对托洛茨基的溢美之词，托氏的神采和演说才华显然给作者留下了深刻印象。20 世纪 50 年代参与编辑《瞿秋白文集》的王士菁解释此处的删减时说："1949 年，新中国刚诞生，正在热烈学习‘老大哥’之时，我们曾经把 1938 年在上海出版的二十卷（包括全部译文）的《鲁迅全集》赠送给苏联有关单位。在这部《全集》的第十七卷中，收入由日本文艺理论家藏原惟人编译、鲁迅从日文转译的《文艺政策》（主要内容是 1924 年俄共内部关于文艺政策讨论的记录，其中收入托洛茨基的长篇发言）。因为这件事，‘老大哥’便发生非常不友好的谴责和批评。这引起了我们的极大注意。为了照顾对方，在有关领导的指示下，在《赤都心史》中几处有关托洛茨基的记载便完全删掉了。”① 托洛茨基是苏俄和苏联早期领导人之一，曾被视为列宁的自然接班人。列宁逝世后，他成为党内反对派首领，1929 年被驱逐出境。当时，对托洛茨基的赞美就是对苏联政府的批判，故人文社编辑部采取“隐形处理”，在文中及出版说明中未做任何解释。《瞿秋白文集》第一卷第十四章《“死人之家”的归客》赞美了曾充军到西伯利亚的俄国无党派的革命家芭烈澳斯基；第二十一章《新资产阶级》以调侃的口吻书写了苏俄 1921 年的新经济政策，说此种政策驱使许多人在工作之余赚额外的收入。“新资产阶级发生起来，应着‘资本最初积累律’，社会生活的现象中也就随之发见种种‘新式’。戏院（私人的），咖啡馆，饭馆，照相馆，市场经济越发扩张了，技师就私人企业家聘请的每月动辄百余万了。”② 新经济政策的实行曾在苏俄历史上起过重大作用，允许资本主义在一定范围内发展，建立了工业与农业之间正常的经济联系，巩固了工人阶级同农民的联盟，促进了生产力的发展，

① 王士菁．他手中真如捏着一团火——我所知道的《瞿秋白文集》出版情况并记雪峰同志［J］．新文学史料，1993（3）．

② 瞿秋白．瞿秋白游记［M］．上海：东方出版社，2007：174.

受到广大人民的欢迎，使 1921 年的危机迅速得到克服。瞿秋白原文中的调侃口吻一方面不利于新中国建立初期与苏联的友好合作关系，另一方面也不符合新中国 50 年代的发展要求。第二十四章《民族性》借一位流落在俄国，曾受过两次革命冲击的匈牙利资产阶级之口对俄国的民族性进行评论：“俄国人还了得，弄了个劳农政府，教人表亦随便带不得，真正有趣！……唉！不必说起。你瞧，这沿街的小孩子，卖纸烟，不受教育，哼，农村里去看看，农民蠢得像猪一样，个性不发达，有事一哄一大群，谁亦不知道究竟怎么一回事，可是居然哄起来了；再则他们一面要地，怕地主，地到了手，政府问他要食粮，又舍不得了！真奇怪的民族。”① 该段议论对俄国农民进行了辛辣的嘲讽，并将生活中存在的个案上升到民族性的高度，显然有失客观公正。在有了前车之鉴的前提下，为担心再受到苏联“老大哥”的谴责和批评，人文社编辑部当时删掉此章也是明智之举。

瞿秋白

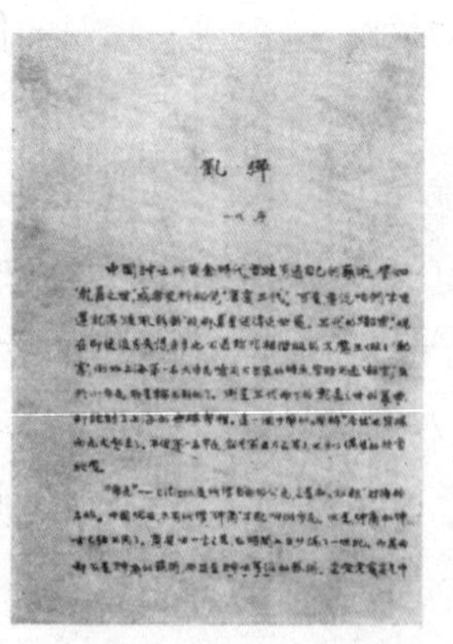

“亂彈”手稿一頁

序

不屈不撓的共產黨員，不朽的戰士，瞿秋白同志，他的一生是完全獻給了祖國人民的解放事業的。他的革命活動，主要的是在黨的工作和實際的政治鬥爭方面。他留給了我們數量很大的著作，大部分也是關於政治和社會問題的論著與評述。但瞿秋白同志又是一個著名的有天才的革命作家、批評家和文學翻譯家，雖然他不曾有更多的時間從事文學活動，可是他所留下來的文學著譯，不僅分量仍然不少，而且無疑是中國現代文學中的十分寶貴的財產。

這些作品所以寶貴，首先因爲它們的作者在文學活動上也和在革命實際活動上一樣，是一個不屈不撓的戰鬥者，這些作品鮮明地表現出，它們的作者對於舊文化、舊中國和人民敵人的態度，始終都是挑戰的、進攻的。這些作品，不管是創作、批評、研究，以至介紹和翻譯，都尖銳地反映着時代的意義，都具有明確的社會鬥爭的目的。它們的一個很突出的根本性的特色，就是貫串着一種革命民主主義思想和共產主義思想的[illegible]精神，貫串着對於社會的一種現實主義的、徹底的態度。這一個特色使我們看見，對於一個革命者，無論是哪一種形式和在什麼機會之下，文學都是戰鬥的工具，用它來批判社會、打擊人民的敵人，也用它來啓發與教育人民，鼓舞人民的鬥爭，同時也使

序　一

〔这是 1953 年 10 月出版的《瞿秋白文集》第一册（一二卷合卷）中的插图及序。左图为瞿秋白遗照，中图为《“乱弹”手稿一页》，右图为以瞿秋白文集编辑委员会名义发表的一篇序言（实为冯雪峰所写）。这篇序言指出：瞿秋白的革命活动，“主要的是在党的工作和实际的政治斗争方面”。“但瞿秋白同志又是一个著名的有天才的革命作家、批评家和文学翻译家，虽然他不曾有更多的时间从事文学活动，可是他所留下来的文学著译，不仅分量仍

---

① 瞿秋白．瞿秋白游记［M］．上海：东方出版社，2007：174.

然不少，而且无疑是中国现代文学中的十分宝贵的财产。”在交代了文集出版的意义后，序言接着介绍赞颂了他在散文、杂文、批评论文、研究（包括新文字草案）和翻译上的贡献，也委婉地指出：“作者对于‘五四’文学革命的成绩和意义的评价，显然是有些过低的。和这相关联，对于‘五四’以后的新文学在语言上的成就（白话）的评价，也是有些过低的。又如在论‘大众文学’的语言问题上，有个别的句子会使人误解为好像语言是有阶级性的。同时，对于民族统一语（汉语）的发展过程的分析上，也有个别的地方是存在着偏向的。”在开诚布公地谈了这些“缺点”后，序言指出：“这些个别的缺点，并不会降低瞿秋白同志的文学遗产本身所具有的辉煌的价值。这些战斗的作品的最重要的意义，是在于他们曾经尽过开辟时代的作用；而且其中关于重大的问题的意见，例如关于文艺在阶级斗争中的作用、关于文艺的大众化、关于文学语言等问题的意见，在基本上是马克思主义的，是和毛泽东同志的指示相一致的。至于如上所说的个别论点上的偏向，我们在研究的时候，是可以根据斯大林同志的著作（马克思主义与语言学问题）和毛泽东同志的著作（新民主主义论等），来加以辨别的。”序言最后交代了编选原则：“这个文集分为八卷，合二卷为一册，共四册；瞿秋白同志在文学方面的创作、评论和翻译的重要作品，都已经收集在内。此外，并收入他的新中国文草案。瞿秋白同志关于政治方面的遗著，将另行处理。这个文集的编排次序，大体上按照年代的先后，即按照写作或翻译年月的先后；同时也大体上按照分类，即按照著作和翻译略加分类，也按照创作与论文略加分类。这个文集全部材料的来历，是和研究这个文集有密切关系的，所以每一种作品，我们都注明它的出处；而对于有作者手稿保存下来的部分，我们都曾经用手稿校勘过，并也明白注出。在文集的各部分，编者都曾经加了一些注释。凡是没有注明‘作者原注’或‘译者原注’的，就都是编者所加的。”〕

值得说明的是，“十七年”人文社出版了《瞿秋白文集》（八卷本）1—4册，在1985年至1989年又曾出版了《瞿秋白文集》（文学编）1—6卷。该版第一卷新收入毛泽东于1950年12月31日为冯雪峰主持编辑的《瞿秋白文集》的题词。在前版上有新的增减，“原收入‘八卷本’第5卷的《初期译作八篇》中的托尔斯泰所作《三死》《伊拉司》《阿撒哈顿》《人依何为生》等四篇，经核对系耿济之先生所译，故抽去”①。该版增加了曾在苏联KYTY出版社出版的《中国拉丁化的字母》。前版中有关托洛茨基的删减又全部复原。另《瞿秋白文集》（政治理论编）共八卷（人民出版社）于1998年全部出齐。尽管可能还有遗漏，但瞿秋白的所有能搜集到的著译均得到完整编印。

1950年12月31日，毛泽东应邀给瞿秋白遗孀杨之华关于《瞿秋白文集》编辑出版的题词：“瞿秋白同志死去十五年了。在他生前，许多人不了解他，或者反对他，但他为人民工作的勇气并没有挫下来。他在革命困难的年月里坚持了英雄的立场，宁愿向刽子手的屠刀走去，不愿屈服。他的这种为人民工作的精神，这种临难不屈的意志和他在文字中保存下来的思想，将永远活着，不会死去。瞿秋白同志是肯用脑子想问题的，他是有思想的。他的遗集的出版，将有益于青年们，有益于人民的事业，特别是在文化事业方面。”毛泽东的题词实事求是地评价了瞿秋白的贡献，但历史蹉跎，该题词在时隔35年后的1985年才首次公开发表。

三、觉悟的“拔高”：《沫若文集》

《沫若文集》也存在较为普遍的改收情况。在文集第一、二卷说明中，人文社编辑部指出根据初版本并经作者修订后编入。而作者的修订除了订正误植误勘的字句、标点符号外，有不少涉及对原作内容、结构及语言的修改。以《匪徒颂》为例，诗歌的第二小节初版为：

> 倡导社会改造的狂生，痩而不死的罗素呀！
> 倡导优生学的怪论，妖言惑众的哥尔栋呀！
> 亘古的大盗，实行“波尔显维克”的列宁呀！
> 西北南东去来今，
> 一切社会革命的匪徒们呀！
> 万岁！万岁！万岁！

而在《沫若文集》中，该小节前三行修改成（修改处以黑体字标出，

① 王士菁．介绍《瞿秋白文集》（文学编）［J］．新文学史料，1999（1）．

下同）：

鼓动阶级斗争的谬论，饿不死的马克思呀！

不能克绍箕裘，甘心附逆的恩格斯呀！

亘古的大盗，实行共产主义的列宁呀！

郭沫若在《创造十年》中曾说明《匪徒颂》的创作动机，“那是对日本新闻界的愤慨，日本记者称五四运动以后的中国学生为‘学匪’，为抗议‘学匪’的诬蔑，便写出了那首颂歌。”① 在本诗中，作者对政治革命、社会革命、宗教革命、学说革命、文艺革命等方面的“匪徒们”进行歌颂，抗议日本新闻界的诬蔑。1921 年 8 月，上海泰东图书馆出版郭沫若的诗集《女神》，书中的《匪徒颂》写于 1919 年，其中歌颂的人物，本来是罗素、哥尔栋等人，并没有马克思和恩格斯，直到 1928 年 6 月上海创造社出版部刊行《女神》时，作者才删去罗素、哥尔栋，将之改为马克思和恩格斯。《匪徒颂》第二小节的改动显然袭用了该版本。但在《沫若文集》中，郭沫若在修订后的作品篇末仍署上“1919 年年末作”的小注，很容易引起读者误读。

在《巨炮之教训》中，初版本最后一小节诗歌为：

“同胞！同胞！同胞！”
列宁先生却在一旁酣叫，
“为自由而战哟！
为人道而战哟！
为正义而战哟！
最终的胜利总在吾曹！
至高的理想只在农劳！
同胞！同胞！同胞……”
他这霹雳的几声，
把我从梦中惊醒了。

而在《沫若文集》中，该小节修改成：

“同胞！同胞！同胞！”

---

① 陈永志.《女神》校释［M］. 上海：华东师范大学出版社，2008：150.

列宁先生却只在一旁喊叫，
“为阶级消灭而战哟！
为民族解放而战哟！
为社会改造而战哟！
至高的理想只在农劳！
最终的胜利总在吾曹！
同胞！同胞！同胞！”
他这霹雳的几声，
把我从梦中惊醒了。

此节诗歌的修改涉及内容、结构及语言三个方面，内容上将“为自由”“为人道”“为正义”改成“为阶级消灭”“民族解放”“社会改造”，将反映抽象价值观的理念改成马克思主义者的思想观，有学者指出：“这三行诗的内容反映出一个特定的历史事实。1919 年 7 月 25 日，苏维埃政府以外交委员喀拉辛的名义发表对华宣言，宣布废除帝俄与中国签订的一切不平等条约，放弃领事裁判权和庚子赔款。这个宣言在 3 月底至 4 月初，先是内容，后是全文在国内各大报刊陆续刊出，引起全国的热烈反响，表示极大的欢迎和极高评价。《新青年》七卷六号（1920 年五一劳动节专号），以《对于俄罗斯劳农政府通告的舆论》为题，辑录了若干重要社会团体的电文……这些电文，无一例外赞扬俄罗斯政府对华宣言中所体现出的自由、平等、人道、正义、博爱之精神。本篇这三行诗，恰是当时国内舆论的反映。”① 由此观之，该处的修改为了拔高作者的思想觉悟而使诗歌失去历史真实性。在结构上，将“最终的胜利总在吾曹”“至高的理想只在农劳”两句调整次序，用“胜利”来总领以上各句，诗意更集中，诗歌也更有气势，将“酣叫”改为“喊叫”，显然是 20 世纪 50 年代国家提倡语言规范化的结果。在《女神之再生》中，作者在初版本基础上修订达 10 处，使诗歌意象更丰厚集中，结构更齐整，语言更精炼，并力求使诗歌更加适合读者的阅读习惯。

同样，在《沫若文集》的其他卷次中，也有关于修改的说明，现将其移录如下：第三卷中《屈原》在 1952 年人文版上修订编入，《虎符》在 1954

① 陈永志．《女神》校释［M］．上海：华东师范大学出版社，2008：146.

年新文艺出版社版上修订编入；第四卷在1954年新文艺出版社版上修订编入；第五卷在原作上重新修订编入；第六卷在初版本上重新修订编入；第七、八、九卷在原作上重新修订编入；第十一、十三卷在原版上修订；第十四卷在人文版和科学出版社版上编定；第十五卷在人文版上编定；第十六卷《青铜时代》在科学出版社版上编定；《石鼓文研究》在原版上选录校阅编定；第十七卷《奴隶制时代》在科学出版社版上编定；《雄鸡集》在北京出版社版上修订编定；《集外》在原刊（版）上选录编定。其中在第四卷《高渐离》"校后记之二"中，作者交代了修改原因："这个剧本是一九四二年六月在重庆写出的，送审时没有得到通过。那就是等于被禁止。一九四六年才在上海出版，一九四八年三月在香港校改了一遍。我写这个剧本时是有暗射的用意的，存心用秦始皇来暗射蒋介石。因而对于秦始皇的处理很不公正。秦始皇是一位对民族发展有贡献的历史人物，蒋介石哪能和他相比！这次改版，我把剧本又整个修改了一遍，把过分毁蔑秦始皇的地方删改了。秦始皇是一位通权变、好女色的雄猜天子，我看是没有问题的。1956年7月14日北京。"

郭沫若在抗战时期对蒋介石发动"皖南事变"及打击进步知识分子的做法深感愤怒，将蒋介石比成专制独裁、焚书坑儒的秦始皇，故写该剧影射蒋介石。而毛泽东不仅在《沁园春·雪》中对秦始皇予以肯定，而且新中国成立后在"厚今薄古讨论"及"反右"等运动中赞颂秦始皇。郭沫若1956年修改此剧的目的，显然含有弱化批判锋芒、尽量契合领导人思想之意。该后记中的"秦始皇是一位通权变、好女色的雄猜天子"，应为"**雄才天子**"之误。

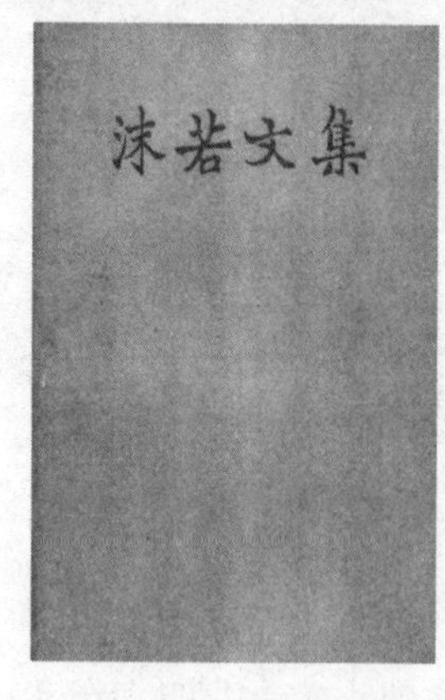

沫若文集

一

人民文学出版社

一九五七年·北京

出版說明

这个文集收輯郭沫若到最近为止四十年創作生活中的文学著作，按照詩、戏劇、小說、自傳、散文、文艺及学术論文等体裁和著作年代編次。他的考古研究著作和翻譯的外国作品，都不收入在內。

文集的全部作品，在此次編印时，都根据初版本或其它版本校勘，并增加一些必要的簡注。有些作品曾由作者亲自校閱、修訂。

我們收輯的作品还有一些遺漏，同时也仅仅是进行了初步的編輯和校勘工作，一定有許多不适当和不細致的地方，希望得到讀者和研究者的指正。

人民文学出版社編輯部

1957年2月

〔这是1957年3月人文社出版的《沫若文集》第一卷封面、扉页、出版说明。该书首次印刷28000册，人民文学出版社编辑部在《出版说明》中指出：“这个文集收辑郭沫若到最近为止四十年创作生活中的文学著作，按照诗、戏剧、小说、自传、散文、文艺及学术论文等体裁和著作年代编次。他的考古研究著作和翻译的外国作品，都不收入在内。文集的全部作品，在此次编印时，都根据初版本或其他版本校勘，并增加一些必要的简注。有些作品曾由作者亲自校阅、修订。”〕

四、思想追新：《巴金文集》

《巴金文集》中也有不少作品经过重新修订，据各卷的出版说明介绍：第四卷在原版上重新修订；第七卷根据《短篇小说第一集》编定；第八卷主要根据《短篇小说第二集》编定；第九、十、十一、十二、十三、十四卷根据原版编定。以《家》为例，在1953年人文初印本基础上，文集本在正文文字、内容上有很多改动。卷首的《〈激流〉总序》和卷尾的《后记》《呈献给一个人（初版代序）》《关于〈家〉（十版代序）》《和读者谈〈家〉》等在文字或内容上也有修改。据国内学者金宏宇考察，新中国成立后巴金对《家》的修改更多出于思想上不断更新的追求。其修改主要体现在五个方面。第一，对《家》中高家的经济状况和社会环境的修改。“修改后使高家除了原有的大量田产之外，还成为公司股东，拥有大量股票，再加上克明又开律师事务所。这样高家便带有资产阶级特色了。"① 第二，文集本删去了可能引起性联想的词句，是一种名副其实的洁本。第三，完成了对劳动人民叙述的修改。"举凡有丑化或贬抑劳动者的词句都被删去，又增加了叙述底下人美好、善良品行的文字，还补叙了主人（瑞珏、觉慧）与仆佣的深厚情谊。"② 第四，在人物形象及人物关系上做了修改，其中对觉慧的修改最为突出，同时也强调封建制度对人的摧残。第五，在语言上的修改，将20世纪20年代的特有语词改为50年代的话语，在适应读者的阅读习惯的同时，也丧失了原作中的地域性与时代性特征。西班牙著名汉学家，马德里自治大学东亚研究中心主任 Taciana Fisac 也论述了文集版《家》的修改情况，现引述如下：

> 我的研究揭示了巴金修改《家》的五个显著目的：第一，为了突出中国共产党革命的历史正义性；第二，涉及外国文学的细节修改则为了凸显文本政治方向的正确；第三，小说人物的再塑造为了更好地体现社会主义革命斗争的理念；第四，根据当时的政治情势及文艺理念，小说人物被赋予更多"肯定"或"否定"（非此即彼）的二元对立因素；最后，修改是为了贯彻实践新中国语言规范化的需要。③

在该文中，Taciana Fisac 举例说1958年《家》的修改本增加了一个细节："销售新书报的'华洋书报流通处'也开设在这个商场后门的左角上。因此书店与觉新弟兄的关系就更加密切了。"④ 据后来的学者考证，文中所说的"华洋书报流通处"为当时著名的共产党人陈岳安（1889—1927）所办，巴金增此细节是为了突出五四运动对包括成都在内的进步青年的影响。觉新弟兄与之联系密切一方面体现了人物的革命进步要求，另一方面也说明中国共产党的革命符合历史的合理发展诉求。同时，Taciana Fisac 也举了一

---

① 金宏宇.《家》的版本源流与修改［J］. 中国现代文学研究丛刊，2003（3）.

② 金宏宇.《家》的版本源流与修改［J］. 中国现代文学研究丛刊，2003（3）.

③ Taciana Fisac. Anything At Variance With It Must Be Revised Accordingly: Rewriting Modern Chinese Literature During the 1950s, *CHINA JOURNAL*, Vol. 67, Jan 2012, pp. 131 – 147.

④ Taciana Fisac. Anything At Variance With It Must Be Revised Accordingly: Rewriting Modern Chinese Literature During the 1950s, *CHINA JOURNAL*, Vol. 67, Jan 2012, pp. 131 – 147.

个被国内学者忽视的例子，《家》中将原文中提到的一部流行爱情小说《空谷兰》替换为易卜生的《玩偶之家》，Taciana Fisac 解释说前者为包天笑根据日本作家黑岩旧香所著小说《野之花》所译，当时在中国的都市中广为流行，但并非严肃文学。新中国成立初期，包天笑被定义为鸳鸯蝴蝶派作家而被遗忘。而易卜生的《玩偶之家》曾在中国社会引起了关于妇女地位的广泛讨论，1923 年鲁迅还在北京女子师范大学发表了《娜拉出走以后》的著名演讲。文集版《家》此处的修改是为了凸显文本政治方向的正确。

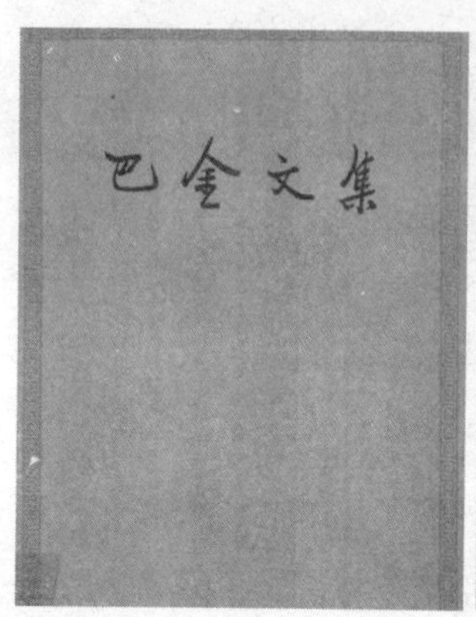

后　記

《文集》編到这一卷，算是告了一个段落，我在中华人民共和国建国以前写的作品全收在这十四册书里面了。我在一九五七年写的《文集》的《前記》里說这是"我三十年文学工作的一点成績"，其实从一九二七年春天开始写《灭亡》到一九四六年十二月三十一日午夜写完《寒夜》的《尾声》为止，不过整整二十年。一九四七年以后我的时間大半花在翻譯、編輯、校对的工作上，当然也讀了一些书。一九四九年五月上海解放后我参加了一些社会活动，跑了不少地方，也曾写过一些文章，出过几本集子。但是拿質和量两方面說，連我自己也不能滿意。我想写新社会，写新人和新事，这一切对我有多么大的引力，这一切在我的眼睛里显得多么有光彩！然而我的笔好像有点生疏，我常常因为它不能充分地表达我的思想、感情而感到苦惱。不用說，我不会灰心，我仍然在学，也仍然在写，我还要继續努力。《文集》虽然到第十四卷結束，可是我的笔絕不会放下。我在《前記》中說过，为了这个偉大的新时代，我献出我的心，我的笔和我的全部力量。我不願意做失言的人，我还有这样的雄心，准备在建国二十周年大欢乐的节日里編印

〔这是《巴金文集》（十四卷）的统一封面、第一卷扉页、第十四卷卷尾的《后记》。现在国内许多著名图书馆均无法收齐这套人文社 1958 年 3 月至 1962 年 8 月出版的文集。〕

与前几部现代作家文集不同，《巴金文集》并没有人民文学出版社编辑部的“出版说明”，巴金在十四卷卷末的《后记》中说：“《文集》编到这一卷，算是告了一个段落，我在中华人民共和国建国以前写的作品全收在这十四册书里面了。”在第一卷的《前记》中，巴金说：“我一直写了三十年，在书桌上面消耗了我一生中最好的时间。”“不用说，我过去那些作品中的缺点是很多的。很早我就说我没有写过一篇像样的作品。现在抽空把过去写的东西翻看一遍，我只有感到愧悚。在这个新的时代面前，我的作品显得多么地软弱，无色！”“我在每部作品的前面都注明它们写成的日期，也保留了我从前写的‘序文’或‘后记’。我还加了一些注释。它们会告诉读者，这些作品是在怎样的环境里写成的。”结合十四卷中作者其他编选序言、前记、后

记，我们可以看出是巴金本人完成了这套文集的编选。

“十七年”现代作家集的首版印数是一个耐人寻味的话题，它涉及对现代作家的当代认可及新中国文学场域秩序的某种内在建构，通过对比《沫若文集》《茅盾文集》《巴金文集》首版印数，我们不难发现1958年是人文社出版的峰值年，《巴金文集》第一卷（含《灭亡》《新生》《死去的太阳》《海的梦》等）1958年3月首印竟高达63000册，第三卷（含《雾》《雨》《电》等的“爱情三部曲”）首印也高达62000册；同期出版的《茅盾文集》第六卷（含《霜叶红似二月花》及剧本《清明前后》）首印高达28800册；《沫若文集》第六卷（含《我的童年》《反正前后》《黑猫》《初出夔门》）首印高达25000册。对比1957年《沫若文集》第一、二、三、四卷均首印高达28000册的盛况，1958年和1957年都可以视为人文社出版的黄金时代。1958年是“大跃进”的一年，为了配合“激发群众建设社会主义”的“大跃进”热潮，人文社的出版业也高歌突进。民国时期，巴金的《家》曾是印刷数量和印次最多的新文学作品，人文社出版的《巴金文集》第一卷也高达63000册。1958年后，文学的热情随着国家经济困难和自然灾害的严重影响而降温，《巴金文集》第七卷（即短篇小说集（一），含《复仇集》《光明集》《电椅集》）和《巴金文集》第八卷（即短篇小说集（二），含《抹布集》《将军集》《沉默集》《沉落集》《神・鬼・人》（1934—1935））均只首印4000册，《沫若文集》和《茅盾文集》的出版也首次降到万册以下，诸如《沫若文集》第九卷（含《洪波曲》《芍药及其他》《苏联纪行》《南京印象》）和第十一卷（含《断断集》《集外》《羽书集》）均只首印8000册。《茅盾文集》第八卷（收录作者在1934—1944年间所写的短篇小说24篇，分两辑）也只首印8000册。随着国家经济进一步恶化和自然灾害的全面蔓延，出版业的寒冬迅速来临，在整个1960年，三位作家的文集居然没有一册问世，到1961年，三位作家的文集出版才艰难启动。该年所出版作品的首印册数均未注明，从印刷质量来看，纸张之粗糙与前两年已成天壤之别，颜色发黑，质地薄脆。可见造纸原料的紧缺使得作品印数下降明显，1957年和1958年动辄印刷过万册的盛况一去难返，或许也是1961年人文版现代作家文集未注明首印册数的原因，毕竟印数太寒酸，前后反差过大。1962年，情况稍微好转，《巴金文集》第十四卷（含《寒夜》《谈自己的创作》）首印精装本2000册，平装本5300册。到1963年，出版业基本恢复正常，《沫若文集》第十七卷（含《奴隶制时代》《雄鸡集》《集外》）首印即5000册。

《沫若文集》《茅盾文集》《巴金文集》首版印数统计表

	《沫若文集》	《茅盾文集》	《巴金文集》
1957年	第一卷 28000册 第二卷 28000册 第三卷 28000册 第四卷 28000册 第五卷 10000册 （1958年5月北京第2次印刷，印数 10001—13400册）		
1958年	第六卷 25000册 第七卷 15000册 第八卷 7300册	第一卷 17500册 第二卷 17300册 （1963年11月北京第3次印刷，本次印数 20301—22033册（精），累积印数92800册） 第三卷 14000册 第四卷 12000册 （1959年8月北京第2次印刷，印数12001—15000册） 第五卷 15000册 第六卷 28800册	第一卷 63000册 第二卷 62000册 第三卷 62000册 第四卷 15000册 第五卷 5000册 第六卷 5000册
1959年	第九卷 8000册 第十卷 20000册 第十一卷 8000册 第十二卷 8000册	第七卷 10000册 第八卷 8000册	第七卷 4000册 第八卷 4000册 第九卷 未注明
1960年			
1961年	第十三卷 未注明 第十五卷 未注明	第九卷 未注明 第十卷 未注明	第十卷 未注明 第十一卷 未注明 第十二卷 未注明 第十三卷 未注明
1962年	第十六卷 未注明		第十四卷 2000册（精） 5300册（平）

续表

	《沫若文集》	《茅盾文集》	《巴金文集》
1963 年	第十四卷 5000 册（平） 1000 册（精） 第十七卷 5000 册		

五、语言的垂范：《叶圣陶文集》

《叶圣陶文集》中的修改主要涉及语言方面，在文集第一卷《前记》中，叶圣陶指出："这回编这个第一卷，我把各篇都改了一遍，我用的是朱笔，有几篇改动很多，看上去满页朱红，好像程度极差的学生的课卷。改动不在内容方面，只在语言方面……至于旧作所用的语言，一点是文言成分太多，又一点是有许多话说得别扭，不上口，不顺耳。在应该积极推广普通话的今天，如果照原样重印，我觉得不对。"① 对于文集第二、三卷，叶圣陶同样作了语言上的修改，力求使其顺口，符合普通话的规范。新中国成立后，叶圣陶历任中央人民政府出版总署副署长兼编审局局长、教育部副部长兼人民教育出版社社长和总编辑，主管全国中小学教材工作，对于国家推广普通话、实行汉语规范化的倡导，他身体力行，率先垂范。现以《叶圣陶文集》第一卷中《孤独》为例，说明语言修改的大致情况。②

---

① 叶圣陶．前记［M］//叶圣陶．叶圣陶文集：第一卷．北京：人民文学出版社，1958.

② 夏志清曾在《中国现代小说史》中高度评价叶圣陶及他的短篇小说《孤独》："在所有《小说月报》早期的短篇作家之中，叶绍钧是最经得起时间考验的一位。"（第 89 页）"描写小市民灰暗生活的故事，才是他最好的作品。"（96 页）"《孤独》（一九二三）描述的是一位孤寂的老人。年轻时他是个有名的酒徒，现在则衰老无助，赁居在一间陋室里。他现在吃饭时喝的是开水，每天早上总是好不容易才起得来。通常他总是在茶馆里消磨日子，偶然也买些水果给房东的小女儿，赚得他一声不太热心的招呼。有个冬日他难得的跑去看他的侄女和她的丈夫，但是他们敷衍了事的接待使他感到非常难受。"（97 页）参见夏志清．中国现代小说史［M］．刘绍铭，等，译．台北：传记文学出版社，1979. 读者如果细读《孤独》，会发现夏志清关于《孤独》的概述有三处细节错误，老人跑去看的是表侄女，不是侄女；偶尔买些水果给房东的小男孩，不是小女儿；他现在吃饭时喝的是开水，只是在晚餐时才喝开水以代替吃饭，以免半夜胃病发作呕吐。尽管有这些细节上的瑕疵，笔者还是高度认可夏志清对叶圣陶的批评眼光。

据笔者统计，《孤独》在初版本基础上修改多达322处，这里的一处以一个自然停顿的标点符号为单位计量，同一个标点符号内的多处修改只算一处，另外，重复修改的只计算一次，标点符号的修改也统计在内。总体来说，正如叶圣陶所言“改动不在内容方面，只在语言方面”，《孤独》的修改一方面积极响应了国家推广普通话的号召，另一方面也是语言上追求精益求精的表现。现举一段来做具体说明。

> 他大约将近二十年这样情形了，被袱不给整理，睡时把它盖在身上，起身时便任它堆着。还有些时令已过的衣服，不用的汗巾钱袋之类，也随便堆在床上。这样可免开箱关箱的麻烦；又可帮助一点被袱的功效，虽然渐渐觉得身体担当不起，但温暖又是不忍舍弃的。若在日间，就可看出他的被袱和蚊帐是灰黑的，几乎不能相信先前也是洁白的质料。这大半是煤油炉的影响，尤其因为由他使用煤油炉的缘故。①

上一段为初版本中的原文，在文集版中修改如下（修改处以黑体字标出）：

> **他过这样的生活将近二十年了。**被袱不给整理，**临**睡时**就**把它盖在身上，起身时任它堆着。还有些时令已过的衣服，不**需**用的汗巾钱袋之类，也随便堆在床上。这样可**以**免开箱**子**关箱**子**的麻烦**，**又可**以增加一些**被袱的功效，虽然渐渐觉得身体担当不起，但**多一些温暖到底是好的**。若在**白天**，就可**以**看出他的被袱和蚊帐是灰黑的，几乎不能相信先前也是**鲜明**洁白的**材**料。这大半是煤油炉的影响，尤其**是煤油炉由他使用的缘故**。②

通过对校，我们发现文集版在初版本上修改了12处，包括2处标点符号（第一句中的逗号改句号，第三句中的分号改为逗号）的修改，其中第二句中“起身时任它堆着”，原句为“起身时便任它堆着”，删去一个“便”字。这些修改有的使语言更顺畅，更准确。比如原句“他大约将近二十年这样情形了”太笼统，不严谨，修改后更侧重日常生活方面。“几乎不能相信先前

① 叶圣陶. 线下［M］. 北京：商务印书馆，1925：6.

② 叶圣陶. 叶圣陶文集：第一卷［M］. 北京：人民文学出版社，1958：254－255.

也是**鲜明**洁白的材料”在原句上增加“鲜明”两字，被袱和蚊帐的特色更突出，同时也使前后对比更强烈。“尤其是煤油炉由他使用的缘故”这一句在原句上变动了语序，强调的重点是“煤油炉由他使用”，落脚点在“人”，因为他年老体弱，懒于清理，所以才使得煤油灰堆积，让被袱和蚊帐肮脏不堪。原句“因为由他使用煤油炉的缘故”强调的重点是“他使用煤油炉”，落脚点在“事”，因为煤油炉的缘故所以使得煤油灰堆积，让被袱和蚊帐变黑了。全文要表达的意思显然是前者，通过他中年丧妻后生活荒疏、懒于打理来更加衬托孤独落寞的心情。“**临**睡时**就**把它盖在身上”在原句上增加了两字，“不**需**用的汗巾钱袋之类”在原句上增加一字，使得句子的意思更准确。“日间”改为“**白天**”，文言变为白话。“这样可**以**免开箱**子**关箱**子**的麻烦”在原句上增加三字，“可”改成“**可以**”，“箱”改为“**箱子**”，语言符合普通话规范的要求，语义也更大众化。

综观《孤独》中的322处修改，从语法学的角度来看，一共有四种类型。第一种为文言改为白话，比如：眼—**眼睛**，立—**站**，知—**知道**，暌离—**分别**，愈—**更**，如—**像**，纳入腹中—**吃下去**，此—**这里**，恒久—**永久**。第二种为方言改为普通话，比如：耳官—**耳朵**，当不起—**禁不起**，面盆—**脸盆**，欢喜—**喜欢**，一歇—**一会**，神气—**神态**，质证—**印证**，何止—**岂止**，气力—**力气**，时期—**时候**。第三种为虚词的精微调整，包括语气助词的增删、改变，比如，地—**的**，作—**作了**，擦着—**擦**；量词的变化，比如，一枝（火柴）—**一根**（火柴），三次—**三回**，一瓣—**一片**；儿化的增加，比如，一点—**一点儿**；副词位置的变动，比如，将老先生的手指只是扳开来—**只是将老先生的手扳开来**；连词的改变，比如，所以—**因此**。以上的改变使得句子的表达更为细腻，精准。第四种为极少数实词的增删、改变，包括动词的调整，比如，吃一碗粥或几个蛋饼—**喝一碗粥或吃几个蛋饼**；代词的调整，比如，孩子绝不理会，却走前一步，伸着小手追那向后逃遁的橘子。老先生的手尽向后缩，但没有小手那样敏捷，终于被捉住了。他还是握住橘子不放，引诱似地笑着说，“叫我一声，叫我一声”。最后一句将代词“他”改为全称“**老先生**”，“**老先生**还是握住橘子不放”，避免了读者将“他”当作“孩子”的误读，使语言表达更准确。

值得一提的是，在《叶圣陶文集》第三卷中，作者听从朋友的建议，将小说《倪焕之》恢复了原来三十章的初版本面目，显示了叶圣陶深远的艺术眼光。叶圣陶曾在1953年人民文学出版社重印《倪焕之》单行本时，将原来的第二十章和第二十四至三十章删去，全文只剩下二十二章。而在《叶圣陶文集》第三卷中恢复了删去的八章，“有好几位朋友向我劝告，说还是保存原来面目的好，人家要看的是你那时候写的东西什么样儿。我想这也有道理，就把删去的八章补上了。”① 这里，叶圣陶含蓄地表示是听从朋友的建议才将八章补上，以恢复历史的本来面目。而从文本阐释学的角度来看，前后两者的差别实在太大，二十二章本是一个讲述倪焕之在爱情家庭事业上获得成功的文本，而且全文最后暗示工农革命也到达高潮，革命很可能顺利席卷全国。小说洋溢着激昂乐观的叙述语调。而三十章的全本则是一个工农革命遭到出卖最终被残酷镇压的文本，小说的主人公在革命失败后，意志低沉，最终染病而遽然去世。倪焕之在昏迷中梦呓似的说：“三十五不到的年纪，一点儿事业没成功，这就可以死么?”“啊，佩璋！我了解你，原谅你！回过头来呀，我要看看你当年乌亮亮的一对眼瞳!”“盘儿功课好，我喜欢他。但是尤其要紧的是精神好，能力好。要刚强！要深至！莫象我，我不行，完全不行！母亲呀，你老了，笑笑吧，莫皱紧了眉头。”② 这段临死前凄怨的独白在表明倪焕之事业上的失败外，还述说了他对妻儿老母深深的眷念之情。显然，全本的叙述基调是低沉悲悯的，并非二十二章本的乐观激昂，全本对工农革命历程的描写更符合客观真实，也使小说更具艺术深度和感染力。

---

① 叶圣陶．前记［M］//叶圣陶．叶圣陶文集：第三卷．北京：人民文学出版社，1958.

② 叶圣陶．叶圣陶文集：第三卷［M］．北京：人民文学出版社，1958：404－405.

葉聖陶文集

一

人民文学出版社

一九五八年·北京

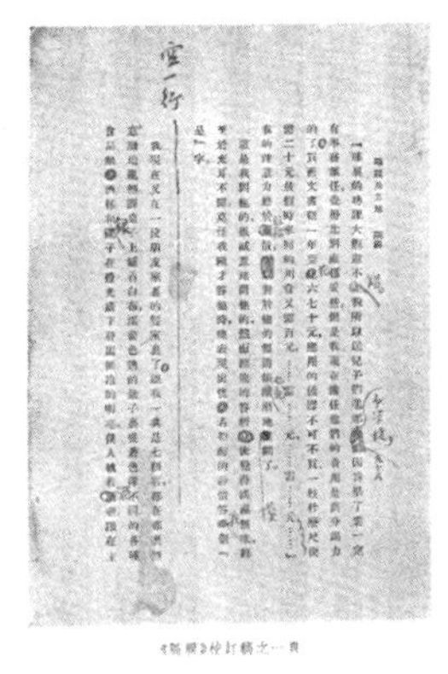

《隔膜》校订稿之一页

前　记

这个第三卷，共收短篇小说十一篇，还有《倪焕之》。

这十一篇短篇小说，大多数曾经印在以前出版的一些选集里。《穷愁》是早期的习作，用文言写的，现在查到了，就收在这里，请读者们看看。

《倪焕之》原有三十章。一九五三年人民文学出版社准备把它重印，有几位朋友向我建议，原来的第二十章和第二十四章到末了儿的七章不妨删去。我接受了他们的建议，因此，一九五三年的版本只有二十二章。现在编文集，又有好几位朋友向我劝告，说还是保存原来面目的好，人家要看的是你那时候写的东西什么样儿。我想这也有道理，就把删去的八章补上了。

象前两卷一样，各篇都作了文字上的修改，《倪焕之》改动最多。虽然如此，自己还觉得很不满意。

业余得空，就校改一些，这样一卷东西，经过了七八个月才编成，在这里记一笔，备他年查考。

叶圣陶　1958年5月22日

〔左图为《叶圣陶文集》第一卷扉页，中图为作者《隔膜》校订稿之一页的影印件，右图为《叶圣陶文集》第三卷的《前记》。作者在第一卷《前记》中说："我常常用炒冷饭的比喻说明旧作不必重印。承蒙人民文学出版社编辑部屡次劝说，说总还有人要看我的旧作，而且已经把我的文集列在出版社的选题计划里了，我遵从他们的意见，才答应重印。我真的不懂文学批评，不能具体地批评这些旧作，但是我不满这些旧作是始终如一的。愿可敬的读者鉴谅我这个意思。"叶圣陶写于1957年国庆节的这篇《前记》以谦逊的语气审视了旧作的不足，其实更多是以新中国文学的话语气质与语言习性来"量体裁衣"地衡量创作于民国时代的作品。〕

六、逝者的告慰：《郑振铎文集》《靳以文集》

1958年10月20日，《人民日报》以头版镶黑色边框的方式报道了一则消息：《由北京去莫斯科途中飞机失事 我国文化代表团人员遇难》。报道指出："10月17日由北京飞往莫斯科的'图—104'客机一架，在楚瓦什苏维埃社会主义自治共和国的卡纳什地区失事。乘客和乘务员全部牺牲。乘此飞机的有我国前往阿富汗和阿拉伯联合共和国访问的文化代表团团长郑振铎、副团长蔡树藩。"郑振铎是我国著名作家、评论家、文物考古学家、社会活动家，新中国成立后历任文化部文物局局长、中科院考古研究所所长、北京大学文学研究所（后改为中科院文学研究所）所长、文化部副部长等职，他不幸去世后，郭沫若、茅盾、叶圣陶等人写诗词悼念，巴金、冰心、靳以、何其芳、胡愈之、唐弢及艾德林、亚奈斯·赫迈莱夫斯基等外国朋友均撰文悼念。“郑先生逝世后，为了表彰他对我国新文学的卓越贡献，人民文学出版社抓紧了他的《文集》的出版工作，并赶在他逝世一周年时出版了第一卷。”① 1959年《读书》杂志也刊文做了介绍：“人民文学出版社为了纪念郑振铎先生逝世一周年（十月十七日），最近出版了《郑振铎文集》第一卷。”②

1959年10月，《郑振铎文集》第一卷出版，收录作者的小说创作，系作者生前亲自编订，他在去世前三个多月（1958年6月20日）给人文社写了一封信，全文如下：

人民文学出版社二编组：

我的文集第一卷，已经编好。在文字上，曾经作了一些修改，并删除了些。你们如认为仍有须斟酌处，请告知。最后一篇“访问”，请看看，要不要加入？“向光明走”虽是断片，但没有发表过，是描写五四运动的，似还可用。致

敬礼！

郑振铎

六月二十日

信中说“在文字上，曾经作了一些修改，并删除了些”。值得一提的是，郑振铎在修改删除后并未在篇后做出说明，时间也一如其旧，很容易引起读者误读，将新中国成立后的修改本当作初刊（版）本。实际上郑振铎根据新中国历史语境对旧作中不合时宜之处进行了“洁化”或“替代”处理。以第一卷中的《五老爹》为例，原作以抒情的语气讲述了五老爹落魄平庸的一生：他本是祖母的叔父，年轻时也曾赴过考场，一生跟随祖父谋衣食，但总是赋闲在家居多。五老爹喜爱孩子，“我”尤得他的欢心，给“我”折纸船纸匣玩具，讲古书中的故事，甚至在危急中帮我取出卡在喉头中的鱼刺。祖父死后，他失去靠山回到老家福建，落魄穷困无法维持生计后又到北京谋

① 白崇义．关于《郑振铎文集》的编辑出版情况［J］．编辑之友，1988（6）．

② 《郑振铎文集》第一卷出版［J］．读书，1959（20）．

生，到处碰壁后孤苦伶仃地回到家乡，靠亲戚周济着讨点生活，其拮据窘迫无以复加，最后在困顿中遽然而逝。文集本至少在两个方面进行了修改：一是民国时代旧家庭中较为普遍的"抽鸦片"描写被删去；二是将蔑称太平天国军队的"长毛"替换为语义更为模糊的"海盗"。《五老爹》最初发表在《小说月报》1927 年第 18 卷 8 期上，署名西谛。原文有一个以孩童视角温馨回忆旧式家庭的"烟铺"场景："你们不知烟铺上是如何的奇妙神秘的一个地方。小小的一盏玻璃罩的烟灯，放在烟盘上，烟盘上还放着白铜的烟杆，烟膏匣，烟灰匣等等，而一把古色古香的烟筒却放在盘边。夜间静寂寂的，除了小小的烟灯，放出圆圆一圈红光，除了祖母的嗤嗤潺潺的吸烟声，除了一圈的白烟，由烟斗，由祖母嘴里散出外，一切都是宁静的。啊，这是如何奇妙而神秘的一个地方！"该场景描写在文集本中被完全删去。1950 年 2 月 24 日，政务院发布《严禁鸦片烟毒的通令》。通令指出："自帝国主义侵略我国，强迫输入鸦片，为害我国已百有余年。由于封建买办的官僚军阀底反动统治，与其荒淫无耻的腐烂生活，对于烟毒，不但不禁止，反而强迫种植，尤其在日本帝国主义侵略下，曾有计划的实行毒化中国，因此戕杀人民生命，损耗人民财产，不可胜数。现在全国人民已得解放，为了保护人民健康，恢复与发展生产，特规定严禁鸦片烟毒及其他毒品的办法如下……"① 此后新中国开展了大规模卓有成效的禁烟禁毒运动。郑振铎将原文中涉及鸦片烟铺的描写删去当在情理之中。其他诸如五老爹如何烧烟泡以及不小心烧焦鼻子的"趣事"也一并删去，其理由同上。关于"长毛"的替换也与新中国对太平天国的历史评价有关。1930 年后国民党政权对太平天国运动进行了全面否定，而毛泽东在《论人民民主专政》中说："自从 1840 年鸦片战争失败那时起，先进的中国人，经过千辛万苦，向西方国家寻找真理。洪秀全、康有为、严复和孙中山，代表了在中国共产党出世以前向西方寻找真理的一派人物。"② 高度评价了太平天国的革命性质和洪秀全的历史贡献，太平天国和戊戌变法、义和团运动、辛亥革命一样被看成中国人民奋起抗争、苦苦探索救国救民道路的里程碑事件。应该说，郑振铎原文中关于"'长毛'把

---

① 周恩来．中央人民政务院：严禁鸦片烟毒的通令［Z］．福建政报，1950（2）．

② 毛泽东．毛泽东选集：第四卷［M］．北京：人民出版社，1991：1469.

红布包在头上，拿着明晃晃的刀，尖尖的长枪，见人就杀”的书写是有一定历史依据的，正如原文中作者由衷地评价：“五老爹的讲述是那样的真切”，还佐以郑家祖太姑死里逃生的故事以资说明。改成“海盗”后则张冠李戴，历史感全无。丹纳认为：“精神文明的产物和动植物界的产物一样，只能用各自的环境来解释。”① 郑振铎关于五老爹的回忆之作显然是在童年记忆整合青年时代交往片段上构建出来的，是作者的独特体验，剔除了童年时代几乎夜夜为伴的五老爹在烟铺旁讲故事的细节，其实隐约破坏了故事中各个部分之间的关系及相互依赖程度。比如后来五老爹无法适应北京的寒冷，不听告诫将炉子整夜放在房子里导致煤气中毒，其实与五老爹因年轻时长期烧烟泡而对气味感麻木有很大关联。文学毕竟是人生体验的产物，阅读体验的差异肯定会影响对小说整体韵味的解读。丹纳认为一切艺术都是一个整体，其中的各个部分都是为了凸显最主要特征而配合构造的。“作品与环境必然完全相符；不论什么时代，艺术品都是按照这条规律产生的。”② 狄尔泰从阐释学角度研究局部与整体的循环关系，他强调历史研究方法，认为“对精神科学（即社会历史和文化科学）必须以历史主义原则进行研究。这种方法的核心就是阐释学，它包括三个原则：一是历史知识是自我知觉；二是解释（interpretation）；三是理解（understanding）。这里的解释不只是理性认识，而且包括了心灵的全部情感和精神力量；理解则是‘领会’（comprehension），是生命之间的联系。任何实在就是一个生命，而主体的理解正是建立了这种生命联系”③。狄尔泰将作品看成有生命的实体，把对作品的阐释看成情感与精神的双向生命交流。他说：“一部作品的整体要通过局部来了解，局部又须在整体联系中才能了解”，这就是一种“阐释的循环”④。而对作品局部的删改其实也就破坏了整体的阐释。

人文社编者后来又在郑振铎第一卷编定本上增收《朝霞》《七星》《风涛》《汨罗江》四篇小说。“1962 年 5 月 25 日，在人民文学出版社举行了《郑振铎文集》第二次编委会（扩大）。会议是由茅盾主持的，出席的人员有

① 丹纳．艺术哲学［M］．傅雷，译．合肥：安徽文艺出版社，1998：48.
② 丹纳．艺术哲学［M］．傅雷，译．合肥：安徽文艺出版社，1998：107.
③ 张首映．西方二十世纪文论史［M］．北京：北京大学出版社，1999：240.
④ 狄尔泰．阐释学的形成［M］//狄尔泰全集：第五卷．莱比锡，1924：330.

胡愈之、叶圣陶、何其芳、夏鼐（王世民代）、巴人、徐调孚、吴晓玲、高君箴、楼适夷、王士菁、郑效洵、方殷等。会上就编辑体例、卷次安排、编委分工、扩大编委会组织等问题，进行了研究和讨论；并对《文集》的总目作了适当调整。"①1963年3月《郑振铎文集》第二卷出版，收录作者全部诗作和一部分散文，未做改动。"全部《文集》十卷的选目在'文化大革命'前已基本编定。'文化大革命'开始后，《郑振铎文集》的出版工作中断。直到距第二卷的出版相隔20年后，即1983年9月，才出版了它的第三卷。"②但封面装帧及第二次编委会（扩大）上定的原出版方案已经改变。

郑振铎

作者1958年的手迹

出版說明

这部文集收輯了作者毕生从事文学活动的大部分著作，按小說、詩歌、散文、文学論文、杂文、美术考古論著等体裁和著作年代編次，分卷出版。作者的专著（如《插图本中国文学史》、《文学大綱》……）、翻譯和編校的文学作品，都沒有收入。

我們收輯的作品还有一些遺漏，尤其是作者生前未曾結集的一部分杂文和文学、考古論著，散見报刊，一时不易搜集完备；在編輯、校勘等工作方面，也不免有許多缺点，希望讀者和研究者随时給予指正。

〔左图为《郑振铎文集》第一卷中的作者照片，中图为作者写给人民文学出版社的手迹，右图为人文社的"出版说明"。其内容如下：这部文集收辑了作者毕生从事文学活动的大部分著作，按小说、诗歌、散文、文学论文、杂文、美术考古论著等体裁和著作年代编次，分卷出版。作者的专著（如《插图本中国文学史》《文学大纲》……）、翻译和编校的文学作品，都没有收入。我们收辑的作品还有一些遗漏，尤其是作者生前未曾结集的一部分杂文和文学、考古论著，散见报刊，一时不易搜集完备；在编辑、校勘等工作方面，也不免有许多缺点，希望读者和研究者随时给予指正。〕

---

① 白崇义. 关于《郑振铎文集》的编辑出版情况［J］. 编辑之友，1988（6）.

② 白崇义. 关于《郑振铎文集》的编辑出版情况［J］. 编辑之友，1988（6）.

靳以是我国现代著名作家、编辑家，1934 年与郑振铎创办大型文学刊物《文学季刊》，同时担任《水星》月刊编委，1936 年与巴金共同主编《文学月刊》，1937 年主编《文丛》月刊，抗战期间曾主编重庆《国民公报》文学副刊《文群》，抗战胜利后，接手兼编上海《大公报》副刊《星期文艺》、文协刊物《中国作家》以及《小说》月刊等。1953 年担任上海作家协会副主席，1957 年创办并与巴金共同主编《收获》杂志。靳以 1933 年出版第一部短篇小说集《圣型》，至 1959 年去世，共出版长篇、中篇、短篇小说和散文集约 40 部。

靳以在新中国一直以大跨步来追赶时代的步伐，1949 年参加第一次全国文代会，1952 年参加第二届赴朝慰问团，后又在山东老根据地、佛子岭水库工地体验生活，1956 年在长春（第一汽车制造厂）等东北工业城市访问，1959 年 5 月加入中国共产党。去世时刚刚五十岁。“早在他青年时代就患有风湿性心脏病，他自己从来不放在心上，经常连夜工作。由于他的精神状态，致使亲友对他的健康容易忽略。一九五九年是十年大庆的一年，他特别兴奋，也特别忙碌，就在这一年，他多年未发的心脏病，竟连续发了三次，终于夺去了他的生命。”① 靳以逝世后，“中国作家协会派人到上海慰问他的家属，问起有什么要求，家属希望早日看到死者的选集或者文集。协会同意了，出版社也答应了，不过把编辑的事务委托给作家协会上海分会办理。最初听说要编四册，后来决定编成上下两集”。值得说明的是，《靳以文集》上卷 1964 年 5 月由人文社出版，首印 4500 册。下卷本已编好，在“文革”前就交给出版社，但未能出版，原稿也在“文革”中丢失，1986 年 2 月人文社重新编选出版了《靳以文集》下卷，首印 2000 册。

通过比对《靳以文集》上卷中 26 篇小说的出处，我们可以一窥其修改情况。《卖笑》选自 1933 年 10 月现代书局出版的《圣型》；《去路》篇末注明 1933 年，选自 1955 年人民文学出版社出版的《过去的脚印》；《造车的人》篇末注明 1933 年，选自 1955 年人民文学出版社出版的《过去的脚印》；《困与疚》选自 1934 年 2 月新中国书局出版的《群鸦》；《群鸦》选自 1934

① 靳以文集编辑委员会．靳以文集：下卷［M］．北京：人民文学出版社，1986：417.

年 2 月新中国书局出版的《群鸦》；《凛寒中》原载 1934 年 1 月《文学季刊》，选自 1936 年 1 月开明书店出版的《残阳》；《下场》选自 1934 年上海良友图书印刷公司出版的《虫蚀》；《渡家》篇末注明 1934 年冬，选自 1955 年人民文学出版社出版的《过去的脚印》；《兄和弟》原载 1934 年 12 月《太白》半月刊一卷七期，选自 1937 年 6 月商务印书馆出版的《渡家》；《雪朝》篇末注明 1934 年，选自 1955 年人民文学出版社出版的《过去的脚印》；《早春的寒语》篇末注明 1936 年春，选自 1953 年 9 月平明出版社出版的《靳以散文小说集》；《泥路》篇末注明 1934 年春，原载 1934 年 11 月《水星》一卷二期，选自 1953 年 9 月平明出版社出版的《靳以散文小说集》；《人间人》原载 1935 年 10 月《文学》五卷四期，选自 1935 年 11 月文化生活出版社出版的《珠落集》；《珠落》选自 1935 年 11 月文化生活出版社出版的《珠落集》；《雾晨》选自 1936 年 12 月文化生活出版社出版的《黄沙》；《雅会》篇末注明 1936 年 5 月 5 日，原载 1936 年 5 月《作家》一卷三期，选自 1953 年 9 月平明出版社出版的《靳以散文小说集》；《夏晚》选自 1936 年 1 月开明书店出版的《残阳》；《被煎熬的心——一个女孩子的故事》选自 1941 年 8 月文化生活出版社出版的《遥远的城》；《乱离》篇末注明 1942 年 4 月 23 日，选自 1955 年人民文学出版社出版的《过去的脚印》；《众神》篇末注明 1942 年 8 月 13 日，选自 1955 年人民文学出版社出版的《过去的脚印》；《别人的故事》篇末注明 1942 年 11 月 15 日，选自 1955 年人民文学出版社出版的《过去的脚印》；《晚宴》篇末注明 1945 年 6 月 23 日，选自 1953 年 9 月平明出版社出版的《靳以散文小说集》；《生存——献给忘年的好友 S》篇末注明 1946 年 5 月 8 日，选自 1955 年人民文学出版社出版的《过去的脚印》；《小红和阿蓝》原载 1958 年 11 月《人民文学》，选自 1960 年 5 月上海文艺出版社出版的《热情的赞歌》；《结婚》原载 1959 年《收获》第三期，选自 1960 年 5 月上海文艺出版社出版的《热情的赞歌》；《跟着老马转》原载 1959 年 11 月《人民文学》，选自 1960 年 5 月上海文艺出版社出版的《热情的赞歌》。

从以上出处变迁中，我们不难看出《去路》《造车的人》《渡家》《雪朝》《早春的寒雨》《泥路》《雅会》《乱离》《众神》《别人的故事》《晚宴》《生存》等 12 部作品均选自新中国成立后靳以亲自编定的《过去的脚印》

《靳以散文小说集》。而靳以按照新中国的历史要求对其进行了适当修正。正如单行本《过去的脚印》题目所云，靳以认为这些旧作只是过去的印迹："观点并不十分正确，见解也不够鲜明，又因为要躲避'检查官'的耳目，行文间不得不隐避迂回，未能畅所欲言。更重要的是如同高尔基所说的'隔着书桌来观察世界，如同在一杯水里研究大海'，没有和广大的劳动人民结合在一起，只能写出这一些无足轻重的作品了。"① 靳以甚至认为这些旧作是"一个小小的坟墓"，今后只有在毛泽东的文艺路线上，才能大步奔跑，努力向前。《靳以文集》"上卷说明"也指出，《造车的人》《渡家》两篇曾经作者作过较大的修改。

《造车的人》最初收在1937年商务印书馆出版的《渡家》中，系文学研究会创作丛书第二集。原文以旁观者的眼光讲述了一个生活在底层的劳动者，他以造木架子车养活一家人，尽管终日勤苦死干不得休闲，但最小的孩子夭折了，为了儿子能结婚女儿也被遣嫁了，长期的辛劳使得造车的人身躯佝偻，满脸皱纹，他就像门前那条河慢慢干涸了。在1955年人文版中，对造车人同情的态度没有改变，但叙事的视角好似经过滤镜"过滤"，赋予造车的人更高的主体精神和历史认可感。同时，作者在语言表达方面也做了一些微调，使得叙述更精准简练，语句也更雅正平和一些。在1937年商务版中，造车人在为儿子娶媳妇后，又要忍受婆媳之间的诟谇，"他的精神与体力渐渐地不济下去"。当老人看到昔日的大河露着黄泥的底时，他"这样看了，他也许得着一点满足，心中暗自想着：'一条大河也能变成这样子！'"通过河流断流互文地表达了老者对岁月无情的苍凉感慨，以上话语在人文版中均被删去。在1955年人文版中，对造车者增加了以下富有意味的描写。"他造了许多辆车，让许多人坐了车到远处去，可是他一直象生了根，不停地苦作着。"以局外人的身份点出造车人的贡献，暗喻着对劳动者的尊重与同情。在结尾处以伤感的语气讲到造车人年老体衰生命将尽后增加一句："可是，到了夏天，河里又涨了水，他还是在河边工作着。"原作中处于不知觉状态的主人公突然有一种坚忍顽强的抗争精神，他默默无语地坚持工作，在恶劣的处境下也能顽强地生存。叙述人的强行插入使得原作的自然客观主义浸染

① 靳以．过去的脚印［M］．北京：人民文学出版社，1955：1.

了理想抒情的色彩。

值得一提的是，原作的故事叙述人是一个带有情绪色彩的知识分子，他伤感、困惑、多愁善感，诸如“叹息着已经消逝的过去的日子”“成为我的家的，有了零落凄凉的景象，自从年老的祖母死后，所有的家之兴味也都消逝了”“从那里引着我返过身去走着往日的路。我那愤懑而悲沉的心情，成为温煦的了。”以上话语在人文版中全被删去。使得新作叙述更简洁客观，感情基调也更开朗向上，但也失却了个性，作者创作的心境变得模糊不清。《造车的人》还有数处关于语言调整的例子，比如关于他把车轮的铁皮淬火之后的描写：“仔细地看看自己的工作。他的眉毛更紧地皱了起来，上额的皱纹像春风吹着的池水。”人文版将最后一句调整为：“上额的纹路象吹皱的池水。”显得更为简洁生动。原文写到造车人一生中最高兴的一天是儿子娶媳妇的时候，但表达随意不自然，“真是他欢喜来过的日子，怕就是把一个陌生的女儿成为他的儿子的妻的那一天了。”人文版将之改为：“他真正欢喜来过的日子，怕就是为他儿子娶媳妇那一天了。”前句开头的“真是”两字是典型的口语化表达，语义介乎“真使”与“就是”重叠概念之间，用在此处显得过于随意，不严谨。前句中“把一个陌生的女儿成为他的儿子的妻”是典型的闭门造车的知识分子的话语，普通读者肯定反感这种累赘的欧式长句修饰方式，后句改为“娶媳妇”要简洁自然、通俗易懂得多。原文写到造车人的女儿不见了，作者这样揣测：“我想或许是因为食口之增加，他的女儿也被遣嫁到别人家去了。”人文版改为：“我想或许是因为不增加食口，他的女儿也被遣嫁到别人家去了。”前句中有一个语义跳跃，一般来说，“食口增加”与“女儿遣嫁”并无必然联系，后句则简明地向读者告知了这个跳跃，“不增加食口”是因为家里太贫穷了，儿子娶了媳妇，多了一个人吃饭，所以“女儿遣嫁”了，读者理解起来也更容易一些。综观以上修改，我们可以得出结论，民国时段以市场消费为驱动的文学场域追逐更高的商业利润，而新中国成立后作家们更注重政治和社会效应，对语句精练主题打磨有精益求精的追求。

《造车的人》还有三处修改值得一提，在写到造车人和儿子将木料锯断、用火烘烤、匀上桐油等造车程序时，“他的心中有万分的满意，这有无数的纤丽的花朵，银色的，金色的；从脸上淌下来的一滴汗，带了一点点的泥污，落到他的面前。激碎了所有的空想”。人文版将“这有无数的纤丽的花朵，银色的，金色的”删去，靳以的本意可能是想让劳动者脚踏实地的形象更突出，但该句后面的“空想”一词便落了空。因为删去的正是劳动者自我安慰的“空想”。时隔五年后叙事人“每次经过那里的时候，就用了我那贪欲的眼睛看着”，原意是对造车人怀有深深眷念之情。人文版将“贪欲的”删去，可能因在新的历史时期该词已具有贬义，容易引起歧义。最后一处删改是造车人造车的一道工序：“一切都成了形，他还要把桐油匀匀地涂到上面，并不加什么颜色。”人文版将这句没有任何意识形态颜色的话语删去实在令人难窥堂奥。

《渡家》最初收在1937年商务印书馆出版的《渡家》中，系文学研究会创作丛书第二集。1955年人文版《过去的脚印》收录该文，但做了修改。人文版《渡家》讲述了“我”在一个寒冬浓雾的晚上过渡的经历，渡家是一个五十多岁、短矮而跛了左足的人，“我”在仅有一个人过渡的情况下惊恐万状，担心渡家在河中谋财害命，但最终平稳地到达对岸，船夫是一个“穷苦而极其善良的人”。全文用大量篇幅渲染“我”凑人做伴过渡的心情及在河中过渡时的恐惧状态，让人觉得匪夷所思。事实上，人文版删去了初版本中关于船夫的两段描写：“可是关于这个渡家的传说，有点使人觉得骇然了。说是他从前原是做着河上没有本钱的生意，惯于把孤单的客人推到河中，夺取财物，后来捉到官中去，酷刑使他残废了一只腿，他也没有招认出什么，所以只好放他出来。出来之后，他却放弃了从前的生意，做了规矩的渡家，但是仍然没有人敢于在夜间一个人来搭他的渡船的。”“听到了这样的故事之后，虽然也稍稍觉得一点凛然，却更愿意经过那摆渡，为着能更好仔细看一看他是什么样的人。由于他，我起着无数的联想，我想到公子河上遇难的那种船夫（在旧戏中是要涂成花花绿绿不成形的脸），还想到梁山泊好汉“浪里白条”。可是他却只能使我失望了，他没有一点凶恶之相，而且看他那样为了一文二文钱的和颜悦色，不像是曾把白花花的银子拿到手中过。人们却都是对他持了一种成说，‘切莫晚上一个人过渡’的话听了不止两三次。”以上两段话非常明白地交代了“我”一个人夜渡恐慌的原因。那么，靳以为何要做如此修改呢？有人认为，靳以通过对过去作品的否定来赢得新社会的肯定。“秉承阶级属性决定思想意识的原则，靳以对小说中的人物形象做了鲜明化处理，删除了可能有损革命者形象和美化统治阶级的描写，对本性善良但有少许剥削行为的普通人物也做了‘去善存恶’的处理。简而言之就是让好人更好，坏人更坏。”① 修改的策略是突出“表现劳动人民，歌颂劳动人民”的文艺方针，使劳动人民身份出现的渡家父子成为主人公。为了强调作为主人公的渡家父子的善良和单纯，原作中两段传奇故事被彻底删去。

《泥路》最初发表在 1934 年 11 月《水星》第 1 卷第 2 期，原文讲述了一个年轻底层小抄写员的故事，他早年丧父，为了维持母亲和两个妹妹的生计，年仅十四岁就当抄写 1000 字才赚两毛钱的抄写员，常年的辛劳使得他未老先衰：“才只是二十几岁的人，就有着佝偻的背和苍白的脸，那脸的两颊，有着一点点的红晕”，他是一个严重的肺痨患者。小说开篇以写景入题，暴雨将至天色骤暗，他停下抄写工作，脑子里有虫子嗡嗡响着，止不住的咳嗽带出有一条条细细血丝的痰。回想起医院昂贵的 X 光线费用和让他到风景区疗养一年二年的治疗方案，他只能以苦笑了之，一家人的生计需要他打拚，他哪能退缩。为了节省两毛钱的车费，他在雨中踩着泥泞的道路回家，一到家就病倒在床上了，母亲和两个妹妹心疼不已，彻夜照顾，在迷迷糊糊的梦中，他幻想着无忧无虑的生活、诗一般的日子，“岸边的垂柳如抚慰一样地轻轻在水面扫过去，几只白鹅用红的嘴洗着它的羽翼。不知名的野花在树根的左近蔓生着……玉花一样的白云在蔚蓝的海中飘着”。梦醒之后，他强打起精神开始一天的生活，刚刚走出院门，他的头部又开始晕眩，脑中又像有飞虫在嗡嗡地响着，“泥泞的路在他的眼前伸长着。他迈了一步，又一步……”这篇写于 1934 年春的小说延续了靳以一贯的风格，以细腻阴冷的笔触摹写底层民众灰色生活。在 1955 年人文版中，该小说情节并未做修改，而某些过于颓废悲观的话语则被删去。在原作中，小抄写员由夏日变化无常的暴雨想到了变化无常的人生，“他想到了人生，也正和这夏日的天气相仿佛，时时有着为人难料的变化。其实人生之途在他所走着的这一节，也还算是平坦的。他只是忍受着病痛，残害着自己：结果是勉勉强强地能得着温饱。他知道活在这世界上尽有多少不劳而获的，他都从来也未生过羡慕之感，他想

① 参见钟游嘉．从《文群》到《收获》——靳以四五十年代编辑活动研究［D］．上海：华东师范大学，2011.

到那是‘命’。在‘命’的支配下各人走着不同的路，得着不同的果。明白了人生有着难料的变化是从母亲的叙述中，她告诉过他父亲生前是怎么做过高位的官职，却是怎样真是两袖清风型的好官，终于是丢了官，过了三年郁郁寡欢的日子便下世去了。那时候他只有六岁，凭了她的十指养活着她自己和三个儿女，这样子过了八年的岁月。尽是他父亲从前如何好过的友人，到了山穷水尽的情况也没有一个再走上他们的门。就是那些得过他实惠的，在朋友中可以说出原委的，也没有一个来看看他们或是帮他们一文的忙，总还算是好的他写一笔虽不怎样好而尚端正的字，于是从十四岁那一年他就起始着这样的职业，这样子还拯救了母亲因为落泪过多，而将有失明之虞的一双眼睛。可是他自己呢？……”以上四百余字在人文版中被彻底删去，毋庸置疑，这段内心独白真实客观地表达了处在困境挣扎中的底层心声，在看不到希望得不到帮助的情况下他以牺牲自己的方式苟活着。人生的好坏就是“命运”支配的，命运无常，人生的变化也是捉摸不定的。在民国时段，这种描写当然无可厚非，但在新中国改天换地的历史语境中，这种相信“天命”的唯心主义思想和小资产阶级知识分子的妥协软弱性是要受到批判的，故靳以删去此段。同理删去的还有一处，小抄写员病中睡醒后精力得到了恢复，他在晨曦中想到：“随着这新的早晨与新的力量，新的希望也在滋生着。有多少改造人类改造世界的大企图，都在这个时候抬起头来了；但是无论如何再经过了一个整天，仍然又是另外的一个黑夜。”人文版将最后一句删去。原文表达的是一种自然主义的哲学观，删去后表达的则是一种乐观向上的理想主义观念。《泥路》中其他两处修改与语言规范及大众化有关。一处是将“年青青的”改为“年轻轻的”；另一处是将“头发立刻脱落为濯濯的样子”改为“立刻头发都脱落下去”。

《雅会》最初发表在1936年《作家》（上海）第1卷第2期，具体写作时间为1936年5月5日。该文描摹了一幅在民族矛盾极为尖锐的背景下举办“沙龙”雅会享乐的文人群丑图。女主人聪明漂亮，在明媚的春天准备了点心、奶油、咖啡，她的像水牛一样肥胖的丈夫帮着她张罗，他是××大学物理系主任，被称为中国唯一能懂得爱因斯坦半部《相对论》的人，却并不太懂得妻子的心思。客人陆陆续续地到来，有诗人吴远，一位自诩为天才的时时在玄想的青年；邻居丁允，一位写小说不修边幅的男人；艺术大师朱正之，在法国住过十三年半，时时卖弄西洋文化；中国唯一研究美学的学者汤君达，他知道别人的隐私比一个天文学家知道的星星数目还多；短小精悍的声音诗人，善于摹写自然界各种声音；在文学革命中曾当过先驱后来又退缩到旧诗昆曲领域的杨先生；××大学文学院院长兼西洋文学系主任刘明杰，看起来像一个饭店的掌柜，据说和萧伯纳通过一次信，还拜访过一次高尔斯华绥；××大学国文讲师江上青，据说能做极好的骈体文和旧诗，从不看白话文，个人打扮修饰入时，还有一些大学生，据说是未来的诗人、小说家和戏剧家，有一个做交际花的年轻少女，还有一个戏剧家带来的内侄女和干妹妹。这些人齐聚在女主人的"沙龙"中附庸风雅，互相吹捧抑或嘲讽，女主人主张开始诵读活动，因为这在国外是很普遍的。客人们纷纷登场，有人朗诵爱情诗，有人唱一折昆曲，有人背诵《离骚》……女主人也朗读了自己创作的诗剧，这群人热闹到中午方休，猛然间跑进来一个客人，气急地说："××兵在崇文门架上炮，警察在前门外打坏了学生，学生就要罢课了。"大家对学生的闹事很不满，女主人叮嘱大家趁着美丽的春天准备好下次的雅会。一般的文学史可能很少提及靳以这篇揭露儒林群丑的讽刺小说，事实上，该文剖析人性之深不亚于沈从文的《八骏图》，宴会场面细节刻画可与白先勇的《游园惊梦》相媲美，讽刺性语言更是微妙犀利，有张天翼之神韵。1955 年人文版基本延续了以上优点，由此我们也折服于《靳以文集》编辑委员会的眼光。与原作相比，人文版更多是作了精益求精的艺术加工，主要表现在以下三个方面。一是改正了原刊中的错讹：将"傅了一层粉"中的"傅"改为"敷"；"发光微微地刺着他"中的"发光"改为"发尖"；"检了一个软椅坐下去"中的"检了"改为"拣了"。二是使细节刻画更精准：邻居丁允不修边幅，还找借口说"Prince of Wales 也穿过这样的衣服呢"。原作关于此句的回答是"算了吧，别人都做了皇帝，你呢?"人文版将之改为"别人是太子"，暗合 prince 之意；××大学文学院院长刘明杰人生的一个"光辉"履历是"当年他在美国读书的时候，还拜访过一次高尔斯华绥"，人文版将"美国"改为"英国"，高氏实为英国作家。三是使语句更为精当顺畅：原作中杨先生"静静地坐在那里，很有身处无人之谷一样"，人文版将后句改为"好像身处深山幽谷一样"；女主人"她那长而柔软的卷发正像墨色的发着光亮的小小的环子一个个地挂下来"，人文版删去"墨色的"，头发本为墨色，删去更简洁；女主人的丈夫也许喜欢她，“因为她能使他认识那么多的客人”。人文版在“那么多”后增加“各式各样”一词，使得客人的范畴更扩大。诗人吴远瞧不起写小说的丁允，说：“我想小说总比诗容易写!”人文版改为“小说是世俗的作品!”情感色彩更强，与语境契合度更高。

人文版《雅会》删去了原作中的三段话，一处为介绍“德高望重”的文学革命先驱杨先生，“当他说起话来他是慢吞吞，若是记下来他所说的每个字正是他平日所写的小品文章。他有一个儿子，他的儿子是个智障者；可是他对于老妻的情爱颇笃。曾经藉了假期到意大利去，才踏上了岸，就顿有思家心切此地不可居之感，随着搭了那一只船又回到中国来”。从风格来看，此段话更多为纪实，并无全篇一以贯之的揶揄之气。一处为关于女主人丈夫的介绍，“近代的世界物理学家，他也许占了一个靠后的位置”。或许前面的讽刺性介绍已足够，此句被删去。一处是在法国住了十三年半的朱正之被年轻诗人吴远有意冷淡时，他怒火中烧，“他还想着把他抓过来着实打两下”。人文版删去此句，此句过于粗莽，不太符合艺术家雅会的整体氛围。

人文版《雅会》增加了两处描写。一处为朱正之举办个人画展之后，人文版增加“他在中国展览的是西画，在外国展览的是中国画”一句，活生生地刻画了这个文化贩子的生意经，脚跨两种文化，根据市场行情左右逢源，投其所好；另一处为篇尾中迟到的客人姜琳，当他说国家处在危难中时，这群人无动于衷，反怪学生闹事。姜琳“看到他的话在这死水潭里没有引起一丝反应，也垂着头意懒心灰地最后走出去了”。人文版增加了引文中前面一句，该句倾向性非常强烈，它明确表明这种文人“沙龙”雅会其实是一个“死水潭”，在国难危急关头是非常有害的。压抑在全文中的讽刺调侃之气通过“死水潭”一词喷薄而出，气贯长虹。如果说原作更多是温文尔雅地戏谑这些“沙龙”文人，那么增加“死水潭”一词后的人文版表达的更多是一种愤慨。原文含蓄蕴藉的风格也变得明朗豪气。

值得一提的是，原作发表时正值 1936 年 5 月，南京国民政府曾于 1930 年 12 月制订《出版法》；1932 年 11 月公布《宣传品审查标准》，规定“凡含有下列性质之宣传品为反动宣传品：一、宣传共产主义及阶级斗争者；二、宣传国家主义无政府主义及其他主义而攻击本党主义政纲政策及决议案者；三、反对或违背本党主义政纲政策及决议案者；挑拨离间及分化国族间各部分者。”① 1934 年 5 月 30 日，国民政府公布了《图书杂志审查办法》，规定一切图书杂志必须将原稿送该委员会审查。《办法》刊于同日出版的《中央日报》；1935 年 6 月下旬，发生日本驻沪总领事抗议《新生》周刊所载《闲话皇帝》事件，面对日本步步紧逼的无理要求，法院开庭公审此案，《新生》周刊负责人杜重远因“诽谤”被判处有期徒刑 14 个月。7 月 7 日，国民党中央宣传委员会接受日总领事的要求，电令各省市党部转饬当地出版界及报社、通讯社等，嗣后对反日宣传的言论文字，一律严行禁止。同年 7 月 15 日，国民政府立法院颁布了《修正出版法》，规定报刊首次发行应由地方主管官署核准。国民政府对舆论的钳制比起北洋政府有过之而无不及。靳以的《雅会》在谈到“××兵在崇文门架上炮，警察在前门外打坏了学生”时只得以隐语代替，而在 1955 年人文版中，此处直接置换为“日本兵”，历史事件背景清晰浮出地表，对读者理解全文寓意显然更有帮助。

据《靳以文集》“上卷说明”，《靳以文集》编辑委员会最后对《生存》《小红和阿蓝》《跟着老马转》等篇中的个别词句，做了必要的修改。这是一个值得探讨的话题。《生存》写于 1946 年 5 月 8 日，地点为重庆郊区的夏坝。该文副标题为：献给忘年的好友 S。在 1955 年人文版《过去的脚印中》，正如题目所言，全文刻画了一位抗战中艰难生存的高校教授李元瑜，他二十岁便在欧洲崭露头角，《母亲的肖象》入选法国沙龙画展，经过回国后十多年的苦作成为艺术学院的教授。但在抗战物力维艰的处境中，他为生存苦苦挣扎：常年的操劳使妻子未老先衰，大儿子和女儿的学费要东挪西凑，小儿子捡菜叶被别人追赶，自己要排队提水桶，尽管米还没有断炊，但菜却是捡来的寡味难吃，李元瑜许诺给儿子买面包，儿子坐着当画家的模特，儿子眼睛冒火一样地瞪着桌上的面包，他用尽残余的生命描画孩子的饥饿，他几乎大声叫出来使孩子们饥饿是人类的罪恶！与李元瑜是同事的中国画教授王大痴，他的抗战名作《关圣抗敌图》获得教育部美术首奖，但他的家人都在沦陷区。“日本人从我们那里已经三进三出，真是想不得！我的父亲害风湿病，

① 《文史资料选辑》编辑部．文史资料选辑第 15 卷：第 43～44 辑［M］．北京：中国文史出版社，2000：198.

我的女人生产才满月，我有三个孩子，大的不过十二岁。真是想不得!”① 当李元瑜问他为何去年回家不把他们接出来时，他说：“接出来钱不够用，那边物价便宜，又有几十担谷子。都说日本人来了也不要紧；谁想到这一下，真是刦数，刦数!”② 在1964年5月出版的《靳以文集》上卷中，上文中的“刦数”改为“劫数”，这是新中国汉语规范化的结果。1955年10月，在北京召开的全国文字改革会议一致通过了《第一批异体字整理草案》，同年12月，文化部和文改会联合发布了《第一批异体字整理表》，要求从1956年2月起在全国实施。该表收异体字810组，根据从简从俗的原则，淘汰了1055个异体字，“刦”即在淘汰之列，故《靳以文集》编辑委员会采用“劫数”的书写。

《小红和阿蓝》最初发表在1958年11月《人民文学》上，后被收入1960年5月上海文艺出版社出版的《热情的赞歌》中，全文讲述了“大跃进”时期发生在上海纺织车间的故事。小红和阿蓝是1947年进车间的养成工，新中国成立后同在一个班里挡车，两人宿舍里也是上下铺，像亲生姊妹一样融洽，但性格刚刚相反。小红沉沉静静，不多言不多语，不慌不忙，手脚却挺快；阿蓝心直口快，说话不走肠子，工作起来很利落，但就是拿不准，有时好，有时坏。“大跃进”时期厂里响应“高速就是总路线的灵魂”的号召，将车速提高到400转，阿蓝左手掌和手指都磨出了老茧，手皮都快磨出火星来，她总是处理不好断头，好不容易把一台车的纱头接好，另一辆车的纱头差不多又坍光了。而小红却把机器管理得好好的。厂里有个技术员小梁跟阿蓝是朋友，他明确反对提高车速，认为“纺织工业生产提高有限，产量高，质量就靠不住，成本也要增加，工人更吃不消”③。阿蓝讨厌他小脚女人的思维，总是说丧气话，拉后腿，在厂里召开的党团员小组会上，阿蓝得到了许多工作经验，当晚下起了大雨，小红想到厂里车间气温变化大，温湿度难以调控，断头一定多，便赶到厂里加班了，阿蓝半夜听到和黄浦江高潮战斗的号召，便起来参加防汛抗灾的斗争，两人忙了整宿还是劲头很大，

---

① 靳以．过去的脚印［M］．北京：人民文学出版社，1955：273.

② 靳以．过去的脚印［M］．北京：人民文学出版社，1955：273.

③ 靳以．热情的赞歌［M］．上海：上海文艺出版社，1960：245.

天亮时她们碰到了小梁，他睡足了觉，头发梳得光溜溜的，穿一件雪白衬衫，对于这个自私自利不关心集体的人，她们正眼也没瞧他，当然，阿蓝和他的朋友关系也就完结了。在 1964 年 5 月出版的《靳以选集》中，该文情节和场面描写没有改变，编委会对三处地方作了适当调整。一处是将原作的印刷错讹修正，将“小红”改为“小梁”，当时车间在场人确为“小梁”。其他两处均为“去浮夸风”的修改。一处是车间总支书记刘金妹的讲话，她说：“全国的工农业生产都坐上了火箭，飞跃前进。今年的棉花要堆成了山，质量好不必说了，产量也许要争个世界第一。”而在人文版中，该句中的“火箭”“世界第一”等字眼被删去，代之以更符合客观事实的表达“工农业生产都要飞跃前进”，“产量也要胜过往年”。另一处为党团员小组会上的场景描写，“小红介绍工作经验时说：‘现在我们的车速才有四百转，今年要达到五百转以上，二厂的同志还提出了六百转，向我们挑战，同志们，我们能不能做到?’大家异口同声地叫了一声‘能!’阿蓝也随着大家叫了一声，可是一听六百转，偷偷地吐了吐舌头。可是她想到谁都有两只手，别人能做为什么自己不能做?”以上对白及内心刻画在人文版《靳以文集》中被彻底删去。车速提高到 400 转时，工人已经吃不消，浪费了很多生产原料，更何况 500 转、600 转呢，这种“浮夸风”的话语是特定历史时代的产物。1958 年 1 月 1 日《人民日报》头版套红刊出《迈开英雄的步伐踏进一九五八年》一文，“赶美超英”的思想已在萌芽中。1958 年 6 月 8 日《人民日报》头版刊出《卫星社坐上了卫星 五亩小麦亩产 2105 斤》，标志着罔顾事实的“浮夸风”出笼，6 月 12 日《人民日报》头版刊出《卫星农业社发出第二颗“卫星”二亩九分小麦亩产 3530 斤》，同版还刊发社论《向创造奇迹的农民兄弟祝贺》，配上高产漫画《小麦：这顶“帽子”我戴不下，你自己戴吧》。6 月 16 日《人民日报》头版刊出《王明进创小麦亩产 4353 斤》的报道，6 月 17 日《人民日报》头版刊出《炼钢不神秘 小炉显神通》的报道，同版附上小转炉示意图，从此土法炼钢在中华大地迅速蔓延。8 月 13 日《人民日报》头版套红刊出《早稻亩产三万六千九百多斤》一文，对麻城建国一社的“天下第一田”进行了报道。这些报道使得“浮夸风”也影响到作家的创作。茅盾在“大跃进”时期创作了《跃进中的东北——长春南关行》《延边——塞外江南》《跃进中的东北——北地牡丹越开越艳》《跃进中的东北——哈尔滨杂记》，以上作品均登载在《人民日报》上。靳以也在1958年1月下到国棉一厂，“开始了他上午在编辑部，下午在工厂的奔波。在厂内他担任工会的文教工作，每周到清花车间劳动一次，干的工种名称叫‘镶花工’。并参加工人家访和谈心，组织文学小组，具体辅导写作”①。《小红和阿蓝》即是他下工厂体验生活的产物，受当时风气的影响，作品中出现夸大的口号宣传，但在1964年5月《靳以文集》上卷中，这些“浮夸”语言被编委会删去。事实上，通过对比《人民日报》的宣传报道，“浮夸风”在1959年即被降温。1959年6月12日《人民日报》头版刊出《进贤县一万五千亩麦田亩产四百斤》的报道，6月18日《人民日报》头版刊出《精耕细务赢得小麦大片高产 六安淠东大队一千五百亩亩产八百三十一点五斤》一文，精确的小数点数字发出严正信号：1958年的数字“浮夸风”已然成为历史，用事实说话才是科学之道。茅盾在20世纪60年代编选散文选时也回避了他书写东北的“大跃进”散文。《靳以文集》编委会“去浮夸风”的调整也是历史的正确选择。

《跟着老马转》原载1959年11月《人民文学》，后被收入1960年5月上海文艺出版社出版的《热情的赞歌》中。原文更像是一篇报告文学，以作者在上海国棉一厂当“镶花工”的见闻为线索，塑造了一位关心集体、爱厂如家、积极肯干的安全技术员马国全。他在纺织厂干了三十年，“他生过五男两女，在过去的倒霉的日子里，一个也没有留下，老伴在解放那年也死了”②。他住在单身宿舍里，真正把棉纺厂当成自己的家，青年工人不挂安全带他严厉而慈爱地批评，挡车工辫子从工作帽里松下来，他反复提醒叮嘱，大炼钢铁时，他担心火星迸到纱布上，“两只眼睛瞪得鸡蛋大，满脸大汗，一步不离，好象有了事故，他随时就能一个箭步窜过去”。“他是一步也不离，日夜不换班，熬得眼睛通红。晚上他把席子朝长椅上一放，象一只大虾似地蜷在那里，要不了几分钟他就爬起来。”③ 为了更好地做好全厂的安全工作，他培养了不少“义务通讯员”，把安全警示写到车间里外的小黑板

① 洁思．靳以年谱［J］．新文学史料，2000（2）．
② 靳以．热情的赞歌［M］．上海：上海文艺出版社，1960：104.
③ 靳以．热情的赞歌［M］．上海：上海文艺出版社，1960：104－105.

上，他防患于未然，通过写大字报的方式促进安全工作的开展，全文结尾写道："过了国庆满堂红，全面开花，赶上英国就用不了十年。""我的好同志，你记错了，咱们的棉纱产量已经是世界上第二位；就说咱们上海去年的年产量就是一百九十八万二千件，早把英国丢在后头啦；还不要说咱们北京、西北和中原那许许多多的纺织厂了！"①《靳以文集》上卷将上文中"赶上英国就用不了十年"，"咱们的棉纱产量已经是世界上第二位……早把英国丢在后头啦"等语句彻底删去，按照原文的意思，1958 年中国的棉纱产量就超过英国，哪里还需要"赶上英国"呢？文集本"去浮夸风"的删改与《小红和阿蓝》同出一辙，此处不再赘述。

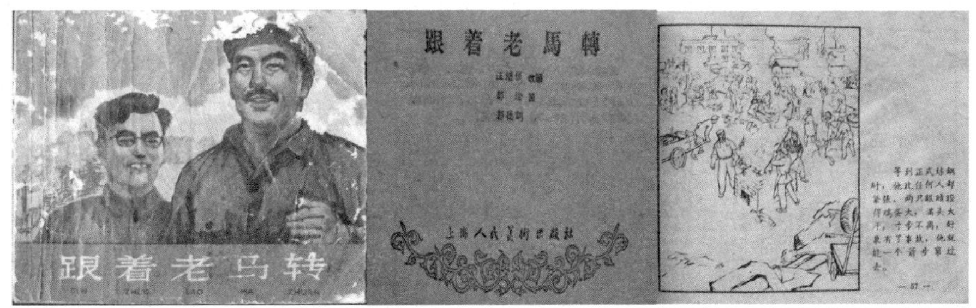

〔1961 年 10 月上海人民美术出版社将《跟着老马转》改编为连环画，首次印刷 45000 册，1962 年 3 月第 2 次印刷 25000 册。可见该故事还是很受读者欢迎的。左图为封面，如果细看，那位戴眼镜留分头的知识分子颇有几分靳以本人的神韵，其实该故事就是靳以亲身体验生活的产物。中图为连环画扉页，右图为插图。〕

① 靳以．热情的赞歌［M］．上海：上海文艺出版社，1960：110.

靳以文集

上卷

靳以文集編輯委員会編

人民文学出版社

一九六四年·北京

出版說明

这部文集，編选了作者生前創作的一部分文学作品，按短篇小說、散文、特写报告、杂文等体裁和著作年代編次，分上、下两卷出版。作者的长篇小說«前夕»、中篇小說«春草»、«秋花»，还有一些詩歌、书簡及有关文艺工作的論述文章等都沒有收入。

文集中收入的作品主要依据作者生前亲自編选的«靳以散文小說集»（平明出版社出版）、«过去的脚印»（人民文学出版社出版）、«江山万里»（新文艺出版社出版）、«幸福的日子»（人民文学出版社出版）等选本。在編輯和校勘方面，难免有許多缺点，希望讀者和研究者随时指正。

«靳以文集»編輯委員会

1963年11月

上卷說明

本卷收作者的小說創作二十六篇，按写作或发表年月順序排列，并分别于文末标明出处；其中原发表年月不可考者，则以单行本出版年月为准。

«国与欲»、«群鸦»选自1934年上海新中国书局出版的«群鸦»；«奕笑»选自1933年上海现代书局出版的«圣型»。现在都是根据1937年开明书店出版的«靳以短篇小說集»（一集）排印的。

«去路»、«遗事的人»、«渡家»、«雪朝»、«乱离»、«众神»、«别人的故事»、«生存»等篇系根据1955年人民文学出版社出版的由作者亲自編訂的新选本«过去的脚印»排印。其中«遗事的人»、«渡家»两篇曾經作者作过較大的修改。«雅会»、«早春的寒雨»、«泥路»三篇则根据1953年平明出版社出版的«靳以散文小說集»。

«生存»、«小紅和阿蓝»、«跟着老馬转»等篇个别詞句，我們編輯时略作了一些必要的修改。

«靳以文集»编辑委员会

1963年11月

〔左图为《靳以文集》上卷的扉页，中图为“出版说明”，右图为“上卷说明”。〕

关于整部《靳以文集》，其“出版说明”内容如下：“这部文集，编选了作者生前创作的一部分文学作品，按短篇小说、散文、特写报告、杂文等体裁和著作年代编次，分上下两卷出版。作者的长篇小说《前夕》、中篇小说《春草》《秋花》，还有一些诗歌、书简及有关文艺工作的论述文章等都没有收入。文集中收入的作品主要依据作者生前亲自编选的《靳以散文小说集》（平明出版社出版）、《过去的脚印》（人民文学出版社出版）、《江山万里》（新文艺出版社出版）、《幸福的日子》（人民文学出版社出版）等选本。在编辑和校勘方面，难免有许多缺点，希望读者和研究者随时指正。”这则“出版说明”署名为《靳以文集》编辑委员会，落款时间为1963年11月。靳以作品在新中国成立前主要由现代书局（上海）、新中国书局（上海）、生活书店（上海）、上海良友图书印刷公司、文化生活出版社、开明书店（上海）、商务印书馆（上海）、万叶书店（上海）、博文书店（上海）等出版。新中国成立后，靳以著作相继由平明出版社（上海）、新文艺出版社（上海）、人民文学出版社（北京）等出版。平明出版社为巴金于1949年12月创办的一家私营出版社，“当年合作过的作家、翻译家如穆旦、傅雷、汝龙、焦菊隐……无不对之交口称赞，念念不忘”①。新文艺出版社为上海文艺出版社前身，作为华东地区第一家公私合营的文学出版社，其创建是“华东新

① 周立民．巴金与平民出版社［EB/OL］．360文档，2016－08－19.

闻出版局按照中央人民政府出版总署的部署，决定将解放前就与党有密切关系的海燕书店、群益出版社和大孚出版公司合并组成公私合营的新文艺出版社，先来作为一个全行业的试点”①。新中国成立后，靳以再版解放前旧作，分别由平明、新文艺、人民文学出版社出版。值得说明的是，这些再版之作很多都进行了修改，但作者落款时间仍一如其旧，这就给读者阅读带来异本困惑。

《靳以文集》的“上卷说明”内容如下：“本卷收作者的小说创作二十六篇，按写作或发表年月顺序排列，并分别于文末标明出处：其中原发表年月不可考者，则以单行本出版年月为准。《困与疚》《群鸦》选自1934年上海新中国书局出版的《群鸦》；《卖笑》选自1933年上海现代书局出版的《圣型》。现在都是根据1937年开明书店出版的《靳以短篇小说集》（一集）排印的。《去路》《造车的人》《渡家》《雪朝》《乱离》《众神》《别人的故事》《生存》等篇系根据1955年人民文学出版社出版的由作者亲自编订的新选本《过去的脚印》排印。其中《造车的人》《渡家》两篇曾经作者作过较大的修改。《雅会》《早春的寒雨》《泥路》三篇则根据1953年平明出版社出版的《靳以散文小说集》。《生存》《小红和阿蓝》《跟着老马转》等篇个别词句，我们编辑时略作了一些必要的修改。”这则“上卷说明”，署名和落款时间与整部《靳以文集》的“出版说明”相同，均为《靳以文集》编辑委员会，1963年11月。此则“上卷说明”相当清楚地指出了《靳以文集》中的文本异动情况。

值得一提的是，《靳以文集》下卷虽然迟至1986年2月由人文社出版，但仍根据原定编辑方针重新编选。巴金在该卷《后记》中说：“《靳以文集》上集已经在‘文化大革命’以前出版，印数少，没有人注意，而且‘大写十三年’的风越刮越猛，即使还没有点名批判，出这样的书已经构成了右倾的罪名，再没有人敢于提起下集的事。于是石沉大海，过了十几年还不见下集的影子。死者的家属问原来的编辑人，说是早在‘文化大革命’以前就交出了原稿。出版社呢，还没有人到出版社去交涉，但回答是料想得到的：‘现

① 王敏．“胡风案”前后的新文艺出版社［J］．世纪，2013（3）．

在纸张缺乏'，或者'不在计划以内'。"① 或许正是出于对当时政治形势的预判，《靳以文集》下卷没有按期出版。"最近靳以的女儿洁思把《靳以文集》下集的全稿送给我看，我才知道出版社愿意履行诺言，尽它的职责，把落在大海里的石子捡回来。当然海底捞针只是神话中的故事，下集原稿早已丢失，我现在看到的是重新编选的稿本。"② 尽管是重新编选，但从编委会的"下卷说明"中我们可以看出，该卷收入作品大都选自新中国成立后成立的出版社，诸如平明出版社、人民文学出版社、新文艺出版社、上海文艺出版社等，只有文化生活出版社创办于1935年，后于1954年并入新文艺出版社。由此观之，下卷所收作品大都做过修正，"而《短简》一篇，部分章节是作者重新改写过的"③。

《短简》并非一篇文章，而是由一系列书信体抒情文剪辑而成，从篇末注明的写作时间来看，时间跨度至少有五年（1942—1947），《靳以文集》下卷编选者在文后注明"以上二十一篇选自《过去的脚印》"，而事实上，《短简》一共有六章，尽管第四章包含了三封信（落款时间分别为1944年9月1日、9月15日、9月19日），但从正文来看，无法得出"二十一篇"的结论。笔者仔细查阅了靳以生前编选的《过去的脚印》，目录中显示为《短简（一—六）》，文后并无"以上二十一篇"的字样，该语显然为《靳以文集》编委会所加，不知出处何在。查阅靳以女儿章洁思辑注的《靳以著作系年》，靳以以《短简》为题的文章颇多，现移录如下。

靳以1935年7月7日在天津《大公报》副刊开始以《短简》为题发表散文，随后分别于1935年12月16日在《文学季刊》发表《短简（一）、（二）》；1936年1月12日在天津《大公报》副刊《文艺》上发表《短简——纪念我的亡母》；1937年在《猫与短简》中收入《短简（一）——往日的梦》《短简（二）——关于我自己》《短简（三）——生活与猫》《短简

---

① 靳以文集编辑委员会．靳以文集：下卷［M］．北京：人民文学出版社，1986：414－415.

② 靳以文集编辑委员会．靳以文集：下卷［M］．北京：人民文学出版社，1986：415.

③ 靳以文集编辑委员会．靳以文集：下卷·下卷说明［M］．北京：人民文学出版社，1986.

（五）——又说到我自己》《短简（八）——病》;《我们的血》中收入《短简》，1938 年 8 月 20 日在《文丛》第二卷第三号上发表《短简》，1938 年 10 月 16 日《少年读物》第四号上发表《短简——寄弟书》；1940 年《雾及其他》收入《短简（一）（二）》；1941 年在重庆《国民公报》副刊《文群》第 250、251 期上发表《短简》、重庆《国民公报》副刊 1941 年 11 月 18 日载《短简（一）》、12 月 2 日载《短简（二）》；1942 年以《短简》为题有 4 篇，分别是 4 月 2 日《短简（二）》、收入人民文学出版社 1955 年版《过去的脚印》、9 月 27 日福建永安版《中央日报》副刊《短简》、重庆《国民公报》副刊 10 月 3 日《短简（一）》、10 月 8 日《短简》；1943 年以《短简》为题有 3 篇，分别是 2 月 4 日重庆《国民公报》副刊《短简（二）》、《短简（三）》，初收《鸟树小集》、10 月《现代青年》新一卷第四期《短简》；1944 年以《短简》为题有 5 篇，分别是 11 月 15 日《时与潮文艺》第四卷第三期《短简》（作于 1944 年 9 月 1 日、15 日、19 日）；1945 年 7 月 4 日永安版《中央日报》副刊《短简》《短简（五）（六）（七）》（均收入《沉默的果实》）；1946 年以《短简》为题有 3 篇，分别是 4 月 29 日《短简（五）》、收入人文版《过去的脚印》；8 月 1 日《少年读物》第三卷第二期《主观与客观——短简之一》、10 月 23 日上海《文汇报》副刊《短简——论“生存”的现实性》；1947 年 5 月 13 日作《短简（六）》，收入人文版《过去的脚印》。统计以《短简》为题的散文，我们可以得知有 32 篇之多。

《靳以文集》下卷中的《短简》一共有六章。第一章出自 1953 年 9 月平明出版社出版的《靳以散文小说集》，全文无改变。第二章实为散文《给忧郁的人们》，写于民国三十一年四月二日，收入渝版文季丛书，上海文化生活出版社 1942 年版。人文版《靳以文集》改动并不大，首先是将“中华民国”纪年换成公元纪年。开篇中“写给一个忧郁的孩子”字样被省略，信件的写作原因在新中国背景中已失去“新闻价值”，还有两处只是标点符号与语句的调整。一处是将“慈善家”与“恩惠”加上引号，一处是将“在前方”换成“在战斗中”。全文通过对比讲述了抗战中严重不公的事实：有人为了保卫土地交付了自己宝贵的生命，受伤不死的又遭受饥饿困顿的折磨，而那些发国难财的人酒足饭饱，以“慈善家”的名义施舍被老鼠和霉菌吃剩的陈仓，人们的忧郁为怨恨所啮咬，成日生活在苦痛之中。加引号的修改显然是为了强调具有反差的事实，有反讽之意。而“在前方”换成“在战斗中”可能是后者所指范围更为广泛。第三章开篇结尾均有省略号，似为节选所致，该文未注明写作时间，具体出处一时难以查出，无法进行比对校雠，这里暂且不论。第四章出自《时与潮文艺》第四卷第三期《短简》，事实上包含三封信，后被选入中华文艺丛刊第一种《沉默的果实》，中华书局1945年12月初版，1947年1月再版。全文以细腻的笔触描写了忧郁中的悲苦与憧憬、久雨中的郁闷与初晴后的惊喜。改动也不大。写于民国三十三年九月一日的第一封信只是将篇末的民国纪年改成公元纪年。写于9月15日的信也只进行了四处调整，一处为“反侧”换成“翻身”，后者更大众化；一处为将“没有人看，也看不见”后面一句“我虽然很关心你，可是我也想不出你是否在皱着眉头”彻底删去，尽管不影响意义表达，但修改后语句还是更简洁一些。一处为将“这是最使我牵记的雨还在落着”中的多余词“这是”删去。最后一处修改为将结尾处“雨是无休无止的，夜也是无尽的……”改为“雨是无休无止的，夜还是很浓的……”前者的象征意义过于黑暗，有毫无希望之感。后者的修改也暗示着“十七年”文学更倾向于乐观向上的雄迈美学风格，过于低沉郁悒的小资美学往往因受“非大众化”指责而被作者修正。第五章篇末注明写作时间为1946年4月29日，查阅《靳以著作系年》可知该文新中国成立前并未发表，首次收入1955年人文版《过去的脚印》，全文讲述了一位曾经献身抗战的年轻女子慢慢萎缩凋谢的故事，她和哥哥姊姊母亲投入战斗的怀抱，后来将关心大多数人民苦痛的情感寄托在恋人身上，结合后又因情感冷淡而离开，在复杂动荡的环境中沦为豢养的金丝雀，洋洋地高啭低鸣，忘记了人民的苦痛，“我”企望她能再次投入战斗中，用心应着人民的召唤。第六章篇末注明写作时间为1947年5月13日，首次收入1955年人文版《过去的脚印》，《靳以文集》下卷原文照录，该文以悬挂的窗帘设喻，别人借之挡住窗外喧嚣安静休养，而“我”这个鲁莽的人推开窗户眺望窗外广漠的天地。“人不该是一个盲者，也不该掩着自己的眼睛，更不该深深闭着开向世界的窗口，我们该是息息相通的。”① 在一个苦痛的

① 靳以文集编辑委员会．靳以文集：下卷·下卷说明［M］．北京：人民文学出版社，1986：126.

时代，快乐是可耻的，“我们”愿意在苦难重重的时刻，为他人点起一支小小的火亮。以散文诗般的深邃抒情，靳以将民胞物与的胸怀刻画得淋漓尽致，大胆喊出对旧时代的诅咒，表达了对新的能做自己主人时代的向往。以上两篇书简性质的散文是否如“下卷说明”中所云“部分章节是作者重新改写过的”，这里只能存疑不论了。

靳 以 文 集

下 卷

靳以文集编辑委员会编

人 民 文 学 出 版 社

一九八六年·北京

下 卷 说 明

本卷收作者创作的部分散文、杂文、特写报告等共七十五篇，大体按写作或发表年月编次。

这些作品选自《人世百图》(1948 年 2 月文化生活出版社)、《靳以散文小说集》(1953年 9 月平明出版社)、《过去的脚印》(1955年 7 月人民文学出版社)、《心的歌》(1957年12月新文艺出版社)、《幸福的日子》(1959 年 9 月人民文学出版社)、《热情的赞歌》(1960年 5 月上海文艺出版社)等。其中早期作品，五十年代初作者编入新集时，某些字句、标点曾有删改，而《短简》一篇，部分章节是作者重新改写过的。

本文集上卷于 1964 年 5 月出版，稍后编就的下卷稿在十年动乱中遗失，现根据原定编辑方针重新编选。

《靳以文集》编辑委员会

1983年 8 月

〔左图为《靳以文集》下卷扉页，右图为“下卷说明”。该说明指出：“本卷收作者创作的部分散文、杂文、特写报告等共七十五篇，大体按写作或发表年月编次。这些作品选自《人世百图》（1948 年 2 月文化生活出版社）、《靳以散文小说集》（1953 年 9 月平明出版社）、《过去的脚印》（1955 年 7 月人民文学出版社）、《心的歌》（1957 年 12 月新文艺出版社）、《幸福的日子》（1959 年 9 月人民文学出版社）、《热情的赞歌》（1960 年 5 月上海文艺出版社）等。其中早期作品，五十年代初作者编入新集时，某些字句、标点曾有删改，而《短简》一篇，部分章节是作者重新改写过的。本文集上卷于 1964 年 5 月出版，稍后编就的下卷稿在十年动乱中遗失，现根据原定编辑方针重新编选。”落款署名为《靳以文集》编辑委员会，时间为 1983 年 8 月。该册文集 1986 年 2 月人民文学出版社出版，首印只有 2000 册。〕

第二节 避收的表现及原因

“十七年”现代作家文集编选中也存在较为普遍的避收现象，考察避收原因，大概可以分为四类：一为作品因时过境迁已失去刚发表时的意义与价值，不能产生相应的社会效能；二为作品有损党和工农革命的形象，不符合新中国的意识形态；三为作品过于晦涩抽象，不符合普及原则；四为作品有较浓的小资情调，不符合工农兵的审美要求。

一、为尊者讳:《瞿秋白文集》的避收

《瞿秋白文集》第二卷《文艺杂著》中，删去原作3篇，编者在注中说明“现在没有收集之必要”。此注是编者对文集版《文艺杂著》编辑方案的具体说明，其内容如下：“作者在一九二七年自编《瞿秋白论文集》（后未能出版）时，曾于论文集的第八编赤化漫谈中，以《文艺杂著》的标题收录有关于文艺的评论和文艺创作与翻译共十四篇，其中有三篇我们认为在现在没有收集之必要；有一篇《劳农俄国的新文学家》则抽出编入本文集第三卷中去；有两篇翻译的高尔基的作品《劳动的汗》和《时代的牺牲》也抽出编入第五卷中去了。同时我们补编进了四篇：赤潮曲、铁花、失题、寄××。”① 该编辑方案并未给出避收的具体理由，仔细阅读《文艺杂著》注中的相关资料，我们可以得知避收的三篇仍在瞿秋白自留的文稿中，该文稿包括瞿秋白手稿、书信及亲笔复写的较长的论文留底。1950年年底由杨之华和方行亲手交给冯雪峰保存。而补收的四篇出处如下：《赤潮曲》抒发了建立劳工联盟、捶碎帝国主义的激情。该曲发表于1923年《新青年》季刊第一期，并配有曲谱，发表时词和谱都未署名，瞿秋白1927年编《瞿秋白论文集》时曾连曲谱编入集中作为“补白”，现根据论文集底稿；《铁花》书写了工厂里锤子击打出火花的工人大众，表达了对大同社会的向往。该篇发表于1923年10

① 瞿秋白文集编辑委员会．瞿秋白文集·文学编·第一卷［M］．北京：人民文学出版社，1953：212.

月 15 日上海《文学周报》第 92 期，署名瞿秋白；《失题》呼吁大众大步向前、踏实肯干，无须费劲脑髓咏风弄月。《寄 × ×》通过贵族冷血和市侩铜臭的对比，讴歌了工农大众的血汗劳动。以上两篇（后一篇为未完稿），大约作于 1923 年冬或 1924 年春，现系根据 1939 年 5 月 20 日出版的上海《鲁迅风》第十四期所刊载，因《鲁迅风》系根据作者遗稿，而遗稿原手迹现在尚未找到。

《乱弹》中删去《革命的浪漫蒂克》和附录一篇。编者给《乱弹》的题注如下："《乱弹》稿本有两份，其一为作者在一九三二年末或一九三三年初交谢澹如保存；后由谢澹如出版的《乱弹及其他》（一九三八年五月霞社版）中《乱弹》部分就是这一份。其二是一九三三年末作者离上海赴瑞金时交鲁迅保存的，文字上作者又有不少的修改，编排上也稍有变动，并增加了《狗样的英雄》《猫样的诗人》《满洲的'毁灭'》《'铁流'在巴黎》《谈谈'三人行'》《革命的浪漫蒂克》《普洛大众文艺的现实问题》《我们是谁》《欧化文艺》《'自由人'的文化运动》《论翻译》《再论翻译》等十二篇及附录一篇。现在我们系根据鲁迅所保存下来的这一份底稿；但我们抽出《普洛大众文艺的现实问题》等六篇编入本文集第三卷中去，而《革命的浪漫蒂克》和附录一篇没有收入。又，除在题目下有注明最初发表于什么报刊的以外，全部最初都发表于一九三一年秋到一九三二年夏初的《北斗》月刊上，这里不一一加注了。"① 该题注交代了《瞿秋白文集》中《乱弹》的版本依据及鲁迅保存本的编排情况，至于为什么将《革命的浪漫蒂克》和附录一篇没有收入，编者未做任何说明。结合上文中《文艺杂著》的三篇避收情况，我们可以得知以冯雪峰为领导的瞿秋白文集编辑委员会对原作取舍编排还是有很大决定权的。通过阅读原文，我们可以得知《革命的浪漫蒂克》和附录的避收可能出于"为尊者讳"的考量。《革命的浪漫蒂克》对华汉（阳翰笙）的《地泉》（即《深入》《转换》《复兴》三部曲）提出了严肃批评，认为"《地泉》连庸俗的现实主义都没有做到。最肤浅、最浮面的描写，显然暴露出《地泉》不但不能够'改变这个世界'的事业，甚至于也不能够'解释

① 瞿秋白文集编辑委员会．瞿秋白文集·文学编·第一卷［M］．北京：人民文学出版社，1953：252.

这个世界’。因此，《地泉》正是新兴文学所应当研究的：不应当这样写的标本。这是所谓‘前车之鉴’!”“《地泉》的表现，却不能深刻的写到这些人物的真正的转变过程……就是《地泉》之中用不着‘转换’的英雄，例如农民协会的会长汪森，工联代表小柳……阿林等等，也都浪漫蒂克化了；他们和一切人物都是理想化的，没有真实的生命的。”① 华汉（阳翰笙）为左翼文学资深人物，新中国成立后任电影部部长，《革命的浪漫蒂克》不利于作者的声誉。同理，《乱弹》中的《附录》，虽然本质上肯定了毛泽东的《湖南农民运动考察报告》，该书 1927 年 4 月由汉口长江书店以《湖南农民革命》书名出版，但瞿秋白戏称为“新古董”，有调侃戏谑之嫌，而且该文事实上是抄录了别人为毛泽东的《湖南农民革命》作的序，其内容大部分并非瞿秋白所作，故人文社也未收入文集。

二、思想“纠错”与时代变迁：《沫若文集》的避收

《沫若文集》第一卷《集外》（一）删《沫若诗集》中诗一首。据学者考证，《沫若诗集》的版本委实复杂，1928 年 6 月 10 日上海创造社出版部初版，1929 年 3 月 1 日上海创造社出版部再版，1929 年 12 月 10 日上海现代书局第 3 版，1930 年 8 月 10 日上海现代书局第 4 版。另一第 4 版，名《沫若诗全集》，1930 年 8 月 10 日上海现代书局出版。1932 年 4 月 10 日上海现代书局第 5 版，1932 年 8 月 10 日上海现代书局第 6 版，1932 年 11 月 20 日上海现代书局第 7 版。② 笔者仔细查阅了上海现代书局第 7 版《沫若诗集》，版权页标明印刷了 14000 册，与《沫若文集》第一卷相比对，删去的诗歌不是一首，而是三首，分别是《伯夷这样歌唱》《哀歌》《星影初现时》。改标题二首，分别将《黄浦江边》改为《黄埔江口》；《月下的 Sphinx》改为《月下的司芬克司》。删去的原因可能是“《伯夷这样歌唱》里边，是彻底地主张出了‘回到自然’‘过渡纯粹赤裸的野兽的生涯’的主义来”。而《哀歌》《星影初现时》则是证明幻灭绝望的最好材料。“他的幻灭绝望，正是五四精神

---

① 陈春生，刘成友．20 世纪中国文学史文论精华：小说卷［M］．石家庄：河北教育出版社，2000：167－169.

② 蔡震．郭沫若生平文献史料考辨［M］．北京：社会科学文献出版社，2014：117.

低落的反映。在此中，小布尔乔亚的革命的诗人因为找不到出路之故，也只有作消极的否定以完成自己的作家的任务。自然那不只是个人的无力，而是时代使然的。”① 第二卷《蜩螗集》删初版本中诗两首，分别为《春礼劳军歌》《阵亡及殉职政工人员挽歌》。补入原编入《新华颂》的一九四八年至一九四九年的七首旧体诗词，分别是《金环吟》《舟行阻风》《船泊石城岛畔杂成》《渔翁吟》《北上纪行》《在莫斯科过五一节》和《题哈尔滨烈士馆》。《春礼劳军歌》《阵亡及殉职政工人员挽歌》其实是散文诗，前者鼓动大家在春天万象更新的季节踊跃捐赠物品劳军，后者哀悼阵亡的政工人员。在1982年10月人文社出版的《郭沫若全集·文学编》第二卷（含《战声集》《蜩螗集》《汐集》）中，以上二首诗也未收集，具体原因不得而知。现将此二首诗移录如下，便于学者考证。

春天来了，春天来了，万象都呈着新的气运。神圣的抗战也现出了光明的前程，湘北大捷之后接着又是粤北连胜，前方和后方的民众都鼓舞欢欣，在这抗战期中竟享受着生活的安宁，这是谁个给予我们的？

同胞们我们知道，同胞们我们知道，是献身卫国的将士和士兵，是献身卫国的将士和士兵。

春天来了，春天来了，万象都呈着新的气运，我们要对将士们表示我们的谢忱，不问是短裤、衬衫、鞋袜、毛巾、或是其他的用品、药品，和耐久的食品，或是浅显通俗的图画和代金，要多多送往前线和伤兵医院，多多送与壮丁、新兵、军属的家庭，我们藉此表示预祝抗战胜利，我们藉此表示抗战到底的决心。

春天来了，春天来了，万象都呈着新的气运，加紧春礼劳军吧，加紧春礼劳军，多送一份春礼，等于多送一粒子弹，多送一份春礼，等于多杀一个敌人，鼓舞战斗的勇气，增进胜利的信心，争取国家民族的独立生存自由平等，胜利的光耀已在眼前照临，同胞们，踊跃赠送春礼，同胞们踊跃赠送春礼，劳军劳军劳军，加紧加紧加紧！

——《春礼劳军歌》

---

① 王训昭，等．郭沫若研究资料［M］．北京：知识产权出版社，2009：616－618.

不能成功便当成仁，为教以言不如以身，军队负救国的使命，政工是军队的灵魂，同仇敌忾，为国牺牲，我辈自应加人一等。模范已由兄等造成，生而为英，死无遗恨。精神永远永远不泯。瞻仰着壮烈的英灵，肩担着遗留的责任，踏着先烈的血迹前进，踏着先烈的血迹前进；前——进！前——进！前——进！再接再厉一德一心，抗战——必——胜，建国——必——成，抗战——必——胜，建国——必——成！

——《阵亡及殉职政工人员挽歌》

《新华颂》删初版本中诗三首，歌曲一首。诗三首分别为《四川人，起来!》《斯大林万岁》《消灭细菌战》。《四川人，起来!》以粗放的语言号召四川人活捉蒋介石，此诗写于1949年9月24日，当时蒋介石幻想坚守四川，1949年9月12日以国民党总裁身份，从台湾几经辗转飞到四川督战，但见大势已去，1949年12月13日乘“中美”号专机飞往台湾，再也没有回来，1957年《沫若文集》第二卷出版时，蒋介石已在台湾生活多年，再谈四川人活捉蒋介石岂不是笑谈。同样，《斯大林万岁》写于1949年11月，《沫若文集》第二卷出版时，斯大林已去世4年，再说“斯大林万岁”岂不是反讽!《消灭细菌战》写于1952年3月中旬，批判美国在朝鲜战争中实行细菌战，而当时抗美援朝早已结束。这三首诗歌的删去，其原因是作品时过境迁已失去刚发表时的社会意义。删去的歌曲为《和平鸽子歌（附曲）》一首。该歌曲由郭沫若作词，马思聪作曲，以舒缓的旋律歌颂了纯洁无瑕的白鸽是和平的象征。

第十卷《文艺论集》在初版本上删去《中国文化之传统精神》和《国家的与超国家的》两篇。郭沫若在该卷《前记》中说：“《中国文化之传统精神》和我后来关于中国古代的研究大有径庭，错误观点甚多；《国家的与超国家的》则因为无政府主义的倾向太浓厚了（年轻时，我有一个时期也曾倾向于无政府主义），故不愿意再使谬种流传。”① 《盲肠炎》在群益版上删去《马克思进文庙》一篇。此篇将马克思混同于孔子，不符合马克思在新中国严肃权威的政治地位。第十一卷《羽书集》在1954年重庆群益版上删3

① 郭沫若．沫若文集：第十卷·前记［M］．北京：人民文学出版社，1959.

篇，篇目分别为《我们为什么抗战》《国难声中怀知堂》和《由四行想到四川》。《我们为什么抗战》篇末注明“1937 年 8 月 17 日于上海飞机大炮的轰击中”，全文控诉了日本军部的狂暴行为，指出这些受偏颇军事教育飞扬跋扈的军人是世界文化、人类福祉的最大威胁。他们绑架日本走上军国主义道路，全世界爱好和平的朋友和战士联手起来，才能消灭这群东方的恶疯狗。《国难声中怀知堂》写于 1937 年 8 月 23 日晨，当时的郭沫若对知堂（周作人）颇为崇拜，原文称“如可赎兮，人百其身”“知堂如真的可以飞到南边来，比如就象我这样的人，为了换掉他，就死上几千百个都是不算一回事的”。“近年来能够在文化界树一风格，撑得起来，对于国际友人可以分庭抗礼，替我们民族争得几分人格的人，并没有好几个。而我们的知堂是这没有好几个中的特出一头地者。”① 而周作人后来“落水”，包括茅盾、郁达夫、老舍、冯乃超、王平陵、胡风、张天翼、丁玲、夏衍等人联名在 1938 年 5 月 14 日出版的《抗战文艺》上发表《给周作人的一封公开信》，信中指出原本希望周作人做个文坛苏武，处逆境而节贞，但周作人竟然参加日寇在北平召开的所谓“更生中国文化座谈会”，事实上走上叛国媚敌之路。这是他长期以来对中国文化的轻视与悲观态度所致，对青年的贻害尤甚。信中希望他能幡然醒悟，尚可将功赎罪，否则将作为民族之大罪人被千载声讨。周作人并未南下离平，抗战中更是担任伪职屈膝事寇，这篇缅怀劝励周作人之作在新中国五十年代语境中显然不合时宜。《由四行想到四川》以饱满酣畅的情感歌颂了我国将士的抗战，该文最初发表于 1937 年 10 月 31 日上海的《救亡日报》，开篇写坚守四行仓库八百勇士的忠勇行为，篇中由贵州抗战军队转到对四川抗战军队的书写，对为国捐躯的郝梦龄军长以及众多自愿赶赴前线的兵士充满敬仰，篇末以四川籍将军杨森抗战引出刘湘将军，希望后者早日亲率部队上前线，为四川军争一口气。1941 年郭沫若将该文收进《羽书集》，由香港孟夏书店 1941 年 11 月初版，但版和成书均毁于战火，1945 年由重庆群益出版社再版。以上二版中此文后有一篇后记：

> 这篇文章本来是想删掉，因为刘湘将军不久就亲率所部，东出夔门

---

① 郭沫若著作编辑出版委员会．郭沫若全集·文学编·第十八卷［M］．北京：人民文学出版社，1992：152.

远征，在第二年的春天竟在汉口因劳成疾而以身死国了，这证明我对他的非难，有点失诸急躁，但这篇文章仍然把它保存着，以表示自己的错误。刘将军死时我曾有一副对联挽他，附录于次：

治蜀是韦皋以后一人，功高德懋，细谨不蠲，倍觉良工心独苦

征倭出夔门而东千里，志决身歼，大星忽坠，长使英雄泪满襟

1941年8月15日记

或许是考虑到刘湘毕竟是民国旧军阀，抑或正面高调歌颂国民党军队抗战不符合五六十年代的政治语境，《沫若文集》删去此文。在1992年1月人文社出版的《郭沫若全集·文学编·第十八卷》中，以上三篇被删之文悉被收录。

第十二卷中的《蒲剑集》与《今昔集》的单行本刊印于1942年，1943年，分别由重庆文学书店、重庆东方书社出版。1959年人文社根据1953年上海新文艺出版社重印的《今昔蒲剑》，经作者修订后，除已分别收入《沫若文集》第三卷和第十一卷的七篇外，删去《写尔所知》一篇。《写尔所知》主要探讨了写作中的取材问题，写于1942年五四纪念日，最初收入1943年10月重庆东方书社版《今昔集》，该文认为生活中遍地都是题材，关键是要“集中注意力”和“活用感官”，材料本身没有远近新旧的区别，只有用研究的方法，通过生活实践或体验，才能掌握材料活用材料，同时“多读名家作品也很可以得到题材活用的启示”，“但这要读外国名家作品才行，而且还得偏于近代的”。① 很显然，这篇文章的观点与胡风有些接近，胡风在1948年为北平各大学《诗联丛刊》诗人节创刊所写的《给为人民而歌的歌手们》中主张“哪里有人民，哪里就有历史。哪里有生活，哪里就有斗争，有生活有斗争的地方，就应该也能够有诗”②。这番话后来被提炼为“到处有生活论”。正是根据该理论，胡风认为创作成败优劣的关键在于作家的“主观”：“一方面强调生活、实践的重要，一方面强调作家主观战斗精神

① 郭沫若著作编辑出版委员会．郭沫若全集·文学编·第十九卷［M］．北京：人民文学出版社，1992：181－182.

② 梅志，张小风辑注．胡风全集：第三卷［M］．武汉：湖北人民出版社，1999：439.

的重要。”① 而郭沫若在《写尔所知》中强调作家的主观体验和生活研究才是使材料“点铁成金”的活用途径，“材料本身没有远近新旧的不同，而只有在作者自己的研究上有深浅精粗的悬别。只要有了精深的研究，任何材料都可以写，也才可以把材料写得活。有些一知半解的批评家每每爱在材料上来限制人，我看这是错了”②。上述观点本无可厚非，但比照《讲话》中强调“为工农兵服务”“作家长期无条件深入工农兵生活”的理念还是有相当的隔阂。1938 年毛泽东在《中国共产党在民族战争中的地位》的报告中指出：“洋八股必须废止，空洞抽象的调头必须少唱”，要把“国际主义的内容和民族形式”结合起来，创造“新鲜活泼的、为中国老百姓所喜闻乐见的中国作风和中国气派”。③ 这是毛泽东首次以“民族形式”的论断对大众通俗文艺予以肯定，而对欧化的脱离大众的新文学则提出了委婉的批评。郭沫若在《写尔所知》中提出“只读近代外国名家作品”的观点，二者的看法大相径庭。以上或许是郭沫若在 1959 年 6 月人文版《沫若文集》中删去此文的原因。在 1992 年 1 月人文社版《郭沫若全集·文学编·第十九卷》中，该文被重新收录。

第十三卷《沸羹集》在原版上删《瓦石劄记》《两次哭先生》《纪念张一麐先生》《在民主主义的旗帜下》《孔雀胆归宁》《孔雀胆二三事》《“中医科学化”的拟议》《复颜公辰先生》《申述关于中医科学化的问题》等 9 篇。《瓦石劄记》是郭沫若关于典故与戏剧的学术随笔。《两次哭先生》与《纪念张一麐先生》是为纪念张一麐先生而作。作者追忆与曾任民国教育总长的张先生的交往经历，对张一麐任重庆国民参政会参政员时向蒋介石力荐团结抗战、惩治贪腐大加赞扬。尽管当时有人认为郭沫若有吹捧“土豪劣绅”之嫌，但作者对张先生仍钦佩有加。《在民主主义旗帜下》指日本在武装侵略的同时，也用文化手段欺骗东方各个民族，全文号召泰国、越南、菲律宾、缅甸、印度等国在民主主义旗帜下团结起来。《孔雀胆归宁》《孔雀胆二三

① 李丕显．文艺理论家胡风、冯雪峰的独立人格［J］．南通师范学院学报，2001(2)．

② 郭沫若著作编辑出版委员会．郭沫若全集·文学编·第十九卷［M］．北京：人民文学出版社，1992：180.

③ 毛泽东．毛泽东选集：第二卷［M］．北京：人民出版社，1991：534.

事》宣传《孔雀胆》将在故事的发生地昆明上演，同时也讲述了该剧的创作经过。以上几篇作品均为新中国成立前的旧作，时过境迁，已失去发表时的现实意义。《“中医科学化”的拟议》《复颜公辰先生》《申述关于中医科学化的问题》等三篇是郭沫若关于中医中药学的建议及辩解，作者以近代医学发展趋势对中国传统的中医提出了批判，提出“中国的医学药学均未彻底科学化”，中医必须学习科学化的教程，否则一律禁止。郭沫若在文中明确表示，他对中医无信仰，中医与他无缘，一直到他死都不会麻烦中国郎中。这种观点，与新中国50年代大力发展中医学提高人民卫生健康水平的宣传明显相悖，其避收也在情理之中。

第十三卷《天地玄黄》在原版上删《民族解放的先锋》《为美国人设想》《纪念邓泽生先生》三篇。《民族解放的先锋》歌颂1932年上海“一·二八”抗战中的十九路军，指出其是民族解放的先锋。《为美国人设想》指出曾作为“民主世界的兵工厂”的美国在二战后违背罗斯福主义，重新用金元复兴日本、德国，大量运输武器装备支持蒋介石内战，鼓吹第三次世界大战，为美国人设想，应重回罗斯福道路。《纪念邓泽生先生》追忆与曾任北伐军军事委员会政治部主任的邓泽生的交往经过，当时作为国民党党员的郭沫若曾在其下担任宣传科科长。以上三篇也均为新中国成立前旧作，对照新中国50年代的政治语境，这些文章亦无收录之必要。

三、革命“意图不纯”与小资情调的摈弃：《茅盾文集》的避收

《茅盾文集》第七卷为短篇小说集。作者避收了原集中《自杀》《一个女性》《泥泞》《陀螺》《光明到来以前》等五篇作品，在该卷《后记》中，他说：“我以为应当‘割爱’，这样办，倒不是想把青年时代的蓬头赤脚光屁股的照片隐藏一部分，而是为了节约纸张和读者的时间。”① 这显然是茅盾的自谦之辞。那么，茅盾为何要舍弃以上五篇短篇小说呢？《自杀》讲述环小姐追求婚姻自由与少年男子偷尝禁果，整日处于孤寂怨艾中，在得知已怀身孕后她在深夜上吊自尽。而那个少年男子在骗得她的处女身后，就消失得无影无踪。整篇小说充满神秘荒诞的色彩，读后让人感到压抑窒息。小说最

① 茅盾．茅盾文集第七卷·后记［M］．北京：人民文学出版社，1959.

后写道："宣布那些骗人的解放自由光明的罪恶！死就是宣布！她不让自己犹豫似的将头颈疾钻入丝带的环内，身体向外一侧，两脚便离了床沿……她的眼珠开始凸出来，舌头吐出拖长，脸上转成了青白色。"① 显然，茅盾借环小姐之口对此时倡导的"婚姻自主"观念提出了批判，篇末死亡场面的描写也令人恐怖。《一个女性》的情节凄婉而悲凉，美丽的琼华小姐出身望族，父亲是名流，她因善于交际而成为一乡的女王，不幸家道中落，她父亲在火灾中烧死，母亲病重，她自己也被火烧伤面颊，留下指头大的红疤。她的昔日追求者离她而去，在人们的冷眼嘲笑中，她不幸得了女儿痨病死，死前怀念着那个被家乡人排挤走的"遗腹子"少年张彦英，整篇小说书写人性的冷酷虚伪残忍，气氛沉闷凝重。《泥泞》讲述了一个可怕的故事。黄老爹因帮着农民协会写"花名册"而被穿灰色军服的兵拉去枪毙，他的大儿子也一起遇难。而枪毙他的军队与要他写农民协会"花名册"的军队居然旗帜相同（只不过号数不同罢了）。《泥泞》中关于"共妻"的描写令人困惑。农民把参加农民协会当成要"共妻"，不许村里的婆子与姑娘露脸，单身的农民却想共那些穿灰色军服的女兵。最后，穿灰色军服的士兵撤走，农民们内部却盗抢四起。整篇小说跳跃性较大，逻辑条理也不清楚，对农民和办农民协会的军队批判犀利，对照新中国文艺方向，这篇小说显然有严重的"政治错误"。《陀螺》叙述了小资产阶级女子五小姐与徐女士之间絮絮叨叨、琐碎冗长的对话，韶华不再的五小姐对恋爱持怀疑悲观的态度，但有男士为她送礼物时，她却又迅速由凄然变为兴奋了。小说情节发展过于缓慢，"卖弄"知识地介绍 Gilgamesh（吉尔伽美什）和 W. Hausenstein（维廉·霍善斯坦因），确有掉书袋之嫌。这篇小说显然不符合工农大众的欣赏口味。《光明到来以前》与其说是一篇小说，不如说是一首散文诗。全文以对话连缀而成，意象飘忽不定，象征色彩浓厚。幽禁在黑暗牢笼中的两人隐约感受到裂缝中一道光线："红的、绿的、黄的、小小的、圆圆的、尖角的，在那里跳！跳！"② 两人努力想打碎这牢狱，地震和火山爆发了，还有轰隆隆的雷声，年长者因

① 《茅盾全集》编辑委员会．茅盾全集：第八卷［M］．北京：人民文学出版社，1985：50－51.

② 茅盾．茅盾全集：第十一卷［M］．北京：人民文学出版社，1986：137.

为外面燃烧的烈火和炫目的光线而不愿意离开牢笼，年轻人却勇敢地离开了。“火也就要烧过来了！哈！来罢！烧毁了旧世界的一切渣滓！来罢！我要在火里洗一个澡！”① 这篇小说的主题虽是追求光明，但从艺术形式上看，浓厚的象征色彩和晦涩的表达显然妨碍了工农大众的阅读欣赏，茅盾于是“割爱”了。综观以上五篇作品的舍弃，茅盾一直以《讲话》中的“政治标准”与“艺术标准”来衡量自己的作品，凡政治上有损党和工农兵形象及艺术形式上晦涩沉郁或小资产阶级色彩过浓的作品均被“剔除”。

同样，《茅盾文集》第八卷中避收《牯岭之秋》和《烟云》两篇小说。前者写1927年大风暴时代的一个断片，全文没有写完，跳跃与省略也较多，但仍可一窥大概。“拥护三大政策”的部队用盒子炮保护军官们行乐，主人公云少爷和老明原本到南昌开会，后来因政局动荡不明躲到牯岭上下棋享清福。整部小说政治意图不明，只是掇取几个革命风暴的断片连串而成，丝毫看不出工农革命之神圣及共产党员工作的正义性，对部队的政治宣传工作也采取调侃态度。从新中国50年代的政治语境来看，这篇没有任何政治倾向与意图的小说倾向性大有问题。《茅盾文集》不收此文是自然的。《烟云》是一篇典型的婚外恋小说。三等科员陶祖泰的老婆因喜欢打麻将与教员朱先生相识，朱先生觊觎年轻貌美的陶夫人，而懦弱的陶祖泰在痛苦煎熬中玩起自杀游戏，后来朱先生借同船回家之机与陶夫人发生关系，陶夫人怀孕后却说小孩原来是陶祖泰的。小说心理描写细腻，情节一波三折，而格调却是典型的小资产阶级趣味，茅盾避收此文也在情理之中。

四、阅读趣味及政治语境的考量：《叶圣陶文集》的避收

《叶圣陶文集》也存在避收现象。作者在第一卷《前记》中说：“这个第一卷包括从前出版的三本短篇小说集，《隔膜》、《火灾》、《线下》。《隔膜》原来有二十篇，现在删去《春游》、《不快之感》两篇。《火灾》原来也是二十篇，现在删去《先驱者》、《脆弱的心》、《火灾》三篇。”叶圣陶在解释删去的原因时说“删去的几篇太没有意思了”②。事实是否如此呢？《春

① 茅盾．茅盾全集：第十一卷［M］．北京：人民文学出版社，1986：147.

② 叶圣陶．叶圣陶文集：第一卷·前记［M］．北京：人民文学出版社，1958.

游》写人一瞬间的感受，自然风光涤荡一切社会杂念，人也变得活泼高洁了。小说有唯美派的倾向。《不快之感》和《先驱者》两篇更像是散文，作者仅借人物传达某种思考，《不快之感》写肺病患者空虚幻灭的不快之感，生命被病菌侵蚀，成为一种机械的程式化的物质模型，每天没有希望，只是品茗、空谈、默想。小说在艺术表达上有西方意识流的特点。《先驱者》写作者参观大书局的陈列室和印刷编辑部后的感受，书是人类的精神食粮，而这些编辑制造书的人也就是超于庸众的"先驱者"。以上三篇小说的视野与题材较为独特，却不太符合当时工农大众的阅读欣赏口味。《脆弱的心》写小学教员莫先生认为小孩子顽皮愚蠢，小学教学毫无乐趣，听了大学者许博士关于引导教育小学生的报告后，兴起好好做小学教员的激情，但不多久，怀疑与烦闷又使兴奋退败了。正如题名所云，莫先生有一颗"脆弱的心"。文中的大学者许博士，其实是胡适，1921 年 7 月下旬，胡适抵达苏州作《小学教师的修养》和《实验主义》等演讲，叶圣陶以这次演讲为背景，创作小说《脆弱的心》。胡适在 8 月 16 日的日记中写道："叶圣陶（绍钧）作了一篇小说，用我在苏州的演说作一个影子，颇有意思。附在下面。"① 在 20 世纪 50 年代的政治语境中，胡适作为资产阶级唯心论的代表受到批判，作品中莫先生这类具有小资倾向的人物显然也会成为批判对象，避收也在情理之中。《火灾》是一篇较为奇特的小说，江南朋友言信君的家乡成了匪患肆虐之地，而这些匪其实就是武装的农民，他们不仅仅是为了攫取钱财，更重要的是获得精神上的剧烈刺激。正如言信君所言："这真如一场大火灾，人的心就是引火的材料！起火之期远在不知多少年前，现在蔓延得周遍了，什么穷乡僻壤的男女老幼的心里都燃烧起来了！"② 在这篇小说中，匪即民，民即匪，革命的正义性已完全消解了，这种解读是明显的政治错位，所以这篇小说没有理由收入文集。

《叶圣陶文集》第二卷收有《城中》《未厌集》《四三集》三个集子，其中《城中》没有删，《四三集》只是抽出两篇，准备按题材归到童话里，而

---

① 胡适．胡适日记全编·3［M］．曹伯言，整理．合肥：安徽教育出版社，2001：435.

② 叶至善，叶至美，叶至诚．叶圣陶集：第一卷［M］．南京：江苏教育出版社，2004：320.

将《未厌集》中的《夏夜》删去。时隔半个多世纪我们重新来审视这部作品，可以肯定这是一篇有特色的原生态的底层小说，主人公没有姓名，小说开篇的负重细节精准传神地刻画出他是一名在码头上像牲畜一样工作的搬运工，干完活后他到一个卖粥的年轻女工那儿买食充饥，两人搭讪中他对这名女劳动者颇有好感，临走时贪狠地多看了她几眼，晚上他挤在肮脏龌龊、人满为患的菜市场睡觉，梦境中他因无家可归被巡捕抓走，巡捕挥过来的黑棍子打在身上像烈火一般燃烧，他感到皮肉已经烧焦了，白天那位女工却泼了一桶水救了他，两人开始亲热地缠绵，年轻女工居然答应做他的老婆。他从码头上带回两包茶叶和一蒲包白糖给她，但一蒲包白糖却比货物还重的多，他"空通……"一声掉到江里。原来菜市场忙碌的一天开始了，一阵粪肥的烈臭蛇一般钻进鼻孔惊醒了他。小说受弗洛伊德潜意识理论的影响，写出了一个青壮苦力性的萌动。但这篇小说不仅有违当时的审美要求，而且有贬低工人领导阶级之嫌，文集避收此文亦在情理之中。

五、市井生活品味的舍弃：《郑振铎文集》的避收

《郑振铎文集》卷一收作者的小说创作，该卷中《家庭的故事》于 1928 年由上海远东图书公司出版，1929 年上海开明书店出版增补本，文集采用开明版，原收小说十六篇，作者编选时删去了《春兰与秋菊》一篇。该小说最初发表在《小说月报》1927 年第 18 卷第 9 期，署名西谛。

查阅《郑振铎日记全编》，可以得知《春兰与秋菊》写于 1927 年 8 月 9 日的巴黎，作者在日记中记载："早晨，太阳很好，照常到公园去读法文。然树下已不能使人久坐；微凉侵肤，大似初冬。园中游人，寥寥可数。想不到巴黎天气变化得这么快。连忙回家，法文也不念了。回家后，即写小说《春兰与秋菊》一篇，写得很高兴，至黄昏即写毕。"① 从该日记来看，郑振铎对《春兰与秋菊》还是很满意的，一气呵成，写得很顺畅。而在同年 8 月 13 日的日记中则说："午饭后，在家微睡了一会。三时开始写小说《五叔春荆》，写至五时，忽觉得不大满意。大约写小说的兴趣已减退了，再写下去，便成了勉强，一定写不好，很想以后不再写了……晚饭后，偕元等同坐咖啡

① 陈福康整理．郑振铎日记全编［M］．太原：山西古籍出版社，2006：58.

馆，吃了一杯咖啡后，又略略的高兴。独自先回，把《五叔春荆》续写完毕。十一时半睡。"① 两相对比，我们不难发现作者当时对《春兰与秋菊》的情感认同更高一些。但在《郑振铎文集》卷一中作者却删去了这篇小说。1984 年福建人民出版社出版的《郑振铎选集》上下册、1990 年四川文艺出版社出版的《郑振铎选集》两卷本均未收该文，甚至在 1998 年花山文艺出版社出版的《郑振铎全集》二十卷本中也不收此文。这是一篇什么样的小说呢？

《春兰与秋菊》讲述了两个被卖的丫头春兰与秋菊不同的性格及迥异的命运。春兰清秀漂亮，聪敏乖巧，深得四婶的喜爱；而秋菊则蠢笨丑陋，经常遗尿，六嫂打骂也奈何不了她。前者的父母三岁时早死，六七岁时被寄养的叔叔卖作丫头，后者的父母还在，但是农村太穷无法生活，只得卖给大户人家以求活命。小小年纪的春兰对当丫头适应性很强，而秋菊则在离开父母时哭得震天动地，其凄惨哀情令人动容。两丫头在大户人家每天总有干不完的事：扫地、倒脸水、换水烟袋里的水、铺床、叠被、吃饭时帮着添饭、上菜、天热时帮太太打扇子、晚上睡觉前帮着捶背捶腿……在艰辛的生活中，两丫头度过了少女时代，春兰越发出落得水灵漂亮，不少老爷打心思要娶她为妾，被四婶以种种理由拒绝；秋菊长胖了长结实了，但还是那么蠢笨丑陋。出乎意料的，秋菊寻到一门好亲，小伙子是一个忠厚老实的农村后生，家里有点钱，自己靠勤劳有些积攒，第二年就有了自己的船跑买卖，秋菊出嫁后还到四婶家省亲，她有了自己的胖儿子，公婆和丈夫都对她很好，丈夫的生意也发达，她"见人总是和气的微笑，完全改了做丫头时的顽强而蠢笨的态度。她似乎很满足"②。小说的结尾写秋菊的穿戴时说："她耳孔中带了金耳环，头上插着一条金挖耳，手上是一对很沉重的金镯，手指上是一个镶珠的金戒指。"③ 而春兰却在岁月的蹉跎中逐渐褪去了青春，她的婚事也总是高不成低不就的，在四婶全家迁居上海后，心事重重的春兰在忧郁中偷偷离开了主人家。四婶派人报捕房也无法寻到，有人说她被拐走，有人说她跟

① 陈福康整理．郑振铎日记全编［M］．太原：山西古籍出版社，2006：59.
② 西谛．春兰与秋菊［J］．小说月报，1927（9）．
③ 西谛．春兰与秋菊［J］．小说月报，1927（9）．

人私奔，小说的结尾写道：“一只小独木舟随流到了印度洋的中央，一朵娇嫩的红花插在干燥无比的沙漠里，谁知道他们的运命，谁知道他们的结果呢？”①

毋庸置疑，这是一篇人情味很浓的小说，作者从生活实感出发，演绎了一个民国时代屡见不鲜的市井故事，通读全文，我们不难看出作者采取的还是旧时代的市民价值判断标准。在开篇中，作者通过老妈子与丫头的对比，指出丫头远比老妈子省心，她们是属于主人的，主人可以随意使用、打骂，要她方便方，要她圆便圆，因为她是你买来的所有物了。在结尾中，作者写秋菊找到好归宿，她不仅有了胖儿子，公婆与丈夫也对她好，她有些夸张的金饰引得旁人羡慕，四婶也说：“春兰要有你这样的福气便好了！”在其他细节的叙述上，诸如作者尽管对秋菊被父母卖作丫头充满同情，但也指出他父亲是一个忠厚无用的农民；对每天耽于享乐要人捶背捶腿的当家太太四婶，作者多次渲染她的慈悲宽大；对富贵老爷在少女春兰上花心思，作者也多从其财富名分上加以考量……而以上这些价值判断及情感趋向，显然不适合新中国“十七年”的历史语境和革命逻辑，郑振铎在审定旧作时将这篇早期创作的得意之作删除也是必然之举。

第三节　注　收

注收是指作家在不改变原文的情况下以注释、附记等方式对新中国成立以前的单篇作品做出具有意义生发的阐释说明，一般客观性的知识解释不在此例。

一、附识中的深意：郭沫若的注收

《沫若文集》第十二卷中《甲申三百年祭》是一篇较为典型的注收之作。该文后有一则附识：“此文以一九四四年三月十九日在重庆《新华日报》上刊出，连载四日。二十四日国民党《中央日报》专门写一社论，对我抨击。

① 西谛．春兰与秋菊［J］．小说月报，1927（9）．

国民党反动派的尴尬相是很可怜笑的。"① 显然，此则附识为作者添加，不仅回忆了发表的时间及出处，而且在新的历史语境中对当时事件表达了鲜明的价值判断。郭沫若在《甲申三百年祭》中一反过往的说法，为"流寇"李自成及部下李俨平反。李自成收揽民心，礼贤下士，以农民武装攻下北京城，建立大顺朝。李俨出谋划策，规劝李自成严明纪律，施行德政。尽管起义武装最终因进城后的腐化享乐，致使吴三桂引兵入关而最终失利，但"自成自己实在不能负专责，而牛金星和刘宗敏倒要负差不多全部的责任"②。李自成是一位悲剧的主人，李俨的悲剧意义则尤为深刻。当时在延安的毛泽东盛赞此文，将它列入整风重要文件，让全党高级干部认真学习，要从中吸取防止骄傲和蜕变的教训。而国民政府的《中央日报》则在 1944 年 3 月 24 日发表社论《纠正一种思想》进行批评。该文从所谓"祖国爱，民族感"出发，认为将"流寇"李自成、李俨作为革命的颂扬偶像，是一种不合中央政权"大一统"惯例的反民族亡国思想，其目的是"要低落我们发扬振作的民气，要转变我们一往直前的士气，要散布悲观的种子"。《中央日报》的辩驳实乃"有意误读"，其在"亡国祭"上大做文章，其目的是为加强国民党在全国的统治制造舆论，所谓的为"流寇"张目即是暗指为延安造势。这显然是一种故作"惊弓之鸟"的牵强附会，联系郭沫若在附识中说的"国民党反动派的尴尬相是很可怜笑的"，我们能更好地理解原文深意。

二、附记中的多类表征：茅盾的注收

《茅盾文集》第九、十卷也存在较为普遍的注收现象。以上两卷专收散文、杂文和游记。其中第九卷有 5 篇附记，分别附在《风雪华家岭》《西京插曲》《秦岭之夜》《太平凡的故事》《新疆风土杂忆》篇后。第十卷也有 4 篇附记，分别附在《学步者之招供》《永恒的纪念与景仰》《归途杂拾》及旧体诗《渝桂道中口占》篇后，以上九篇附记的写作时间均注明为 1958 年 11 月，显然，茅盾在该月完成了对九、十卷的编纂整理。

这 9 篇附记共分四类。一类是讴歌党在革命战争年代和社会主义建设时

① 郭沫若．沫若文集：第十二卷［M］．北京：人民文学出版社，1959：528.
② 郭沫若．沫若文集：第十二卷［M］．北京：人民文学出版社，1959：525.

期的伟大成就。前者有《太平凡的故事》和《归途杂拾》篇后的两则附记，均追述了党领导的东江游击队及地下工作者抢救沦陷于香港的文化人的盛举。后者有《风雪华家岭》的篇后附记，华家岭本是西北兰西公路上的必经之路，因为经常雨雪霏霏，这座海拔五六千尺的高原山岗极难行走，1940 年作者乘汽车途经此处时恰逢雨雪，车陷入泥泞而受尽折磨，而现在（1958年）华家岭却"旧貌换新颜"。茅盾在附记中，引述了当年十一月十六日《人民日报》的一篇通讯，提醒读者，"今天的华家岭完全不同了"，讴歌了人们热火朝天建设社会主义的政治激情。

第二类附记对新中国成立前国民党的文网制度及反革命措施进行了批判。有《秦岭之夜》《西京插曲》及旧体诗《渝桂道中口占》篇后的三则附记。以《西京插曲》为例，作者在篇后附记中追述："此篇发表时被国民党的检查官删削了不少。原稿早已遗失，现在记不清那被删削的是些什么内容，只依稀记得，那是用讽刺的笔调，点明那华侨慰劳团之所以被'请'到华山去住，表面上为了安全，事实上是怕慰劳团和群众接触，慰劳团的团长是陈嘉庚先生。1958 年 11 月 13 日作者补注。"①

第三类附记是对美帝国主义的批判。有《学步者之招供》篇后一则附记。茅盾当时写此文之意是批判美国"握有月球，可轰炸地面上任何一地点"② 的霸权政策，指出美国想把月球作为未来称霸世界的战略基地，这简直是希特勒的"学步者"，在 1958 年 11 月的附记中，茅盾在继续批判这个战争狂人后指出："十二年以后的今天，美国的吹得震天响的牛皮，完全破产。在苏联放出了三个人造卫星以后，美国几经出丑，这才勉强放了一个山药蛋大小的卫星……纸老虎已经戳破，东风将永久压倒西风。"③

第四类附记阐释了青年如何学习罗曼·罗兰。有《永恒的纪念与景仰》篇后附记一则。茅盾指出，学习罗曼·罗兰，不是学习约翰·克利斯朵夫个人主义的反抗，而是学习《动人的灵魂》中人民大众的社会革命，要学习罗曼·罗兰怎样从一个个人主义者与和平主义者变成一个社会主义者。针对

① 茅盾．茅盾文集：第九卷［M］．北京：人民文学出版社，1961：350.

② 时任美国火箭协会主席法恩斯渥斯宣传的观点——笔者注。

③ 茅盾．茅盾文集：第十卷［M］．北京：人民文学出版社，1961：69.

1957 年反右派斗争中分析约翰·克利斯朵夫的几篇文章，茅盾一方面认为“大概算是大大地消毒一番了罢”，但同时他又担心“副作用又产生了：不少青年把罗曼·罗兰视为一文不值，甚至还把他当成反动文人”。①《新疆风土杂忆》篇后的附记较长，带有后记的性质。一方面追溯了此文创作的时代背景，另一方面也讴歌了党在少数民族地区的正确政策和英明领导。

三、“检讨”与契合：巴金的注收

《巴金文集》第九卷《沉默集（二）》中收有巴金三篇关于法国大革命的历史小说，分别为《马拉之死》《丹东的悲哀》《罗伯斯庇尔的秘密》，作者从人类道义的视野审视了马拉、丹东、罗伯斯庇尔等革命者的内心世界，写出了革命的复杂与矛盾，表达了尊重人性自由、摒弃恐怖政策的主张。小说人物刻画细腻，情绪渲染扣人心弦。作者曾在巴黎求学，对法国大革命的背景知识介绍也游刃有余。当时受到了读者的欢迎。“文章在杂志上面印出来以后，朋友们来信鼓励我，要我多写几篇这一类的东西。”② 可见，巴金对作品还是很自信的。但在 1959 年 10 月出版的文集第九卷中，巴金在《沉默集（二）》的序中对这三篇历史小说加了一条检讨性质的注释：“我现在重读这三篇旧作，觉得自己对法国大革命史的看法存在着许多缺点：第一，我不能从马克思主义的观点来分析、解释法国大革命，因此对我所写的三个人物也没有给以适当的评价；第二，我杂乱地读过一些书，也没有能把材料整理、分析一下，对许多互相冲突的记载也没有能判断什么是真实的，什么是虚伪的或错误的；第三，我常常不能从阶级的观点看问题。此外自然还有别的缺点。今天我没法重写它们，我几乎把过去读过的书全忘记了，而且也不可能在短时间内认真研究法国大革命史。我想在这里说明：这是我二十五年前信笔写成的小说。读者若想知道真正的历史事实，不妨读索布尔著的《法国革命》，那里有比较正确的叙述。”③ 巴金在小说中刻画法国大革命时期三个山岳党领袖马拉、丹东、罗伯斯庇尔时，并没有做出明确的价值判断，他

---

① 茅盾．茅盾文集：第十卷［M］．北京：人民文学出版社，1961：107.
② 巴金．巴金文集：第九卷［M］．北京：人民文学出版社，1959：5.
③ 巴金．巴金文集：第九卷［M］．北京：人民文学出版社，1959：6.

只是从自由民主平等的角度剖析人物在革命动荡中复杂纠结的人性，对革命本身提出了人类道义上的反思。巴金 20 世纪 30 年代创作的这三篇带有自由主义倾向的小说，显然不符合新中国的接受语境，作者的这条注释首先承认了自己的缺点，检讨自己没有从马克思主义的观点看问题，这也说明巴金的自我批评已上升到马克思主义高度，符合当时的文学评判标准。最后巴金推荐读者阅读索布尔的《法国革命》来了解法国大革命历史，索布尔是一名著名的法国马克思主义史学家，也是一名法国共产党员。巴金此举显然是以索布尔的正确来提醒读者谅解原文中的“不当”之处，这与注释中的检讨也是互相契合的。读者通过阅读此条注释，也能更好地了解巴金的创作思路。

第四节　新　收

新收是指作家在主要收录新中国成立前旧作的文集中加入少量新中国成立后有鲜明时代特色的作品，它是现代作家文集编选中出现的一种较为特殊的现象。1935 年 6 月 18 日，瞿秋白在福建就义，故《瞿秋白文集》中无新中国成立后作品。《茅盾文集》和《叶圣陶文集》所收作品均为新中国成立前旧作，也无新收现象。《沫若文集》《巴金文集》《郑振铎文集》《靳以文集》中有少量新中国成立后的新作。

一、时事移录：《新华颂》

《沫若文集》共十七卷，其中第二卷《新华颂》及《集外》（二）中的诗篇和第十七卷中的学术论文与文艺论文均为新中国成立后所作。《新华颂》共收 22 篇，每一篇都指涉一件新中国的时事：《新华颂》歌颂新中国的诞生；《鲁迅笑了》纪念鲁迅逝世十三周年；《集体力量的结晶》祝贺斯大林七十大寿；《史无先例的大事》庆祝中苏友好同盟互助条约的签订；《光荣归于列宁》纪念列宁逝世二十六周年；《“六一”颂》庆祝新中国小朋友第一个“六一节”快乐；《突飞猛进一周年》庆祝新中国第一个国庆节；《火烧纸老虎》是一篇灯影剧，歌颂抗美援朝战争；《顶天立地的巨人》纪念中国共产党建党三十周年；《学文化》响应国家学文化当主人的号召；《防治棉蚜虫》

响应国家防棉蚜保丰收的号召；《多谢》为参加维也纳和平理事会的同志们而作；《报告》为纪念古巴诗人纪廉和巴西小说家亚马多的报告而作；《光荣与使命》为纪念接受斯大林和平奖金而作；《悼贝劳扬尼斯》为悼念希腊共产党中央委员、民族英雄贝劳扬尼斯而作；《在理智的光辉中》为纪念亚洲及太平洋区域和平会议而作；《毛泽东的旗帜迎风飘扬》歌颂毛泽东及中国共产党的英明领导；《鸭绿江》抗议美军轰炸鸭绿江电力站和在朝鲜发动的细菌战；《西伯利亚车中》为酬答参加世界和平理事会维也纳第二届全体理事会越南代表而作；《亚太和会筹备期中有赠》为答赠亚太和会筹备期中友人而作；《庆亚太和会》庆祝亚太和会的成功召开；《记世界人民和平大会》为纪念世界人民和平大会而作。综观以上22首诗歌，从1949年9月20日的《新华颂》到1952年12月31日的《记世界人民和平大会》，在三年多的时间跨度内，郭沫若以豪迈的激情书写了祖国建设的伟大成就，歌颂了毛泽东和共产党的领导，抨击了美帝国主义的侵略。同样，收入《集外》（二）中的28首诗歌，也是以诗歌形式对新中国的时政做出记录与评说，这里不再赘述。《沫若文集》第十七卷收入《奴隶制时代》《雄鸡集》与《集外》三辑。其中《奴隶制时代》与《集外》大多为学术性文章，《雄鸡集》中“原收作者1949年迄1958年间的报告、讲话、论文、短论等三十六篇，1959年北京出版社出版。现经作者修订，收入本卷”①。毛泽东在《浣溪沙·和柳亚子先生》中有“一唱雄鸡天下白”的词句，郭沫若借用来作为新中国成立后个人集子的名称。该集收录的代表性文章包括《建设新中国的人民文艺》《浪漫主义与现实主义》《关于大规模收集民歌问题》等，都是实践毛泽东文艺路线的产物。

二、新语境下的旧作新解：《谈自己的创作》

《巴金文集》共十四卷，其中一至十三卷均为新中国成立前旧作，第十四卷中《谈自己的创作》为新中国成立后作品。巴金在该辑《小序》中说：“我刚巧在最近编完了我的《文集》，便把这本《谈自己的创作》当作我过

---

① 郭沫若．沫若文集：第十七卷·第十七卷说明［M］．北京：人民文学出版社，1963.

去作品的注解，附印在《文集》的最后一卷中，不另印单行本。”①《谈自己的创作》共十篇，分别为《谈〈灭亡〉》《谈〈新生〉及其他》《谈〈家〉》《谈〈春〉》《谈〈秋〉》《谈〈憩园〉》《谈〈第四病室〉》《谈〈寒夜〉》《谈我的短篇小说》《谈我的散文》。

在《谈〈灭亡〉》中，巴金追溯了该小说的创作经过及小说的人物原型，对美国政府处死意大利工人萨柯（N. Sacco）与樊塞蒂（B. Vanzetti）提出抗议，对1927年蒋介石背叛革命大开杀戒表达愤怒，同时指出“孤独地战斗”的主人公杜大心“倘使他找到了正确的革命道路，例如说找到了共产党，他就不会感觉到‘他是一个最孤独的人’”②。在批判了杜大心的无政府主义倾向后，巴金也根据当时的认识检讨了自己的缺点：“杜大心是单独地在进行革命的斗争，我却是想革命，而终于没有能参加实际的革命活动。但是我们两个都没有找到正确的革命道路，这一点是最重要的。”③ 联系上文中杜大心找到共产党的设想，巴金在文中似乎暗示对自己新中国成立前没有找到正确的革命道路即参加或靠近共产党而颇感遗憾。

在《谈〈新生〉及其他》中，巴金讲述了小说《新生》的创作经过，附带也谈了《萌芽》（后也改名《雪》）和《砂丁》的创作情况，联系到《新生》中李冷的个人主义表现，巴金也检讨自己“我们那一代的资产阶级和小资产阶级的知识青年都或多或少地跟个人主义有关系。我当然也不是例外。我向往革命，而不能抛弃个人主义；我盼望变革早日到来，而自己又不去参加变革；我追求光明，却又常常沉溺在因怀念黑暗里冤死的熟人而感到的痛苦中；我大声嚷着要前进，过去的阴影却死死地把我拖住……”④ 巴金接着借李冷就义前找到“把个体的生命联系在群体的生命上”的信念，说明自己始终不曾失去这个信念。针对读者质疑作品的“阴郁”“悲观”，巴金解释说：“我是相信未来的光明的，但是从当时到那未来的光明究竟要走多长的路？而且怎样才能够走到？我自己却茫然了。所以在我的作品中，黑暗给

① 巴金．巴金文集：第十四卷［M］．北京：人民文学出版社，1962：302.
② 巴金．巴金文集：第十四卷［M］．北京：人民文学出版社，1962：316.
③ 巴金．巴金文集：第十四卷［M］．北京：人民文学出版社，1962：316.
④ 巴金．巴金文集：第十四卷［M］．北京：人民文学出版社，1962：332.

暴露了以后，未来的光明却被写成了渺茫的希望。当然不会有昂扬的调子了。"① 但在天翻地覆的新社会中，巴金信心十足地写道："方向明确了，道路清楚了。今天拿起笔写未来社会、理想社会，绝不会像在写童话；正相反，我会觉得自己在写真实的生活，在写明天便要发生的事情，多么亲切，多么新鲜，多么令人兴奋！"② 这里，巴金通过新旧社会创作环境的对比，激情昂扬地肯定了新社会光辉灿烂的理想前景，否定了旧社会抑郁悲凄的黑暗过去。

在《谈〈家〉》中，巴金充满感情地回忆了小说中的人物原型，批判了封建大家族的专制及礼教的黑暗，指出尽管回忆充满痛苦，但他仍爱那消逝的青春，因为青春是美丽的东西。在追溯鸣凤的人物原型时，作者指出原型其实是一名叫翠凤的丫头，她并没有像《家》中的鸣凤一样爱上哪位少爷，也坚决拒绝了做一名姨太太的请求，而甘愿成为"寄饭"的丫头。作者在此解释："所谓寄饭，就是用劳动换来她的饮食和居住。她仍然有权做自己的主人。"作者最后写道："她不像鸣凤，用不着在湖水里去找归宿。"③ 显然，作者肯定了翠凤的选择，对她通过劳动获得自由生活表示赞赏。

在《谈〈春〉》中，巴金回忆了小说的创作经历与人物原型，并指出他写小说的目的就是批判旧社会。"我认为艺术应当为政治服务。我一直把我的笔当作攻击旧社会、旧制度的武器来使用。倘使不是为了向不合理制度进攻，我绝不会写小说。倘使我没有在封建大家庭里生活过十九年，不曾身受过旧社会的种种痛苦，不曾目睹人吃人的惨剧，倘使我对剥削人、压迫人的制度并不深恶痛绝，对真诚、纯洁的男女青年并无热爱，那么我绝不会写《家》《春》《秋》那样的书。"④ 这与《讲话》中"文艺为政治服务"的主张是契合的。在该文的结尾处，作者借小说中"春天是我们的"这句话直抒胸臆："我也不曾料到'我们的'春天会来得这么快，并且在二十年后会有这样一个生产大跃进、革命干劲大发挥的空前的春天。"⑤

---

① 巴金．巴金文集：第十四卷［M］．北京：人民文学出版社，1962：337.
② 巴金．巴金文集：第十四卷［M］．北京：人民文学出版社，1962：340.
③ 巴金．巴金文集：第十四卷［M］．北京：人民文学出版社，1962：348.
④ 巴金．巴金文集：第十四卷［M］．北京：人民文学出版社，1962：358.
⑤ 巴金．巴金文集：第十四卷［M］．北京：人民文学出版社，1962：368.

在《谈〈秋〉》中，巴金讲述了人物原型与小说人物的差异，指出他的本意是“通过人来鞭挞制度。许多作恶的人都是依靠制度作恶的。我在大家庭里生活了十九年，在旧社会里生活了几十年，我这方面的体会太深了。”① 通过对旧社会制度的批判，作者更加肯定了新中国“一马当先、万马奔腾、空前明媚的好社会”，在这个社会中，“新的、年轻的在生长，发展，逐渐成熟”，“今天的青年已经看到了无限美好的春天，而且在用自己的脑子和双手给春天增加更多的光彩”。② 这里，作者对新中国的未来及年轻人充满希望。这种乐观昂扬的基调也是新时代鲜明的审美特征。

在《谈〈憩园〉》中，巴金批判了旧社会不劳而获的剥削者和金钱万能的社会现象，对人民掌权的新社会依靠劳动生活的方式表达了衷心赞美。在讲述自己的故居变成解放军的“战旗文工团”时，作者写道：“我看见这个新的景象，真是满心高兴。找到了适当的新主人，连这所老屋也终于得到彻底的改造了。”③ 巴金在此以激动的心情表达了对新中国成立的欢迎。

在《谈〈第四病室〉》中，巴金鞭挞了旧社会无钱看病只能在医院中等死的悲惨现象，对新中国政府热心救治工人表达赞美，作者以自己 1958 年 6 月到 8 月到上海广慈医院采访烧伤工人丘财康为例，对比了新旧社会在医疗上的差异：“今天整个社会同心协力救活一个烧伤工人，要药有药，要血有血，要皮有皮；十四年前一个烧伤工人在三等病房里受尽了冷落和侮辱，得不到治疗，甚至没有人为他尽一点力。这就说明了新旧社会的不同。两个制度的优劣是一眼就看得出的。”④ 巴金在此歌颂了新社会互帮互助的集体主义精神，抨击了旧社会一切以金钱为衡量标准的资产阶级观念。

在《谈〈寒夜〉》中，巴金指出“我的目的无非要让人看见蒋介石国民党统治下的社会是个什么样子”⑤。汪文宣、曾树生、汪文宣母亲三人都不是正面人物，也都不是反面人物，他们都是无辜的受害者，而“罪在蒋介石和国民党反动派”。小说中的三个人物是快要崩溃的旧社会之牺牲品，正是

① 巴金．巴金文集：第十四卷［M］．北京：人民文学出版社，1962：392.
② 巴金．巴金文集：第十四卷［M］．北京：人民文学出版社，1962：392.
③ 巴金．巴金文集：第十四卷［M］．北京：人民文学出版社，1962：406.
④ 巴金．巴金文集：第十四卷［M］．北京：人民文学出版社，1962：430.
⑤ 巴金．巴金文集：第十四卷［M］．北京：人民文学出版社，1962：435.

旧社会在金钱和地位上占绝对优势的剥削者毁灭了他们。为了增强读者对国民党政权的痛恨，巴金补充说："汪文宣在一个'半官半商的图书公司'里当校对，我不曾写出那个公司的招牌，我想告诉人图书公司就是国民党的正中书局。"正中书局为隶属于国民党中央的出版机构，出版发行大量反映国民党统治意志的读物。巴金接着指出："真实情况只有比汪文宣看到的、身受到的一切更丑恶，而且丑恶若干倍。"① 义正词严地抨击了正中书局的黑暗，揭露了国民党统治的罪恶。巴金在文章结尾处写道："现在我却万分愉快，心情舒畅地歌颂像初升太阳一样的新社会。那些负屈含冤的善良'小人物'要是死而有知，他们一定会在九泉含笑的。"② 表达了对新社会的由衷赞美。

在《谈我的短篇小说》中，巴金抨击了新中国成立前帝国主义的殖民统治和国民党的图书审查制度，借《狗》结尾的修改说明了小说革命性的加强，最后向读者指出写小说并没有窍门。"倘使他们真有学习写作的决心和毅力，请他们投身到火热的斗争生活里面去学。"③ "只有一直参加革命斗争，站稳无产阶级立场，而且具有马克思主义世界观的人才可以说是懂得了窍门。"④ 这里，巴金用《讲话》的原句来指导读者，一方面弘扬了时代主旋律，另一方面也反映了自己思想认识的提高。

在《谈我的散文》中，巴金讲述了自己对散文的理解及创作经过，在谈到自己所受到的写作启发时，巴金说："五四以后，从鲁迅先生起又接连出现了不少写新的散文的能手，像朱自清先生、叶圣陶先生、夏丏尊先生，我都受过他们的影响。"⑤ 巴金这里点名的四位文学家：鲁迅为新文化运动的主将；朱自清先生被毛泽东称赞有骨气，"宁可饿死，不领美国的'救济粮'"⑥；叶圣陶为新中国文艺界的领军人物之一；夏丏尊先生于 1946 年病

---

① 巴金．巴金文集：第十四卷［M］．北京：人民文学出版社，1962：438.
② 巴金．巴金文集：第十四卷［M］．北京：人民文学出版社，1962：448.
③ 巴金．巴金文集：第十四卷［M］．北京：人民文学出版社，1962：462.
④ 巴金．巴金文集：第十四卷［M］．北京：人民文学出版社，1962：457.
⑤ 巴金．巴金文集：第十四卷［M］．北京：人民文学出版社，1962：471.
⑥ 毛泽东．别了，司徒雷登［M］//毛泽东选集：第四卷．北京：人民出版社，1991：1496.

逝，当时《新华日报》称他为“民主文化战线的老战士”。显然，巴金看重的不仅仅是他们的散文艺术成就，而且也是他们的政治立场。在提到自己的《长生塔》（童话）时，巴金指出这是读了日本作家森鸥外的小说《沉默之塔》后受到的启发：“我一九三四年十二月在日本横滨写这篇童话骂蒋介石。”①《长生塔》发表于1935年1月1日《中学生》第五十一号，该文以父亲给孩子讲故事的方式，抨击了古代一位沉湎于奢华享乐、不体恤民艰的皇帝。他喜欢别人阿谀奉承，梦想能长生不老，他派出大批专使替他寻找长生的仙药，结果却无济于事。最后一位谄媚的大臣建议重建传说中倒塌了的高达27层的长生宝塔，让皇帝在里面修道，说皇帝接触天空神圣的灵气就可以长生不老。无数的底层百姓被押到京城修建长生塔，在牺牲了大批劳动者的生命后，皇帝和大臣登上建好的长生塔。突然，巨大的崩裂的声音响起，长生塔倒塌了，皇帝死于非命，大臣们也纷纷奔跑逃命。该小说阐释了欺压民众的统治者必在人民的唾弃中倒台的道理。

三、诗歌中的国家政治:《郑振铎文集·集外》

《郑振铎文集》第二卷中《集外》第二辑（1957—1958）为新中国成立后的创作，收诗歌五篇，分别为《走进读书室》《为阿剌伯兄弟们欢呼胜利》《拥护周总理的声明》《我们愤怒地控诉》《我们不能容忍》。《走进读书室》书写作者参观保加利亚农村读书室后的感受，20世纪五十年代，中国和保加利亚同为社会主义阵营国家，诗歌赞颂两国人民美好的友谊，“一同朝着社会主义前进，一同说着集体主义的言语”②。《为阿剌伯兄弟们欢呼胜利》为声援中东阿拉伯国家抗击美军侵略而作。原文刊载于1958年7月26日《人民日报》上。《拥护周总理的声明》《我们愤怒地控诉》《我们不能容忍》三首诗歌从作者所署的时间来看，均为1958年9月7日，即为同一天所作。1958年8月23日，人民解放军炮击金门。9月6日，国务院总理周恩来发表《关于台湾海峡地区局势的声明》，对美国企图干涉中国内政的行径提出严正警告。郑振铎在第二天即作诗三首，前一首诗对美国侵略者盘踞台湾海峡表

① 巴金. 巴金文集：第十四卷［M］. 北京：人民文学出版社，1962：472.

② 郑振铎. 郑振铎文集：第二卷［M］. 北京：人民文学出版社，1963：153.

达严正抗议，表示坚决拥护周总理关于解放台湾的正义声明。“要是美国侵略者敢于阻挠我们的正义的解放台湾事业，那结果将是他们侵略行动的永远结束!”① 后两首诗同样表达了对美帝国主义的控诉，警告其不要卷入中国人民神圣的祖国统一大业，“谁要敢绊住我们前进的足步，我们就要送他进坟墓”②。综观以上诗歌，从创作动机和时间来看，都鲜明地体现了文艺为政治服务的主张，发挥了文艺在特定时段中的战斗功能。

四、身体能指与审美配置：靳以的《结婚》

《靳以文集》上卷新收新中国成立后的作品三篇，按发表时间附在文集后面，篇名分别为《小红和阿蓝》《结婚》《跟着老马转》。《小红和阿蓝》与《跟着老马转》上文已有介绍，这里不再赘述。

《结婚》最初发表在1959年《收获》第三期，后曾收入1960年5月上海文艺出版社出版的《热情的赞歌》，故事讲述了纺织厂女工张秀凤新婚一天的经过。张秀凤本是二十五六的大龄姑娘，碰到三天前到上海出公差的赵铁生就结了婚。他们两人从小要好，后来赵家1953年调到东北，赵铁生是一名模子浇铸工人。两人的婚姻可谓仓促，赵铁生出公差到上海办了私事：结了婚。张秀凤在结婚这一天如坐针毡，她离开了心爱的细纱车间和纺织姐妹，觉得时间过得真无聊。她甚至发出了“再也不结婚”的呐喊，因为耽误了一天的工作。这对新人新婚一天的时间安排如下：上午八点到上海某区人委办事处领结婚证，然后照相纪念，中午回家请街坊邻居吃喜糖吃饭热闹热闹，午饭后张秀凤因喝了两杯喜酒休憩到黄昏，她“一头就倒在床上，晃晃荡荡好象驾起了云雾，一步就跨到车间里。温湿度虽然不大好，断头可并不多，她的手脚分外轻快，一边唱歌一边工作。她的心笑开了花”③。潜意识中她只有工作时才是最兴奋最幸福的。午休醒来张秀凤和赵铁生等着厂里的纺织姐妹来吃喜酒，特地到餐厅订了几个菜，用纱罩罩住，可直到晚上八点姐妹们也没有来，张秀凤低着头坐着，把自己的两个辫梢凑在面前练习粗纱包

---

① 郑振铎．郑振铎文集：第二卷［M］．北京：人民文学出版社，1963：157.
② 郑振铎．郑振铎文集：第二卷［M］．北京：人民文学出版社，1963：158.
③ 靳以．热情的赞歌［M］．上海：上海文艺出版社，1960：264－265.

卷，倾盆大雨中门被推开，她的好姐妹副工长薛阿云代表车间小组向她道喜，并带来了礼物：当天她们小组插上红旗了，全组白花平均不到二十两，优级纱有八块。两人高兴地庆祝生产上打了一个漂亮仗。第二天一清早，张秀凤就到厂里上班了，婚假本来有五天，但一天就够她受的，“咱们这双手呵就是闲不住，我的心一天都在咱们小组里，我简直害相思病了！”① 而她的丈夫赵铁生更是积极，起得比张秀凤还早，他要把昨天的公事今天全补上。

《结婚》这篇小说反映了新中国成立后我国工人阶级的昂扬工作热情，他们视工作为最大的满足，连结婚这样的大事也得给工作让路，能简则简，能省则省。张秀凤说：“迟早还不总得有这么一天，还不如速战速决，免得拖在心上，精力不集中，影响工作。”②《结婚》主人公狂热的工作干劲背后潜藏着对新中国社会主义制度的高度认可。以前她们是养成工，幼童时代被纱厂别有用心地买来培养，长成后到厂里替换“不安分”的职工，挨打受骂被虐待是司空见惯的。而新中国成立后，她们“结婚是婚假，有了小毛毛又是产假；年纪大了做不动还可以退休，生了病管治”，③ 这种物质待遇的反差是实实在在可以感知的。在精神层面上，解放前她们只是资本家赚钱的工具，“多少人身上的衣服就有她纺的纱，有她的劳动和汗水，过去好纱好布都被少数有钱人买去了，他们不是穿用，是当作货物丢在仓库里囤积起来，买进卖出，弄得价钱忽涨忽落，弄得穷人穿不上一件新衣服”④。新中国成立后她们靠劳动成了国家的主人：“今天，象她都穿上了一百五十支纱的新衬衫，多少工农弟兄都脱下旧衣换新衫，这就需要她们加一把劲，把农民弟兄种的棉花全纺成纱，织成布，然后再还给他们。”⑤ 工农联盟的巩固是新中国稳定的基石，靳以在小说中突出了工人阶级的劳动价值。概而言之，《结婚》中人物的行动逻辑与政治觉悟与当时的总体社会文化是相匹配的，在一个一心向公劳动至上的年代，个体融入社会，每个工人的主人公自豪感

① 靳以．热情的赞歌［M］．上海：上海文艺出版社，1960：268.
② 靳以．热情的赞歌［M］．上海：上海文艺出版社，1960：257.
③ 靳以．热情的赞歌［M］．上海：上海文艺出版社，1960：266.
④ 靳以．热情的赞歌［M］．上海：上海文艺出版社，1960：263－264.
⑤ 靳以．热情的赞歌［M］．上海：上海文艺出版社，1960：264.

幸福感交汇在积极主动的生产劳动中。

《结婚》颇有生活情趣，它营造了一种朴实、昂扬、乐观的工人美学，人物语言对话丰满，心理雕刻细腻，洋溢着浓厚的20世纪50年代生活韵味。小说开头以纱厂女工发牢骚的方式引出对张秀凤“工忙期”结婚的不满，三个女人一台戏，这些七嘴八舌的话语颇为耐人寻味：

> “这小鬼，告假也不长眼睛，正是忙得一个人抵两个人的时候……”尽管手忙脚乱，嘴里还照样可以咕哝的。
>
> “大概是加速受不住了，爽性停天把工躲在家里歇口气。工作带不上头，告假可不落后，哼，这还算什么积极分子！”也有人在发着冷言冷语。
>
> “人家今天结婚呵，还请我们全组下班去吃喜酒呢！”一向不多言语，在这桩事上更不愿意多说的薛阿云，实在忍不住了，不得不补充一句。
>
> “结婚也不捡个好日子，就这么巧，单单捡这个时候！”
>
> “当初我结婚的时候，不要说告假，连说出来也不敢，生怕停生意，有了头生孩子，还得把肚皮紧紧绑起来，就这样活活把个孩子给糟蹋了！”
>
> “王大妈，那是什么时候！解放快十年了，你还丢不开你那本老皇历！”

结婚是年轻人生活中的大事，张秀凤母亲对女儿的深切关怀集中体现在新房布置上。“妈妈可真是细心人，解放几年来，不声不响地口磨肚攒替她买下了三面新的棉被，雪白的蚊帐，花花绿绿的被单和枕套……尤其是那座通体发亮的小闹钟，到时候用不着挂念就响起来，不早不晚，准时起床，一点也误不了工。”一个在旧社会生了八个孩子只养活一个的老妇人，在女儿结婚这天把她的母爱倾注在物资相对匮乏时代难得购到的精良日用品上，她甚至为女儿买了两件花旗袍和一双绣花鞋，旗袍可是民国时代上海新嫁娘的“标准礼服”，旗袍设计因充分显现了女性体态和曲线美而备受民国女子欢迎。而受过新社会教育的张秀凤则不要这些旧社会的遗留物，“好在有布票，一个人各买两件一百五十支纱的新衬衫，秀凤还买了一条薄毛料长裤”。她的“结婚礼服”就是“新衬衫＋长裤”，这是新中国工农大众最普遍的穿衣方式，只不过质料有些讲究，新衬衫是“一百五十支纱”，这是厂里的新出品，张秀凤还特地调到这个细纱车间做过一阵，“说不定纱支上沾着她的汗水，那才是最好的纪念”。① 综上所述，我们能清楚地看到审美观念的时代嬗变，新中国成立前的男性美和女性美更多体现在身体上，而在新中国计划经济体制中，身体的价值最大限度地与劳动创造联系在一起，身体是生产主体而不是被消费对象，工农大众生产劳动对身体提出的赋值考量是健康的体魄、正派积极的思想觉悟。在穿衣打扮上是干练朴实的“衬衫＋长裤”型，在家庭生活上是志同道合的“干劲＋促进”型，总体格调昂扬乐观，热情积极。

成熟的占社会主导地位的艺术影响着人们日常生活的审美习惯，《结婚》中的男女主人公天然地对奢华物品和烦琐仪式反感，张秀凤对新中国成立后难得一见的花旗袍和绣花鞋视如敝屣，对照相馆程式化的摆弄造型很不习惯：“这哪里是拍照，简直是活受罪！左看右看，东摆西摆，有点拿人开玩笑。灯光把人都要烤焦了，本来是狗尾巴羊也照不出一朵鲜花来。”② 略显粗俗浅白的话语体现出工人阶级不屑于个人享乐和个人打扮的“铁汉”形象，作者靳以在刻画张秀凤新嫁娘形象时也似乎重点突出她的劳动本色而非“美”色：“当她凑近它的时候，就看到里边站定一个不高不矮的姑娘，一张圆圆的脸挂着两个笑靥，中间是一个有点翘的小圆鼻子；浅黑色茸毛的下边，又是两片有些撅起来的嘴唇。生气的时候好象要笑，笑的时候又象要动气。”③ 靳以通过镜像描写的方式塑造了一个健康（“圆圆脸”）、可爱（“有点翘的小圆鼻子”）、有力量（“浅黑色茸毛”）、有活力（“嗔中带笑”）的女子。传统女性中诸如“巧笑倩兮，美目盼兮”“手如柔荑，肤如凝脂”等美的元素显然与张秀凤无缘。而她的新婚丈夫赵铁生也不是传统美男子：“他和秀凤的年龄差不多，长的又红又黑又粗，看着好象比秀凤还矮点；比起来他还是比她高半个头。”④ 靳以刻画了一个爱劳动（“又红又黑”）、健壮

① 靳以．热情的赞歌［M］．上海：上海文艺出版社，1960：256.
② 靳以．热情的赞歌［M］．上海：上海文艺出版社，1960：262.
③ 靳以．热情的赞歌［M］．上海：上海文艺出版社，1960：257.
④ 靳以．热情的赞歌［M］．上海：上海文艺出版社，1960：259.

（“粗”“高半个头”）的工人形象，正如他的名字“铁生”一样，这是一个铁铸的硬实小伙，代表着工人阶级无坚不摧改造自然的威猛力量，中国古代传统中“玉树临风”“风流倜傥”“面如冠玉”“风度翩翩”等美男子形象显然与之无缘。两人的年龄相配，形貌相称，家世相当，真可谓是天注缘分，地设一双，小说中男女主角的婚姻事实上折射出当时的择偶标准。

布尔迪厄在论述文化贵族与文化平民的分野时提出了“审美配置”的概念：“一切合法的作品事实上都倾向于推行自身的认识规则而且暗中将使用某种配置和某种能力的认识方式当做唯一合法的。”① 要之，不同阶级或同一阶级的不同阶层之间存在着不同的审美认知和审美对象。靳以在“大跃进”背景下创作的小说站在工人阶级立场上，以“改天斗地”的革命浪漫主义塑造出他理想中的男女青年工人，他们朴实厚重，不太懂花前月下卿卿我我，却有一份敬重对方、热爱工作的炽热情感。

20 世纪五六十年代对男女婚姻中的身体能指界定不仅迥异于“民国”时段，而且与改革开放后的新时期文学也大相径庭。《结婚》中的女主人公大方能干，工作积极主动，几乎不知道羞涩。但毕竟是第一次当新嫁娘，所以在文中有两处细节描写提到她的“脸红了”。第一次是两人到区办事处办理结婚登记后，赵铁生有事打电话去了，张秀凤一个人在小河边散步，作者先用今昔对比的方式歌颂了上海建设的伟大成就：“过去这里是一片荒地，解放前上夜班她都绕道走，生怕里边出来什么歹人。可是今天它象一座大花园，白墙红顶的大楼，上边是一片蓝天，简直象故事里平地起来的仙宫。”这是一个上海版的“龙须沟”改造故事，笔锋一转，靳以写道：“过几年再和铁生到这里来，说不定手上还抱着一个呢！想到这里，觉得自己的脸有些发热。”《结婚》中的第二次“脸红了”发生在张秀凤和赵铁生等纺织厂小姐妹来吃晚饭时，他们觉得结婚浪费了一天的工作，赵铁生说：“结婚不结婚都差不多，要紧的是工作——”张秀凤的母亲半嗔半笑地责怪他们：“你们都不想结婚，难道结婚的是我？总算把你们养大了，成家立业，了却一桩父母的心事。过去工人结婚如同受罪，债压驼了背也还不清！今天你们生活

① ［法］布尔迪厄．区分：判断力的社会批判［M］．刘晖，译．北京：商务印书馆，2015：29.

无忧无虑，日子舒舒坦坦，都是毛主席领导得好，日子一天比一天好……这种日子要是早些来，你爹也死不了——”张秀凤提醒母亲不要太伤感，母亲接着说：“大好日子，我本不想这些事；我看你们有点身在福中不知福，怕你们忘记了过去的苦楚。”女儿肯定地说不会忘，因为“解放前是从那些苦日子上爬过来的”。母亲说：“知道就好，将来你们也可以说给下一辈听听。”女儿则娇嗔地“脸红了”。母亲一句“下一辈”暗示着夫妻二人生育孩子，对于一个等着出阁的姑娘有点难为情，尽管她是一个在厂里风风火火、对未婚夫说话也大大咧咧的工作积极分子。综上所言，这里的身体能指功能表达得遮遮掩掩，充其量只是为了衬托母亲的“忆苦思甜”教育，或者说，身体真正意义上的“两性愉悦”“生儿育女”功能被有意遮蔽。这种“无儿女私情”的创作显然与时代的风尚密切相关。

第五节　序跋中的政治学

在“十七年”现代作家文集编选中，作家或人文社编辑委员会一般会在序跋中交代编选的版本选择及作品中改收、避收、注收、新收等情况，同时对所收作品进行总的价值评价。一般来说，当时在世作家的文集，均由作家本人编选，序跋也为作家本人所作。已经去世作家的文集，由人文社成立的专门编辑委员会编选，其序跋也为编辑委员会所作。

一、冯雪峰的代言评判：《瞿秋白文集》的序言

《瞿秋白文集》为新中国成立后人文社编选的第一部文集，人文社瞿秋白文集编辑委员会在序中高度评价了这位革命烈士不屈不挠的一生。根据王士菁的回忆，这篇序言其实为冯雪峰亲自撰写，现已收入《雪峰文集》第二卷中。冯雪峰指出瞿秋白的革命活动“主要的是在党的工作和实际的政治斗争方面。他留给了我们数量很大的著作，大部分也是关于政治和社会问题的论著与译述。但瞿秋白同志又是一个著名的有天才的革命作家、批评家和文学翻译家，虽然他不曾有更多的时间从事文学活动，可是他所留下来的文学

著译，不仅分量仍然不少，而且无疑是中国现代文学中的十分宝贵的财产"①。该文概述了瞿秋白在文学批评上的两大贡献：一是初步树立了马克思主义的文学批评；二是较有系统地介绍了马克思、恩格斯和列宁关于文学的经典理论。同时指出瞿秋白介绍了俄罗斯的普希金、果戈理、托尔斯泰，尤其是高尔基和苏联文学的成就。他的早期的两部散文作品《俄乡纪程》和《赤都心史》是"中国最早的记叙世界上第一个社会主义国家在初期的政治和社会生活情况的作品"②。序文还对瞿秋白文学批评中的"文学战斗工具论"和"文学大众化"给予很高评价，指出瞿秋白的作品，"不管是创作，批评研究，以至介绍和翻译，都尖锐地反映着时代的意义，都具有明确的社会斗争的目的。它们的一个很突出的根本性的特点，就是贯串着一种革命民主主义的思想和共产主义思想的启蒙精神，贯串着对于社会的一种现实主义的、彻底的态度。这一个特色使我们看见，对于一个革命者，无论是哪一种形式和在什么机会之下，文学都是战斗的工具，用它来批判社会，打击人民的敌人；也用它来启发与教育人民，鼓舞人民的斗争"③。冯雪峰的序言体现了《讲话》精神。毛泽东在《讲话》"引言"部分论述"文化战线"和"军事战线"时曾指出，两者结合起来成为"整个革命机器的一个组成部分"。在《讲话》"结论"部分毛泽东进一步指出，革命的文学艺术家就是无产阶级的革命的功利主义者，"我们是以占全人口百分之九十以上的最广大群众的目前利益和将来利益的统一为出发点的，所以我们是以最广和最远为目标的革命的功利主义者，而不是只看到局部和目前的狭隘的功利主义者"④。从文学的革命功利角度出发，文艺作为工具是必然的，而且只有作为工具才能更好地为工农大众服务，这是毛泽东一贯的文艺主张。《瞿秋白文集》序文中的观点与之高度一致。

---

① 瞿秋白文集编辑委员会编．瞿秋白文集：第一卷・序［M］．北京：人民文学出版社，1953.

② 瞿秋白文集编辑委员会编．瞿秋白文集：第一卷・序［M］．北京：人民文学出版社，1953.

③ 瞿秋白文集编辑委员会编．瞿秋白文集：第一卷・序［M］．北京：人民文学出版社，1953.

④ 毛泽东．毛泽东选集［M］．北京：人民出版社，1964：821.

序文还指出，在现代文学史上，瞿秋白曾是“中国无产阶级文学和文学大众化的最早的一个倡议者和鼓舞者”①。无产阶级文学与新中国文学在性质上是一致的，文学大众化也符合毛泽东《讲话》中强调的文艺普及精神。事实上，针对新中国文化阅读水平整体较低的现实，国家级、省市级的出版社专门出版通俗易懂的文化读物送到农村，这些读物有的侧重书写富有生活气息的农村生活，语言朴素，有的还配有插图和漫画；有的通过简写现代文学经典原作的方式进行普及化教育，诸如鲁迅的《阿Q正传》、茅盾的《子夜》、老舍的《骆驼祥子》等都被简写过，以小开本口袋书、连环画等形式在农村流行，这些简写只是袭用了原作的故事情节主线，其他被完全改写。在中央级媒体诸如《人民日报》上，还出现了为生僻字注音及标明简明同音字以方便认读的情况。以上举措大大拉近了文艺与普通工农大众的距离，体现了毛泽东《讲话》中文艺为工农兵服务的主张，为文艺大众化的实践作了有价值的探索。

序文在肯定瞿秋白的文学功绩的同时，对其不符合新中国意识形态的论述也含蓄地提出批评。例如序文中说，“作者对于‘五四’文学革命的成绩和意义的评价，显然是有些过低的。和这相关连，对于‘五四’以后的新文学在语言上的成就（白话）的评价，也是有些过低的。”② 1931 年 5 月到 7 月间，瞿秋白相继写出五篇论文：《鬼门关以外的战争》《中国文学的古物陈列馆》《学阀万岁》《罗马字的中国文还是肉麻字的中国文》《普通中国话的字眼研究》。在以上论文中，“瞿秋白指出了‘五四’的历史成就，更分析了‘五四’所造成的两种历史的缺憾，这也同样是困扰左联的两个问题：一是‘五四’欧化所造成的文学宗派主义，二是‘五四’所造成的知识分子与大众的新的隔阂”③。瞿秋白认为“五四”式白话文在由文言向白话转变中并不彻底，言文之间存在着不一致的现象，是“非驴非马”的骡子话。按照新中国的政治逻辑，以上论断显然是偏颇的。毛泽东在《新民主主义论》中高

---

① 瞿秋白文集编辑委员会编．瞿秋白文集：第一卷·序［M］．北京：人民文学出版社，1953.

② 瞿秋白文集编辑委员会编．瞿秋白文集：第一卷·序［M］．北京：人民文学出版社，1953.

③ 彭维锋．瞿秋白的“五四”批判［J］．开封大学学报，2008（4）．

度评价“五四”及其新文学，认为“五四运动是反帝国主义的运动，又是反封建的运动，五四运动的杰出的历史意义，在于它带着为辛亥革命还不曾有的姿态，这就是彻底地不妥协地反帝国主义和彻底地不妥协地反封建主义”①。“在‘五四’以后，中国产生了完全崭新的文化生力军，这就是中国共产党人所领导的共产主义的文化思想，即共产主义的宇宙观和社会革命论。”② 同理，瞿秋白过于贬低“五四”白话的论断也不合时宜，五四运动的功绩很大程度是在语言革新上，1920 年 1 月，北洋政府教育部令全国国民学校一、二年级国文教材改用语体文（白话文）。毛泽东在《新民主主义论》中也说：“这个文化新军的锋芒所向，从思想到形式（文字等），无不起了极大的革命。其声势之浩大，威力之猛烈，简直是所向无敌的。”③ 显然，毛泽东在肯定“五四运动”新思想的同时，也肯定了其语言文字上的功绩。瞿秋白认为“五四”式白话文“非驴非马”的论断与之抵牾，所以当时任职人文社社长兼《文艺报》主编的冯雪峰对亡友瞿秋白的观点提出了委婉的批评。

二、读者提示与“自我批评”：《沫若文集》的序跋

《沫若文集》共收新中国成立后序跋性的文章 11 篇，这些序跋可分三类：一类客观交代了版本的修改及集子的编纂情况，如第三卷《虎符》《校后记之二》《屈原》《新版后记》、第四卷《高渐离》《校后记之二》、第十一卷《断断集小引》等；一类概括论述某一科学专题，如第十四卷《〈中国古代社会研究〉新版引言》、第十六卷《〈石鼓文研究〉重印弁言》、第十七卷《〈奴隶制时代〉后记及改版后记》、第二卷《〈屈原赋今译〉后记》等，分别对中国古代社会、石鼓文、奴隶制、屈原生平及创作等进行科学考察；一类则根据新的认识，对新中国成立前的旧作进行“反省”式的自我批评。在第十卷的《前记》中，郭沫若说：“隔了三十几年，在今天来看，这些旧文字当然是很难令人满意的，本想完全把这个集子废弃，但想到这里面也包含着‘五四’时期的一部分文艺工作者的思想痕迹，作为个人和社会的史料来

① 毛泽东．毛泽东选集［M］．北京：人民出版社，1964：659 - 660.

② 毛泽东．毛泽东选集［M］．北京：人民出版社，1964：657 - 658.

③ 毛泽东．毛泽东选集［M］．北京：人民出版社，1964：658.

看，觉得不妨保留下来。”① 在该文中，郭沫若进一步检讨自己年轻时思想上的缺点：曾一度倾向于无政府主义，在唯心和唯物之间摇摆。故该集初版本有《国家的与超国家的》《王阳明礼赞》两篇文章，前者的无政府倾向太浓厚了，后者饱含感情地歌颂了王阳明这位唯心论者，尽管他的“知行合一”“事上磨炼”是侧重实践的，但这也和他的唯心论的世界观存在不能调和的矛盾。值得一提的是，《沫若文集》第十卷在收入《文艺论集》时，特意将六篇以前未收集的文章作为《集外》编入文集。这六篇文章分别是《反响之反响》《讨论注译运动及其他》《暗无天日的世界》《批评、欣赏、检察》《无抵抗主义者》《哀感》。郭沫若在《前记》中指出这些文章“主要是驳斥胡适、吴稚晖等人的文字”。他在序文中不无调侃地写道：“胡适在当年是炙手可热的，谁也不敢碰他；然而我们毕竟敢于碰了这只纸老虎儿（注意，我特别加了一个‘儿’字）。”② 根据毛泽东“一切帝国主义都是纸老虎”的著名论断，郭沫若认为大陆解放时逃到美国做“寓公”的胡适显然还够不上一只“纸老虎”，只能算一只“纸老虎儿”，轻蔑之意尽在其中。在《沫若文集》第十一卷《〈羽书集〉改编小引》中，郭沫若说：“在抗日战争期间，在国民党统治下参加政治部的工作，所写的东西，有好些是‘言不由衷’的。为了敷衍反动派，不愿意说的话有时说了，愿意说的话多没有说，或者说得非常隐晦。因此，有好些文章是很难令人满意的。我很想把这个集子，整个废弃。但因为有旧版流传，因此，我把文字校阅了一遍，删节了一些，仍然保留下来了。请读者作为那一时期的历史资料看吧。”抗战国共合作时期，郭沫若任国民政府军事委员会政治部第三厅厅长，为团结民主人士和争取更多的活动空间，郭沫若写了不少歌颂国民党正面抗战和服从抗战大局的文章。在20世纪五六十年代的政治语境中，这些肯定国民党功绩的话语显得不合时宜，故郭沫若说写的东西是“为了敷衍反动派”，“言不由衷”的。该文最后请读者将之作为历史资料处理，也是提示读者阅读时与现实政治保持适当距离。显然，郭沫若在此以“自我批评”的方式参与了读者对集子的潜在批评，同时也表明自己已离弃这些“错误”观点。

① 郭沫若．沫若文集：第十卷·前记［M］．北京：人民文学出版社，1959.
② 郭沫若．沫若文集：第十卷·前记［M］．北京：人民文学出版社，1959.

三、四类言说:《茅盾文集》的序跋

《茅盾文集》共收新中国成立后的序跋文章10篇，这些序跋可分为四类。

第一类客观交代了作品的创作经过及版本修改情况，如《茅盾文集》第一卷《写在〈蚀〉的新版的后面》、《茅盾文集》第五卷附在《劫后拾遗》后的《新版后记》、《茅盾文集》第十卷《后记》。

第二类是对作品的内容、题目、寓意等做出阐释性的说明。在《茅盾文集》第五卷中《腐蚀·后记》里，茅盾指出他未做任何修改。但当时有部分读者质疑为什么要给赵惠明这样一个满手血污的特务以自新之路？茅盾说赵惠明之徒的本质显然是坏的，虚荣心很重，不明大义，敌我界限不分，尽管也反抗着高级特务对她的压迫和侮辱，但她的反抗是个人主义的、不彻底的。那么，为什么给她自新之路呢？因为正是通过对赵惠明的描写“暴露了国民党特务组织只是日本特务组织的‘蒋记派出所’，暴露了国民党特务组织中的不少青年分子是受骗，被迫，一旦陷入而无以自拔的，那么，为了分化、瓦解这些胁从者（尽管这些胁从者手上也是染了血的），而给《腐蚀》中的赵惠明以自新之路，在当时的宣传策略上看来，似亦未始不可”①。但同时，“如果考虑到日记体裁的小说的特殊性，而对于赵惠明的自讼、自解嘲、自己辩护等等不作正面的理解，那么，便能看到这些自讼、自解嘲、自己辩护等等正是暴露了赵惠明的矛盾、个人主义、‘不明大义’和缺乏节操了”②。显然，茅盾通过自己对作品的解读完成了对赵惠明这个人物的批判。

在《茅盾文集》第六卷《霜叶红似二月花·新版后记》中，茅盾对题目“霜叶红似二月花”做出解释，说杜牧的本意是用霜叶比喻虽不得志但有学问抱负的人。而自己的“霜叶”却是一语双关：“出身于地主阶级和小资产阶级的青年知识分子，最初（在一九二七年国民党叛变之前）都是很‘左’的，宛然像是真的革命党人，可是考验结果，他们或者消极了，或者投向反动阵营了。如果拿霜叶作比，这些假左派，虽然比真的红花还要红些，究竟

① 茅盾．茅盾文集：第五卷［M］．北京：人民文学出版社，1958：306－307.
② 茅盾．茅盾文集：第五卷［M］．北京：人民文学出版社，1958：307－308.

是冒充的，‘似’而已，非真也。再如果拿一九二七年以后反革命势力暂时占了上风的情况来看，他们（反革命）得势的时期不会太长，正如霜叶，不久还是要凋落。”在这里，“霜叶”被借代作假革命与失败凋零之意，茅盾一方面批判了“伪革命者”的两面派色彩，一方面也指出反革命虽可暂时占上风，但革命必然取得最后胜利。在《茅盾文集》第四卷《第一阶段的故事·新版的后记》中，茅盾点出了该小说的最初寓意：“这本小书的结尾已经写到一些青年知识分子选择了正确的道路——到陕北去。这是象征着当时青年知识分子（尽管他们出身于民族资产阶级的家庭或地主的家庭或小资产阶级的家庭）中间的觉悟分子已经认识到，唯有走上了中国共产党所指示的道路，这才中国民族能够解放，而个人也有出路。”

第三类是对旧作中不合新中国意识形态的内容做出检讨与批评。《茅盾文集》第二卷末附录《〈茅盾选集〉自序》（一九五二年开明版）作为该集的后记。该文对旧作《蚀》三部曲、《子夜》及部分短篇小说做出批评，指出“表现在《幻灭》和《动摇》里面的对于当时革命形势的观察和分析是有错误的，对于革命前途的估计是悲观的；表现在《追求》里面的大革命失败后的小资产阶级知识分子的思想动态，也是既不全面而且又错误地过分强调了悲观、怀疑、颓废的倾向，且不给以有力的批判。”① 从历史的角度来看，《蚀》的创作时期，正处于大革命失败阶段，中国共产党及工农武装的前途到底在何方，当时并不能有一个明确的答案。反映在《蚀》中小资产阶级知识分子的悲观、怀疑、颓废恰好是客观事实，茅盾非常准确地把握了他们的思想动态，反映了事物发展的辩证性与复杂性。但根据党领导的工农革命必然胜利的政治逻辑，以上书写就显得过于悲观了，故茅盾做出检讨。

关于《子夜》，茅盾说：“原来的计划是打算通过农村（那是革命力量正在蓬勃发展的）与城市（那是敌人力量比较集中因而也是比较强大的）两者的情况的对比，反映出那时候的中国革命的整个面貌，加强革命的乐观主义。”② 而小说因为对农村革命运动不熟悉，仅仅在第四章写革命力量包围

---

① 茅盾．茅盾文集：第二卷·《茅盾选集》自序［M］．北京：人民文学出版社，1958.

② 茅盾．茅盾文集：第二卷·《茅盾选集》自序［M］．北京：人民文学出版社，1958.

且拿下一个市镇就放弃，使之成为全书中的游离部分，未能表现出整个的革命形势。这里，茅盾按照毛泽东关于中国革命力量发展的理论及农村包围城市的道路来解读《子夜》，得出农村力量书写薄弱，无法表现革命乐观形势的结论。而对于部分短篇小说，茅盾则说："选在这本集子里八、九篇的题材又都是小市民的灰色生活，即使有点暴露或批判的意义，但在今天这样的新时代，这些实在只能算是历史的灰尘，离开今天青年的要求，不啻十万八千里罢？"

第四类序跋则批判了新中国成立前国民党的文网制度。《茅盾文集》第八卷《后记》中讲述了《耶稣之死》和《参孙的复仇》的创作经过，作者当时身边不能带其他书，只带一部《圣经》迷惑国民党特务。因蒋介石与宋美龄均为基督教徒，故绝不会查禁《圣经》。"当时文网甚严，国民党的检察官看见文稿中有'人民''解放'等字样就要大削大改，甚至低能到把'妇女解放'改为'妇女复兴'，贻笑中外。（因为，国民党中央宣传部有通令，不许写'民族解放'，只许写'民族复兴'，那些低能的检察官看见'解放'二字就不问青红皂白一律改为'复兴'，这才闹了个'妇女复兴'的大笑话。）"① 为了使文中带刺而不让国民党的检察官随意削改，茅盾就用《圣经》中的故事来迷惑检察官的眼睛，对现实进行指桑骂槐的批评。《茅盾文集》第九卷《后记》中追述1943年《见闻杂记》的出版经过时说，当时还有两三篇被国民党检察官删改太甚，失却本来面目，故出版时抽去了。"那时候，国民党的书刊检察官有两套'本事'：一是涂去他认为不利于蒋党的字句（这主要是赞扬延安，赞扬八路军、新四军的），又一是把讽刺蒋党的字句改为颂扬蒋党。一篇文章被这样一改，便只有索性不发表这一个办法了。"② 这里，茅盾在批判国民党文网制度时也肯定了被"斧削"作品意识形态的正确性。

四、介绍与"检讨"：《巴金文集》的序跋

《巴金文集》共收新中国成立后的序跋文章6篇。这些序跋可分为三类。

---

① 茅盾．茅盾文集：第八卷·后记［M］．北京：人民文学出版社，1959.
② 茅盾．茅盾文集：第九卷·后记［M］．北京：人民文学出版社，1961.

第一类客观介绍了作品的版本修改情况，如《巴金文集》第三卷《新记》。第二类介绍作品的创作经过，回顾整个创作历程。如《巴金文集》第四卷根据1956年年底为英译本写的《后记》改作的《和读者谈〈家〉》，具体讲述了《家》中的人物原型。《巴金文集》第十四卷《后记》中回顾了“从一九二七年春天开始写《灭亡》到一九四六年十二月三十一日午夜写完《寒夜》的《尾声》为止”① 整整二十年的创作历程。第三类检讨旧作中的错误。在《巴金文集》第七卷《谈我的短篇小说》中，巴金说他对自己的短篇小说并不满意，“一个作家了解生活跟他的世界观和立场都有极大的关系。我的生活知识本来就很有限，我的思想的局限性和错误的思想又妨碍我深刻地了解生活，所以我的作品有很多的缺点”。对于读者热衷的写作窍门，巴金说：“只有一直参加革命斗争，始终站稳无产阶级立场，而且具有马克思主义世界观的人才可以说是懂得了窍门”，“倘使他们真有学习写作的决心和毅力，请他们投身到火热的斗争的生活里面去学。要是他们在‘生活’以外还要找一个老师，那么请他们多读作品，读反映今天新生活的作品。”在《巴金文集》第十三卷《后记》中，巴金借一位苏联读者之口，深入检讨了《憩园》和《寒夜》的缺点：“作品并没有给这些受生活压迫走进了可怕的绝路的人指一条出路。没有一个主人公站起来为改造生活而斗争过。”② 而缺点产生的根源则是不能用阶级的观点看问题和分析生活。巴金还批评了自己作品中的个人主义倾向。《憩园》中对必将灭亡的剥削寄生阶级流露出浓厚的“叹息，甚至惋惜的调子”。而《第四病室》则凭空造出一个“善良、热情的年轻女医生”去同情病人，其实质是麻痹读者，掩盖矛盾，因为在那样的环境中，这位女医生“她能够做什么呢？她也只好让那些本来可以不死的贫苦病人一个跟一个呻吟、哀号地死亡”。③

---

① 巴金．巴金文集：第十四卷·后记［M］．北京：人民文学出版社，1962.
② 巴金．巴金文集：第十三卷·后记［M］．北京：人民文学出版社，1961.
③ 巴金．巴金文集：第十三卷·后记［M］．北京：人民文学出版社，1961.

第五章　现代作家选集编选考察

新中国成立伊始，为了帮助青年读者“得以最经济的时间和精力获得新文学发展的初步的基本的知识”,① 以茅盾为主编的新文学选集编辑委员会成立，由开明书店负责出版。“选集的对象主要是在一九四二年以前就已有重要作品出世的作家们。”② 这套丛书第一、二辑共包罗作家 24 人，第一辑为已经去世的烈士专辑，第二辑为健在的在新文学上有影响的作家。前者包括《鲁迅选集》《瞿秋白选集》《郁达夫选集》《闻一多选集》《朱自清选集》《许地山选集》《蒋光慈选集》《王鲁彦选集》《柔石选集》《胡也频选集》《洪灵菲选集》《殷夫选集》等 12 部。后者为《郭沫若选集》《茅盾选集》《叶圣陶选集》《丁玲选集》《田汉选集》《巴金选集》《老舍选集》《洪深选集》《艾青选集》《张天翼选集》《曹禺选集》《赵树理选集》等 12 部。原计划继一、二辑之后“陆续再出第三、四……等辑，而使本丛书的代表性更近于全面”③。1952 年底开明书店与青年出版社合并，组成中国青年出版社，继续出版该套后续丛书的计划被取消。第二辑中《田汉选集》和《瞿秋白选集》当时并未出版。田汉说：“当一九五〇年新文学选集编辑委员会编选五四作品的时候，我虽也光荣地被指定搞一个选集，但我是十分惶恐的。我想——那样的东西在日益提高的人民的文艺要求下，能拿得出去吗？再加，有些作品的底稿和印本在我流离转徙的生活中都散失了，这一编辑工作无形中就延搁下来了。”④ 由此可见，《田汉选集》因作者自谦推辞而未出版。而

① 新文学选集编辑委员会．茅盾选集·编辑凡例．开明书店，1952.

② 新文学选集编辑委员会．茅盾选集·编辑凡例．开明书店，1952.

③ 新文学选集编辑委员会．茅盾选集·编辑凡例．开明书店，1952.

④ 田汉．田汉剧作选·后记［M］．北京：人民文学出版社，1955.

《瞿秋白选集》则推迟到1959年才出版。①

1951年3月，人民文学出版社在北京成立，该社一编室“五四文学组”主要负责现代文学，据时任副社长的楼适夷回忆：“所谓五四新文学的精神，就是反帝反封建的新民主主义革命精神，一开头在选材上就偏重于一般公认的革命、进步作家的著作，好像最早出的是沙汀、艾芜的小说选集，以及左联烈士和别的共产党员作家，如蒋光慈、洪灵菲、应修人、潘漠华……的诗文选。圈子不大，禁忌不少，对新文学运动中也有一定影响，如解放前在政治态度上对革命还有一定距离的作家，就非常费斟酌了。就是对党的及和党一起的重要作家的作品，也还是咬文嚼字的‘一丝不苟’，如上述对《女神》《子夜》那种办法。禁区是后来逐渐打破的，而且进展得很慢；特别对解放后身在海外的作家，更不敢有所触及了。这块最后禁区，要等到党的十一届三中全会后开创了社会主义建设新局面，才焕然一新地改变了面貌。”② 由此可见，人文社现代作家选集的出版并非作家和出版社二者之间简单互动的结果，其依照的是作家新中国成立前与党和革命的亲疏关系，而且即使是入选的党的资深作家及靠近党的作家，也要按照新的形势和要求对旧作进行修改。“十七年”人民文学出版社共出版发行现代作家选集70余部，为论述方便，现将各部选集列表如下：

“十七年”人文版现代作家选集一览表

名称	时间	编选者	序、后记及出版说明	备注
我的短诗选	1952.4	田间		共分七辑，37首诗
鲁迅小说集	1952.9	人民文学出版社编辑部代选	出版说明一则	收《呐喊》《彷徨》《故事新编》，包括作者全部短篇小说
沙汀短篇小说选	1953.9	作家自选	后记一篇	收小说22篇

① 有学者认为瞿秋白文艺性文章中有与新中国主流意识形态相抵牾的话语。参见陈改玲．重建新文学史秩序［M］．北京：人民文学出版社，2006：46.

② 楼适夷．零零碎碎的记忆——我在人民文学出版社［J］．新文学史料，1991（1）．

续表

名称	时间	编选者	序、后记及出版说明	备注
夏衍剧作选	1953. 10	作家自选	代序一篇	收多幕剧 3 个，篇名分别为《秋瑾传》《心防》《法西斯细菌》
艾芜短篇小说集	1953. 11	作家自选	内容说明一则，自序一篇	收短篇小说 18 篇
柔石小说选集	1954. 5	人民文学出版社编辑部代选	出版说明一则	收短篇小说《为奴隶的母亲》和长篇小说《二月》。卷中收文 3 篇，分别为鲁迅的《柔石小传》《〈二月〉小引》和魏金枝的《柔石小传补遗》
吴组缃小说散文集	1954. 5	作家自选	前记一篇	收作品 18 篇
给战斗者（田间）	1954. 6	作家自选	小引一篇	共分八辑
曹禺剧本选	1954. 6	作家自选	前言一篇	收《雷雨》《日出》《北京人》3 部作品
殷夫诗文选集	1954. 8	人民文学出版社编辑部代选	出版说明一则	卷前附《殷夫小传》（阿英）
丁玲短篇小说选集	1954. 9	作家自选	出版说明一则	收短篇小说 15 篇
冰心小说散文选集	1954. 9	作家自选	自序一篇	收作品 22 篇
郁达夫选集	1954. 11	叶丁易代选	出版说明一则	收小说 8 篇，散文 6 篇。卷后附《〈郁达夫选集〉序》（丁易）
洪深剧作选	1954. 11	作家自选	后记一篇	收话剧 3 个，篇名分别为《赵阎王》《五奎桥》《香稻米》
胡也频小说选集	1954. 11	丁玲代选		收小说 2 篇，篇名分别为《到莫斯科去》《光明在我们的前面》。卷前附文一篇：《一个真实人的一生——记胡也频》（丁玲）

续表

名称	时间	编选者	序、后记及出版说明	备注
魏金枝短篇小说选集	1954. 11	作家自序	后记一篇	收短篇小说 10 篇
鲁彦选集	1954. 12	人民文学出版社编辑部代选	出版说明一则	根据周立波编的《鲁彦选集》，另增《陈老奶》一篇
叶圣陶短篇小说选集	1954. 12	作家自选	出版说明一则	收短篇小说 23 篇，作者作了修订
艾青诗选	1955. 1	作家自选	内容说明一则	收辑作者 1932 至 1945 年间的诗作 72 首，共分四辑
叶紫创作集	1955. 2	人民文学出版社编辑部代选	出版说明一则	共分四辑，计短篇小说 12 篇，中篇小说 1 篇，散文 9 篇。卷前附《作者小传》一篇
唐弢杂文选	1955. 2	作家自选	序言一篇	收入 1933 至 1947 年杂文 95 篇
田汉剧作选	1955. 2	作家自选	后记一篇	收作品 14 部
巴金短篇小说选集	1955. 3	作家自选	自序一篇	收作品 20 篇
朱自清诗文选集	1955. 3	人民文学出版社编辑部代选	出版说明一则	以新文学选集编辑委员会编辑、开明书店出版的《朱自清选集》为底本，加以增删。卷内附《朱自清先生传略》（李广田）
闻一多诗文选集	1955. 3	人民文学出版社编辑部代选	出版说明一则	卷内附《闻一多先生传略》一篇，《给臧克家先生》书信一通
绀弩杂文选	1955. 4	作家自选	自序一篇	收作品 50 篇，共分四辑
丁西林剧作选	1955. 6	作家自选	前言一篇	收独幕剧 3 个，多幕剧 2 个，仅《妙峰山》在极少的几处作了辞句上的修改，其余的均保持原来的面貌
巴金散文选	1955. 5	作家自选	前记一则	收散文 36 篇

续表

名称	时间	编选者	序、后记及出版说明	备注
风雪集（吴祖光）	1955.6	作家自选	后记一篇	收话剧三部：《风雪夜归人》《少年游》《嫦娥奔月》
过去的脚印（靳以）	1955.7	作家自选	自序一篇	收作品32部
蒋光慈诗文选集	1955.8	人民文学出版社编辑部代选		卷前附有《蒋光慈小传》《蒋光慈著作年表》，黄药眠著
蒋光赤选集	1955.8	人民文学出版社编辑部代选	序言一篇（孟超）（1960年4月第2版）	卷后附蒋光赤著译书目
马凡陀的山歌（袁水拍）	1955.9	作家自选	后记一篇	收作品96篇，丁聪作封面画
冯至诗文选集	1955.9	作家自选	自序一篇	
茅盾短篇小说集	1955.12	作家自选	后记一篇	收短篇小说18篇
岁寒集（陈白尘）	1956.3	作家自选	后记一篇	收多幕剧三部：《岁寒图》《升官图》《金田村》
欧阳予倩剧作选	1956.5	作家自选	前言一篇，附记一则	收话剧8个，其中独幕剧6个，多幕剧2个
老舍短篇小说选	1956.10	作家自选	后记一篇	收短篇小说13篇
臧克家诗选	1956.11	作家自选	改版说明一则，自序一篇	收作品94首，共分四辑
阳翰笙剧作选	1957.2	作家自选	后记一篇	收剧本4个，在原作基础上均做了修改
散文选集（何其芳）	1957.3	作家自选	自序一篇	收散文24篇
戴望舒诗选	1957.4	人民文学出版社编辑部代选	出版说明一则	收作品43首，卷前附《望舒的诗》（艾青），卷后附录《诗论零札》

续表

名称	时间	编选者	序、后记及出版说明	备注
应修人潘漠华选集	1957.9	人民文学出版社编辑部代选	前言一篇	第二版（1959年3月）前言中介绍湖畔诗社时，省略了冯雪峰
蕙的风（汪静之）	1957.9	作家自选	自序一篇	收作品111首，共分两辑，其中《蕙的风》51首，《寂寞的国》60首
沈从文小说选集	1957.10	作家自选	选集题记一篇	收作品22篇
废名小说选	1957.11	作家自选	自序一篇	收小说32篇，分别从《竹林的故事》《桃园》《枣》《桥》《莫须有先生传》中选出
玉君（杨振声）	1957.11	人民文学出版社编辑部代选	出版说明一则	除《玉君》外，另收11个短篇
王统照短篇小说选集	1957.12	作家自选	自序一篇	共分五辑，收作品24篇
缘缘堂随笔（丰子恺）	1957.11	作家自选	选后记一篇	收1925—1948年作品59篇
刘大白诗选	1958.1	人民文学出版社编辑部代选	出版说明一则	作品分别选自《卖布谣》《丁宁》《再造》《邮吻》《秋之泪》等诗集
刘半农诗选	1958.2	人民文学出版社编辑部代选		卷后附文《纪念长兄半农先生》（刘北茂）
柔石选集	1958.9	人民文学出版社编辑部代选	前言一篇，《二月》小引（鲁迅）	卷末附录：《柔石小传》（鲁迅）；《我的父亲》（赵帝江）；《柔石小传补遗》（魏金枝）
于伶剧作选	1958.9	作家自选	后记一篇	收作品11篇
赵树理选集	1958.9	作家自选	《也算经验》（代序一篇）	收作品14篇
许地山选集	1958.12	上下卷	编后记一篇	共两卷。卷后附文《许地山传略》（周俟松著）
萧红选集	1958.12	人民文学出版社编辑部代选	编后记一篇	卷后附有鲁迅为《生死场》、茅盾为《呼兰河传》作的序

续表

名称	时间	编选者	序、后记及出版说明	备注
殷夫选集	1958.12	人民文学出版社编辑部代选	前言一篇	收作品68篇，其中诗歌64首，小说及速写4篇
宋之的剧作选	1958.12	人民文学出版社编辑部代选	出版说明一则，序言一篇	收作品8部，其中独幕剧4部，多幕剧4部
王统照诗选	1958.12	作家自选	《王统照先生的诗》（代序）（臧克家）	收作品67首，在作家身前手定本基础上，编辑部在卷末附加歌颂十月革命的《近作三首》，卷末附录《“这时代”序》和《“江南曲”序》
草明选集	1959.1	作家自选	前记一篇	收作品18篇
沙汀选集	1959.1	作家自选	后记一篇	收小说24篇，在《沙汀短篇小说选》上增收《消遣》《艺术干事》两篇小说
周立波选集	1959.1	作家自选	序言一篇	共44篇，计短篇小说12篇，散文特写23篇，文艺论文9篇
艾芜选集	1959.2	作家自选	序一篇，后记一篇	收作品23篇
叶紫选集	1959.3	人民文学出版社编辑部代选	前言一篇	收作品19篇，卷末附录鲁迅《叶紫作〈丰收〉序》和叶紫《我怎样与文学发生关系》，在1955年版《叶紫创作集》基础上删《偷莲》和《鱼》两个短篇，增鲁迅为《丰收》写的序
鲁迅选集		上卷1959.4 下卷1959.6	出版说明一则	共两卷。上卷收小说、散文诗、回忆文共39篇，下卷收论文、演说、杂感共83篇
沫若选集		第一卷1959.4 第二卷1959.12 第三卷1960.1 第四卷1959.8	出版说明一则	共四卷
瞿秋白选集	1959.4	人民文学出版社编辑部代选	出版说明一则	共分4辑，计29篇

续表

名称	时间	编选者	序、后记及出版说明	备注
郁达夫选集	1959.6	人民文学出版社编辑部代选	出版说明一则	共分3辑。收作品33篇
茅盾选集	1959.6	作家自选	序言一篇	收短篇小说18篇，杂文50篇。1963年7月第5次印刷时，删去杂文3篇，篇名分别为《长春南关行》《延边——塞外江南》《北地牡丹越开越艳》
巴金选集	1959.6	作家自选	出版说明一则	共两辑，第一辑收短篇小说19篇，第二辑收散文18篇
欧阳予倩选集	1959.6	作家自选	前言一篇	在《欧阳予倩剧作选》上增收多幕剧《潘金莲》，《桃花扇》前增收一篇《序言》
夏衍选集	1959.9	作家自选	代序一篇	收多幕剧5个，在《夏衍剧作选》上增收2个多幕剧，篇名分别为《上海屋檐下》《复活》
老舍剧作选	1959.9	作家自选	自序一篇	收话剧四个，篇名分别为《龙须沟》《茶馆》《女店员》《全家福》
田汉选集	1959.11	作家自选	前记一篇	收作品17部，集后附录剧本插曲7首
叶圣陶选集	1959.11	作家自选	出版说明一则	计短篇小说37篇，散文10篇
曹禺选集	1961.5	作家自选		收《雷雨》《日出》《北京人》3部话剧

第一节　改收与避收

与“十七年”现代作家文集编选相似，选集的编选也存在改收与避收现象。作家利用新中国成立后重新出版的机会，对旧作中较为敏感或不适应新形势的旧作进行改写，以完善作品，提升质量。这种修改往往并非受具体的外力作用而产生，而是由作家主动完成。有的作家在序跋中对修改内容略做简单交代；有的作家则一笔带过，并未交代修改的相关细节。而对于其中的避收现象，作家一般会在序跋中加以交代。通过对以上选集中改收与避收的研究，我们不难看出新中国文学的某些内在规定及潜在本质。为方便论述，现将现代作家选集编选中作家或人文社编辑部在序跋中做出的修改或避收说明移录如下：

“十七年”人文版现代作家选集“改收与避收”说明一览表

选集名称	出版时间	改收、避收说明
沙汀短篇小说集	1953.9	“《磁力》作过修改。”
曹禺剧本选	1954.6	“在解放前版本上作文字整理。”
丁玲短篇小说选集	1954.9	“作者进行过一番修订。”
魏金枝短篇小说选集	1954.11	“剔去一部分更粗糙更灰暗的。”
叶圣陶短篇小说选集	1954.12	“作者作了一番修订。”
唐弢杂文选	1955.2	“文字上略有整理。”
朱自清诗文选集	1955.3	“在开明版《朱自清选集》上增删。”
巴金散文选	1955.5	“附带作了一些文字上的修订工作。”
丁西林剧作选	1955.6	“《妙峰山》在极少的几处作了辞句上的修改，其他保持原貌。”
风雪集（吴祖光）	1955.6	《风雪夜归人》中《尾声》对玉春的处理按照周恩来的意见改写
马凡陀的山歌	1955.9	“一二首略有删节。”
冯至诗文选集	1955.9	二十七首《十四行诗》不收，因其“内容与形式矫揉造作”。
岁寒集（陈白尘）	1956.3	对三个剧本作必要的修改，《金田村》删去第一幕，把原第六幕和第七幕合并，改变成一个五幕剧。最主要的修正是对杨秀清人物的塑造。《升官图》除了文字上的修饰外，主要是做了一些删节。《岁寒图》的修改则根据1946年演出时何其芳的一篇批评。

续表

选集名称	出版时间	改收、避收说明
老舍短篇小说选	1956.10	“太不干净的地方略事删改。”
阳翰笙剧作选	1957.2	“重印这些旧作的时候，我都作了一些必要的修改，其中改动得较多的是《李秀成之死》和《天国春秋》；改动得较少的是《草莽英雄》和《两面人》。”《李秀成之死》增加反帝斗争，《天国春秋》删去恋爱场面描写。
散文选集（何其芳）	1957.3	“内容太坏的没有选，入选的看来过于刺目的谬误的地方，略为作了删节。”
蕙的风（汪静之）	1957.9	《蕙的风》删2/3，《寂寞的国》删1/3，《蕙的风》和《寂寞的国》均修改方言韵脚，两者都有重新删节。
应修人潘漠华选集	1957.9 第1版 1959.3 第2版	“《湖畔》中应修人22首诗歌，选20首。潘漠华16首诗歌，选14首。《春的歌集》应修人33首诗歌，选29首，潘漠华52首诗歌，选25首。”（第2版）
沈从文小说选集	1957.10	“涉及青年男女恋爱抒情事件，过去一时给读者留下印象的，怕对现在读者无益，大都没有选入。”
玉君（杨振声）	1957.11	“删去《玉君》中《自序》的最后一段，其他各篇只作了几处个别字和标点的更改。”
废名小说选	1957.11	“选择的标准，取其有反映生活的，取其有青春朝气的，取其内容不太沓杂，取其语言方面可供借鉴。”
王统照短篇小说选集	1957.12	“所谓修正，只是词句上的，结构、事实、人物都一一如旧。”
刘大白诗选	1958.1	“对个别文字、标点作了必要的校正。”
宋之的剧作选	1958.12	“对某些个别字句作了少许必要的订正。”
许地山选集	1958.12	“篇中的个别字句，在付印前经过必要的修订。”

续表

选集名称	出版时间	改收、避收说明
艾芜选集	1959. 2	《秋收》略有修改。
巴金选集	1959. 6	“作了某些个别文字、标点的修改。”
田汉选集	1959. 11	《咖啡店之一夜》《苏州夜话》《暴风雨中的七个女性》《丽人行》篇末标明修改时间分别为 1959 年、1959 年、1958 年、1957 年。

一、改收的类型及规律

因为卷帙浩繁，对比阅读量太大，为了论述的可操作性，本章拟以现代作家选集出版时间为序，对作家在序跋中做出具体篇目说明的修改进行阐释，同时也选择性地抽选部分作家的作品异动作为考察对象，以期增加论述的代表性与科学性。对于学者曾经做过仔细汇校的作品，诸如《雷雨》《日出》《家》《屈原》等则略而不论。

(1)《磁力》的修改

《沙汀短篇小说集》是新中国成立后人文社出版较早的一部选集，作家在《后记》中说：“这里的二十二篇小说，有好几篇我都作过适度的修改。这些修改，主要是在这样两种情况下进行的：发表的时候，为了避免反动政府检查，有的地方故意含糊其辞，现在把它们弄明确了；有的由于自己思想上欠明确，因而形象、情节也显得有些模糊，现在也改过了。”① 沙汀在这里交代了修改的原因及方法，而对于具体的作品修改情况，他却并未做出详细交代，只说“经过修改，《磁力》的主题故事是明确些了，这里用不着多说了”②。《磁力》最初发表在 1941 年 3 月 20 日《抗战文艺》第七卷第二、三期合刊上，讲述了青年人投奔延安受阻的故事。主人公袁小奇受了同学黄俊的鼓动，从成都退学回家，打算弄到一笔路费就到延安去。不料黄俊的父亲（一名国民党的县级财政委员）大为恼怒，将儿子软禁起来，而且斥责袁小

① 沙汀．沙汀短篇小说选·后记［M］．北京：人民文学出版社，1953.
② 沙汀．沙汀短篇小说选·后记［M］．北京：人民文学出版社，1953.

奇引诱自己的儿子到危险的地方去。袁小奇含辛茹苦的寡母也终日以泪洗面，劝诫自己的儿子不要上天入地瞎想，好好待在家乡，她还请人帮忙为袁小奇谋了一个小学教师的职位。袁小奇痛恨在抗战时期家乡人仍过着的死气沉沉毫无光彩的生活，这时候黄俊的父亲到县里开会，黄俊暗中偷了家里的钱财给袁小奇，袁小奇终于如愿以偿地赶往延安，却不料在省城边境被人扣留下来。值得一提的是，原文中并没有出现延安的字眼，只说那是一个“千里遥远的地方”、是很多跋涉者“辽远的目的地”。

在1953年9月出版的《沙汀短篇小说集》中，作者在原文上修改达25处。正如作者在《后记》中所言，人文版修改本主要体现在两方面：一是使主题思想明确的“亮化美化”修改；一是使人物形象、情节符合故事发展需要，同时也更符合新中国意识形态规范的“合理化”修改。前者有8处，后者有17处。从前者修改来看，作者分别将主人公袁小奇要去的“千里遥远的地方”改为“新中国革命圣地延安”；黄俊被家里软禁后让袁小奇“先到那个辽远的目的地去”改为“让他的朋友单独到延安去”。1937年到1940年“皖南事变”前，全国各地数以万计的革命青年不畏艰辛，满怀革命理想奔赴革命圣地延安，国民党则设置了重重障碍。但延安对于当时的进步青年来说，就是一个有巨大吸引力的磁场，小说的标题《磁力》就是象征此意。1940年1月沙汀在四川文公场写作此文，随后发表在中华全国文艺界抗敌协会会刊《抗战文艺》上，当时国民党实行严格的新闻审查制度，沙汀不能在原文中告诉读者青年人去的目的地，只能以含蓄的方式来暗示。其他6处“亮化美化”的修改则分别是：将2处客观介绍战争的语句改为“**神圣的**民族战争”“战争的**神圣**意义”（原文中并无“神圣”的字眼）；将一处猜想的语句进行了补充。原文为：“小袁近来时常设想那个年轻的僧人，也许早已穿上一套合身的军装了。”修改本为：“**小袁近来时常想起那个年轻的出家人，而且猜想他已经进了抗日军政大学，穿上一套合身军装，在听游击战争的讲课了。**”显然，修改本进一步强化了延安对革命青年的感召力。将一处涉及主人公内心活动的语句进行了改写。原文为：“他一向把他当成自己的小兄弟看待，而且处处俯就他，兼之，又认为这是一件感动人的冒险举动，他承认他了。”修改本为：“**小袁一向把黄俊当成自己的小兄弟看待的，而且处处都俯就他，同时，又认为这是一种那么激动人的非常举动，他承认他一**

道走了。”通读原文，我们知道到延安去的设想最初是由黄俊提出来的，但他是一个跛腿的残疾者，袁小奇曾以此作口实来反对，但黄俊却意志坚定，袁小奇为此深受感动，于是同意与他一道出发。此种写法显然大大矮化了袁小奇的革命精神，故作者在修改本中强调到延安去“是一种那么激动人的非常举动”，即袁小奇在主观上是向往革命的，不是被动为了同情同学才去了延安，后者显然使主人公的革命思想得到“强化”。最后，作者将结尾关于主人公一处潜意识活动和一处出发的结局作了改写。前者为主人公得到黄俊从家里偷来的钱财后一段关于睡梦中的描写，原文为：“然而他却并没有睡好，他辗转着，在老太婆间断的叹息声中为种种不同的幻想所苦，那能够使他在感情上得到一点支柱的，只有那芒芒的雪夜和那种艰苦的跋涉者的行列；他也终于发出平稳的鼾声来了。”修改本在原文基础上将“他也终于发出平稳的鼾声来了”一句替换成“**最后他就完全沉没在一种无私的愉快的感情当中，好像他已经走进了他所日夜追求的新的生活……**”很显然，修改本进一步提高强化了主人公的思想境界。全文的最后一处修改是关于出发结局的修改。原文为：“次一日他就逃向省城里，再从那里开始他的漫长的旅行。但当他刚要过省界的时候，却又被人留难下来……”修改本为：“**次日一早，他就逃向省城去了，再从那里正式开始他充满激动和希望的长途旅行。**”前者的结局是失败，后者的结局则暗示为成功，这事实上是全文最大的修改。由于故事结局的改变，导致原文的叙述基调阴冷，修改本则显得乐观。沙汀自己评价修改后的作品时说：“重读了这一篇，想想过去，又想想目前，我禁不住为新中国的青年男女感到无限幸福。因为他们现在无需经过袁小奇那样的斗争就能直接得到党的培养。这是我自己比较喜欢的一篇小说，它接触到了生活的积极的一面。”①

其他修改有17处，分别涉及小学国文教员张琪、副联保主任、袁小奇及他的父母、黄俊等人。小说开篇中说小奇退学回家后遭到全街镇人的冷眼，只有小学教员张琪可以说说话。但没想到他也是一个无聊透顶的人，而且尽管肺病吐血，却嗜烟如命，肮脏懒散，这个“肺痨病者”“抽烟过后他就当人在痰盂里撒尿”。修改本将这些讽刺意味浓厚的语句删去，使文本叙述更干净，但在人物形象的塑造上也打了折扣。小说原文中的副联保主任是一个

① 沙汀．沙汀短篇小说选·后记［M］．北京：人民文学出版社，1953.

“正直口快的人”，修改本则为“**心直口快的人**”。在20世纪五六十年代的政治语境中，读者显然无法接受国民党的“副联保主任”居然还是一个“正直的人”。同理，原文中关于袁小奇的已去世的父亲曾经是国民党县级财政委员黄俊父亲的塾师的一段话也被删去，也是为了顺应当时占主导地位的社会接受心理。小说原文中的黄俊到延安去的意志坚定，尽管他是一个跛腿的残疾者，但他认为“腿子是同人们思想没关系的，一个一条腿干的可以抵得一个女子”。这种贬低女子的语言显然不合新中国的意识形态规范。小说中的人物由于受根深蒂固的男权思想的影响，潜意识中轻视女子的观点表现了闭塞落后的四川内地的社会心态，删去则影响了对小说背景的整体文化解读。在原文中，袁小奇退学回家后，他的寡母整天唠唠叨叨，终日以泪洗面，袁小奇一方面可怜她，一方面又厌烦她。修改本将“**更要命的是成天望着他的母亲流泪**”这一句删去，提升了主人公的思想境界，但却省略了年轻人急躁怕听老人絮叨的性格弱点，也使人物塑造趋向“扁平化”。其他几处修改大多为与主题内容指涉不大的细节修饰，这里不再赘述。

（2）《风雪夜归人》的改写

1955年6月，《风雪集》出版，吴祖光在《后记》中说：“提到《风雪夜归人》这个戏，我不得不表示对我敬爱的周恩来总理的感谢。当时在重庆的两度公演，总理都曾看过并且和我谈过。一九五〇年在北京总理又约我到他家去，谈他对于原剧本《尾声》对玉春的处理的意见，希望我重新考虑改写……这里发表的《风雪夜归人》就是《尾声》修改后的本子。”①《风雪夜归人》原剧情讲述了戏子与官僚姨太太凄苦哀婉的爱情故事。京剧男旦魏莲生与以走私鸦片起家的法院院长苏弘基的姨太太相恋，两人相约私奔，却被小人王新贵告密，魏莲生被驱逐出境，姨太太玉春后被苏弘基送给了盐运使徐辅成，在20年间一直做着忠实的奴婢，几乎不说话，快变成一个哑巴，这两年常常发呆，自言自语。而在人文版中，作者根据周恩来的意见对玉春的形象做了修改。玉春被送给徐辅成后，不为徐夫人所容，下堂而去。后来又住在乡下，靠自己的一双手给人家缝缝补补为生。很显然，人文版中玉春的

① 吴祖光．风雪集·后记［M］．北京：人民文学出版社，1955.

反抗性大大增强。据国内学者考察，“人文本不只是‘尾声’修改了的本子，而是从头到尾都有修改，共修改了 120 余处，不过重点是改写了‘尾声’”①。通过《尾声》的修改，苏弘基更加丑恶、凶残、伪善，玉春阶级觉悟明显提高，她说：“铁树也会开花，瓦片儿也有翻身的日子。”这是典型的被压迫阶级的语言。在修改本中，“好人阵线与坏人阵线更为壁垒分明，同时，贫富之别也已演化为阶级对立”。

(3)《岁寒集》的修改

1956 年 3 月，陈白尘的《岁寒集》出版，作者在《后记》中说：“‘岁寒图’的修改，不得不感谢何其芳同志，是他在一九四六年演出时候所写的一篇批评，给了我很大的帮助。他对于这剧本结尾所提的要求，十年来我没有忘怀，今天才有机会给予答覆。而牵连着整个剧本，也不得不相应地作了若干相当困难的修改。”②《岁寒图》原剧对抗战时期大后方物价飞涨、投机盛行、国民政府昏昧无能进行了批判，医生黎竹荪起草了一个防痨计划，打算三年之内使肺结核在他所在的城市里灭绝，十年之内，消灭全国的肺结核菌。但他的计划两次提交上去，两次被批驳下来。在穷苦生活的逼迫下，他的许多同事陆续挂牌营业发财去了，最后他自己的女儿也因营养不良而得了肺病。何其芳在 1946 年 1 月 26 日写了《评〈岁寒图〉》一文，在充分肯定该剧的主要成就后，他指出《岁寒图》仍有美中不足的地方。因为作者借剧中人物之口说出只要每个人像黎竹荪一样坚守岗位就能成为治疗社会的医生，这事实上是一种“茫然的安慰和鼓励”。“更重要的是对于加速冬天的死亡，争取春天的早到，到底黎竹荪和我们能够做些什么。”按照这种逻辑思考，那么该剧的缺点就是“作者是把黎竹荪写成终于觉醒起来的，不过缺点在这觉醒写得不够明确，不够有力而已。这是歌颂忠贞自守的原意束缚了作者，形成了进一步又退半步。一种自然发展的结果，黎竹荪已经对于他的忠贞自守怀疑了，动摇了，而作者却还舍不得这个概念，一定要沈庸仍然把他拉回到这个作茧自缚里来”。那么，原剧应当如何修改呢？何其芳给出了回答：“忠贞自守并不能阻止这个社会的腐烂，更不能给这种腐烂的制造者以

① 金宏宇．新文学的版本批评［M］．武汉：武汉大学出版社，2007：193－194.

② 陈白尘．岁寒集·后记［M］．北京：人民文学出版社，1956.

什么损害。作者是可以把黎竹荪与沈庸都写得更清醒一些的。黎竹荪到最后应该认识到个人的忠贞自守之无力并无济于事，修正他对于一般挂牌医生的过苛的责备，明确地宣告他从此以后，不仅把人体中的肺结核菌当作敌人，同时还要把旧社会里的肺结核菌（这并不是市侩主义）也当成敌人，和成千上万的这样的战士共同作战。"①

对比阅读《岁寒图》的两个版本，我们发现陈白尘的修改显然参照了何其芳的意见。首先，修改后的文本对国民政府的批判色彩更浓厚。与原剧更多批判社会上投机发财、不甘清贫的市侩作风不同，修改本借文化界进步人士沈庸之口直接指出："这就不是什么医学界的问题了，是这个社会整个在腐烂啦！——你是医生，你不会把一种病象当作病源。改行、投机不仅止是为了生活，它的背后还有它的根源！"② 这里的根源其实暗指昏庸腐败的国民党才是造成肺结核病菌猖獗的罪魁祸首。其次，修改本对剧情及人物命运做了调整。原剧中黎竹荪因防痨计划第二次失败而心灰意冷时，沈庸的女儿沈若兰因患肺结核病不愿连累父亲而服毒自杀，黎竹荪终于醒悟过来，要坚守岗位救治天下所有女儿的病。他要继续向政府申请防痨计划，直到最后成功，以此来纪念沈若兰。而在修改本中，沈若兰早因肺结核病去世，沈庸也更清醒地认识到国民政府的腐败堕落，最后他向黎竹荪辞行，让黎帮他代为保管一些稿子。当黎竹荪问他去哪里时，沈庸看着窗外暗示他要奔赴另一个新的天地，明儿天一亮就走，让他保守秘密。显然，沈庸要去的地方是与国民党统治区不同的解放区。修改版大大提高了沈庸的政治觉悟，按照何其芳的意见，人物的觉醒也更明确有力。最后，陈白尘对原剧的细节也做了改动。原剧中黎竹荪的学生胡志豪医生不甘清贫，对待普通病人的态度极为恶劣，毫无怜悯仁爱之心，作者原以一个士兵为例，而在修改本中则变成了一个工人。将国民党士兵改为工人，更能引起观众对无道德操守医生的痛恨及对劳苦大众的同情。

陈白尘在《后记》中还说："'金田村'删去原第一幕，把原第六幕和第七幕合并，改成为一个五幕剧了。但最主要的修正则是对于杨秀清这一人

① 何其芳．何其芳全集：第二卷［M］．石家庄：河北人民出版社，2000：497－499.
② 陈白尘．岁寒集［M］．北京：人民文学出版社，1956：78.

物的塑造。原来剧本中，杨秀清在好多地方被‘贬’得近乎丑化了，这虽然不是作者的主观意图，却不能不是原剧的主要缺点。农民起义是推动历史前进的巨大动力，农民领袖也是值得歌颂的英雄人物，对作为农民起义领袖之一的杨秀清进行过多的贬义书写，显然有违主流意识形态。

陈白尘在《后记》中说：“《升官图》除了文字上的修饰外，主要是做了一些删节。”①《升官图》最初发表在1946年《清明》创刊号及第二期上，讲述了两个盗贼南柯一梦的故事。县衙的财政、警察、工务、教育四局的局长私欲横流，沆瀣一气。盗贼分别冒充知县和秘书长与他们周旋，省长来县里肃清吏治，却患有奇诡的病：头痛就要闻熏金条的气味，而且这金条必须是五十两一根的足赤金子。假知县通过贿赂金条当上了道尹，财政局长通过金条和耍手段也当上了知县，真知县则被当作乱党枪毙。正当群丑弹冠相庆时，老百姓高喊着正义的口号，包围制服了这群乱魔，两个盗贼梦中惊醒，却是一场梦，而窗外警察林立，这两人在逃命中被生擒。守门人清扫着庭院，意味深长地说：“天亮了。”在故事的主线外，又穿插着真知县太太与县财政局长暧昧偷情，假知县觊觎真知县太太美色，警察局长送亲妹妹给假知县当秘书，省长看中接待的知县太太并向她求婚，假知县讨好女秘书并允诺结婚的条件，女秘书与知县太太互相攀比、争风吃醋等搞笑幽默的讽刺“噱头”。

当时的剧本演出风行一时，场场爆满。《消息》上刊文：“上海人一窝风，演了近一个月，这个礼拜观众依旧挤看《升官图》，光华前台挤碎了玻璃门，照情形，此剧有连演两个月可能。”② “‘上艺’的《升官图》上演以来，连日客满。对于大官小官，陈白尘未免‘缺德’；而左临的喜剧手法和丁聪的漫画装置服装，更加强调了这些人物的可鄙可笑。是本年度话剧的一部杰作。演员相当卖力，新人苏芸颇有前途。”③ 演出的火爆也引起警局的注意，《大都会》刊文说：“《升官图》的生意越来越好，上海剧艺社捞了一笔钱，还了一些欠账，因为这个戏是讽刺官场捞血态④，在此时此地的百姓

① 陈白尘．岁寒集·后记［M］．北京：人民文学出版社，1956.

② 老观众．每周影剧评介［J］．消息，1946（14）．

③ 老观众．每周影剧评介［J］．消息，1946（8）．

④ 原文如此，疑为排版漏缺所致。

看来，就特别感到亲切可爱。”① 在演出的时候演员也特别卖力，“因为生意好，观众欢迎，演员在台上特别卯上，为了讨好观众，常常增加‘时势词’以增满堂彩。”②

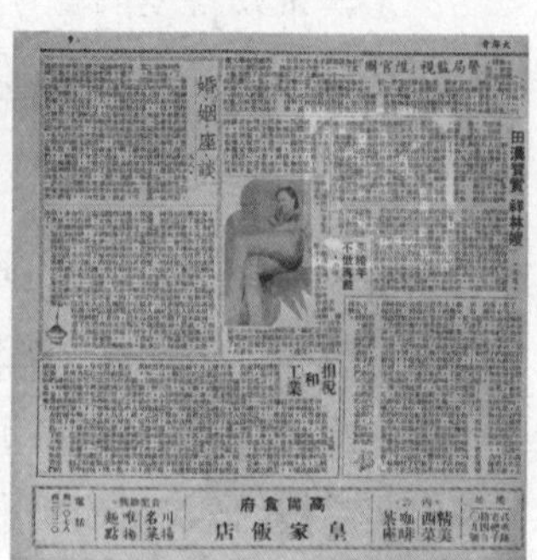

〔以上为1946年上海报刊上关于《升官图》火热上演的剧情介绍及评论文章。左图为1946年《凌霄》第2期上署名“呆”的文章《我看升官图》，该文认为《升官图》的舞台布置及服装设计均很巧妙，人物演技也到位，剧中几场唱戏尤为精彩：“‘欢迎省长’的歌词，省长取下帽上的毛帚为自己拂尘，开会议用方言，县长背演讲词，如背诵古文一般，侍从收金条时仿上海本帮菜馆的堂倌喊唱——都是原剧本没有而由导演加添出来的。”作者认为不能用“噱头”简单概括以上夸张演出，因为“这并不是有害于全剧的无意识的东西，相反地，它是有助于观众对于这戏的认识，观众的笑不是由噱头而引起的，实在是由这般丑恶的人物所唤起的。我们说，这样的喜剧才是真正的喜剧”。中图为1946年第14期《消息》专栏《每周影剧评介》上的一篇文章，作者署名“老观众”，该文首先回顾了上周上海的电影戏剧，给出诸如“中上”“中平”“沉闷”等的评论，接着对下周即将上演的影剧进行引导性介绍，以方便观众观看。该文开篇就盛赞《升官图》，观众为先睹为快，甚至挤碎了光华前台的玻璃门。右图为1946年第4期《大都会》上《警局监视〈升官图〉》一文，该文署名“北方”，讲述了《升官图》因演员演出临场加“噱头”引发警局监视的事件。因为生意好，有的演员在脚本上

① 北方．警局监视《升官图》[J]．大都会，1946（4）．

② 北方．警局监视《升官图》[J]．大都会，1946（4）．

临时加一些讽刺“台词”，这些台词往往契合社会敏感热点，“在此时此地的老百姓看来，就特别感到亲切可爱”。]

通过对比阅读《升官图》的文本异动，新中国成立前这种为争夺市场而有意设置的剧本“噱头”在“十七年”语境中已无必要，故新版有了大量删除。诸如假知县觊觎真知县太太美色、女秘书与知县太太互相攀比争风吃醋均被删去。这些插科打诨的“噱头”可能在十里洋场的消费时空中并不突兀，但经过历史的淘洗，在新中国成立初期却显得另类，比如初来县里视察的省长看中知县太太就向她求婚，其肉麻的表达还美其名曰为了安抚她的醋意，原剧对白如下：

省（更以为有把握的。）我懂了！我完完全全懂了——刘小姐假如你不嫌我唐突，冒昧，我向你求婚！

太（真是吃了一惊。）什么？大人！

省（更柔情地。）刘小姐，我一定帮助你报仇！她不过嫁给一个知县；你如果答应嫁给我，便是省长夫人！一个省长比起知县大上几十倍，一个省长夫人也就比知县太太大几十倍——那还不气死她？

太（惊疑不定）这……

省 问题就在你，是否也爱了知县？

太（急否认）没，没有，我不会爱那个蠢猪！

省 那就好——你就没有理由拒绝我了！

太（心有所动，不禁看了他一眼，）可是大人，我不！……

省（知已成熟，急拉入怀抱，）我知道你已经答应了！（吻之，）亲爱的！……①

原文中的“省”，指省长；“太”，指知县太太。所谓假作真时真亦假，知县太太明知新来的知县是冒充的，但为了不失去知县太太的名位，宁可与假知县做一笔假扮夫妻的交易，当警察局长送亲妹妹给假知县当秘书，假知县与女秘书暧昧亲热时，知县太太醋意大发，省长借机向她求婚成功。毋庸

① 陈白尘．升官图［J］．清明，1946（2）．

置疑，这是为夸大讽刺而虚构的情节，尽管舞台演出时不失烘托氛围搞笑观众的功效，但毕竟荒诞不经，不良影响也在所难免，作者基于对新中国时代风尚的认识将此删去也在情理之中。类似暧昧露骨、娇嗲作态、争宠吃醋的描写也在选本中被删除。

《升官图》剧本最初发表在1946年上海的《清明》杂志，“这个讽刺喜剧写作于抗日战争结束前后，而首次演出于一九四六年旧政治协商会议之后的重庆”①。因为对国民党官场的讽刺，此剧当时通过贿赂金条才得以通过审查，其情形正是《升官图》故事情节的现实版再现，这真是历史的绝大讽刺。随后在上海演出更是火爆热烈，观众如潮。当时的观众大多数为市民阶层，他们对剧中的夸张讽刺感同身受，许多幽默调侃正搔到痒处，故盛况空前，场场爆满。新中国成立后政治语境发生变化，《升官图》的受众对象由市民转为需要接受教育的普通工农民众，考虑到普及的要求，《升官图》对某些知识分子话语特征浓厚的语句也做了删除。比如假秘书长与县里四位局长第一次见面时，警察局马局长与其他几位局长有一段调侃性介绍，原文如下：

马 这位是教育局齐局长；这位是工务局萧局长！齐局长是持久战的名将，一口气可以打一百二十圈麻将！……这位萧局长是品花能手，外号是摩登贾宝玉，又叫洋装西门庆！

萧 （冷酷地，）那末你是军装武大郎了！②

此段讽刺介绍颇为精当，演出时常能博得市民观众会心一笑，在选本中被删除。无独有偶，当剧情谈到假知县背诵迎接省长视察的演讲稿时，将“肃清”念成“萧清”，而且支支吾吾，不接下文。女秘书马上提醒“肃清”，假知县才记起是“肃清贪污，建立廉洁政府”。选本将“肃清”念成“萧清”的细节删去，一方面使情节更紧凑，另一方面也考虑到工农大众的欣赏品味，他们对咬文嚼字卖弄知识的笑点并不太买账。《升官图》的其他删除还包括将过于粗鲁的语句“洁化”和某些容易引起误读的话语“净化”。前者比如在第一幕第一场中，真知县因为拉壮丁、刮地皮被老百姓围殴，他

① 陈白尘．岁寒集·后记［M］．北京：人民文学出版社，1956.

② 陈白尘．升官图［J］．清明，1946（1）．

们用恶毒的话语咒骂知县，诸如“狗日的！断了气？走！再找他的母狗去”等话语被删去。后者比如在第三幕中，假知县断章取义地认为报上出现偷、假两字是影射他们，假秘书长则纠正说“偷”是指《偷香窃玉》，“这是我们最伟大的第一部国产影片”。在选本中该句被改为“这是一部最伟大的美国电影”。前后对比，语义天壤之别，原文对国人的讽刺调侃变为随时代政治风向而动的对美国意识形态的嘲讽。

（4）语言提炼与“洁化”叙事：《老舍短篇小说选》的修改

1956 年 10 月，《老舍短篇小说选》出版，作者在《后记》中说：“除了太不干净的地方略事删改，字句大致上未加增减，以保持原来的风格……在思想上，十三篇中往往有不大正确的地方，很难修改，也就没有修改。”① 据国内学者研究，以《月牙儿》为例，“老舍先生字斟句酌，修改达百余处之多。细品其修改之处，删削增易，甚至一处标点的变化，皆具点化之妙，能收到意想不到的效果”②。通过对比阅读，我们发现老舍对该篇的修改很大程度上是使语言精益求精，诸如增加助词、调整语序、提炼动词等。属于删改“不干净”的地方不多，现略举一例以做说明。在小说《月牙儿》的第二十一节，作者作了一些删削。原文描写“我”在经济窘况中受到一个有钱浪荡公子的资助，他的体面和气欺骗了“我”，我“失去了自己，我和妈妈一样了”。原文为“小蒲公英在潮暖的地上似乎正往叶尖花瓣上灌着白浆。什么都在溶化着春的力量，把春收在那微妙的地方，然后放出一些香味，像花蕊顶破了花瓣。我忘了自己，像四外的花草似的，承受着春的透入；我没了自己，像化在了那点春风与月的微光中。月儿忽然被云掩住，我想起来自己，我觉得他的热力压迫我。”小说描写的实际是一次偷香窃玉的性爱过程，但遮遮掩掩的以抒情的方式委婉写出，而且以“花蕊顶破了花瓣”“往叶尖花瓣上灌着白浆”等来暗示，实际描写的只有“我觉得他的热力压迫我”一句，而在修改本中，老舍将这些可能引起性幻想的语句全部删去。这说明在 20 世纪五六十年代的语境中，作家自觉按照时代的要求进行“洁化”叙事，更多强调作品的教化功能，不写或耻于写“性”，只有反动落后的人物塑造

① 老舍．老舍短篇小说选·后记［M］．北京：人民文学出版社，1956.

② 熊海龙．从《月牙儿》的修改看老舍的语言艺术［J］．外交学院学报，1998（2）.

才需要“性”的丑化。

（5）阳翰笙剧作的修改

1957年2月，《阳翰笙剧作选》出版，作者在《后记》中说：“这些作品，由于在国民党反动派统治时期所受的审查制度的束缚；也由于作者当时思想水平和艺术修养的限制，都是有很多缺点的。因此，当这次有机会来重印这些旧作的时候，我都作了一些必要的修改。其中改动得较多的是‘李秀成之死’和‘天国春秋’。”① 至于如何修改，阳翰笙说《李秀成之死》是在抗战前动手写的，当时国民党正在实行“攘外安内”的卖国投降政策，正把曾国藩当救命恩人来崇拜。所以原作只是侧面写了太平军与曾国藩、李鸿章所勾引的帝国主义侵略武装的斗争。“曾国藩是晚清的名将与功臣，在镇压太平天国运动期间，他靠组织湘军为清政府效力而扬名。同时，曾国藩在清末乱世之际，有感于政治废弛，主张以理学经世，以实学砥砺，毕生崇尚程朱理学，又兼取各家之长，是一个典型的孔孟儒学的卫道士，同时又领兵治政，自创体系，开办洋务，扶大厦于将倾，现儒将之风度，成为蒋介石一生崇拜的对象。”② 故南京国民政府时期官方的主流意识形态肯定曾国藩，而20世纪五六十年代强调农民起义的历史推动作用，对曾国藩持全盘否定态度，在当时的政治语境中，曾国藩被视为“卖国贼、汉奸、刽子手”。为了顺应并紧跟时代的政治趋向，阳翰笙补写了太平军正面同曾国藩、李鸿章所勾引的帝国主义洋枪队的战斗，在战斗即将取得关键胜利的节点上，天王却三次下旨要李秀成班师回朝以解天京之围，李秀成虽知这将造成前功尽弃、腹背受敌的严重局面，但仍忠于天王的命令。这一方面渲染了李秀成的英勇忠诚，另一方面也为后来的步步被动局面打下伏笔。“而且我还把我新写的这一幕，作为了全剧的第一幕，这样，一开始也许就可以把太平战士们反帝反封建的英雄气概展示了出来。”③ 这里，阳翰笙引用毛泽东在《新民主主义论》中提出的反帝反封建思想来强化突出《李秀成之死》中的主题。关于《天国春秋》的修改，阳翰笙说：“‘天国春秋’写于皖南事变之后，当时我

---

① 阳翰笙．阳翰笙剧作选·后记［M］．北京：人民文学出版社，1957.

② 马振犊．南京国民政府时期蒋介石思想理论简析［EB/OL］．民国档案，2003（1）.

③ 阳翰笙．阳翰笙剧作选·后记［M］．北京：人民文学出版社，1957.

为了要控诉国民党反动派这一滔天的罪行和暴露他们阴险残忍的恶毒本质，现实的题材既不能写，我便只好选取了这一历史的题材来作为我们当时斗争的武器。在我写作这一剧本的时候，我又为了要通过那一道难以通过的审查关，对于主人翁们的恋爱纠纷，也就只好加了一番渲染……在我去年修改这个剧本的时候，我就索性把那些恋爱场面都删去了。”① 据国内学者的研究，“以初刊本与人文本对校，发现共修改200余处（不包括台词前人物称谓的修改，初刊本在人物第一次出场时的台词前用全称，如‘杨秀清’，此后便简称姓‘杨’或名字中的一个字，人文本全用全称）”②。人文本中最重要的修改是删改了剧中人物的爱情关系及相关场面描写。这体现在两个方面，一是删去了东王杨秀清、西王萧朝贵与洪宣娇的三角关系，一是删改了杨秀清与傅善祥、洪宣娇的三角关系。据阳翰笙的说明，《天国春秋》的写作显然是影射当时国民党“对外投降，对内残杀”的卑劣行径，当时的观众也深知此意，“每当剧中人物洪宣娇说出：‘大敌当前，我们不该自相残杀!’观众席中即响起暴风般的掌声”③。而为了通过当时严格的审查制度，只得加上一些三角恋爱的噱头，一方面能吸引市场上的消费者，另一方面也能掩饰剧情中的政治内涵，以此迷惑检察官的眼睛。新中国成立后的修改在还原作者原初创作的历史真实时，还拔高了剧中人物的形象。新中国成立后，太平天国的绝大多数人物都被写成了农民革命英雄，杨秀清作为值得歌颂的正面历史人物，对其有关的三角恋爱情节的删去正符合意识形态的规范。

（6）《沈从文小说选集》的校订

1957年10月，《沈从文小说选集》出版，这显然是文化界贯彻毛泽东提出的“双百”方针的结果。新中国成立后的沈从文早已搁笔而从事文物服饰研究，其作品也因不合时宜而被官方刻意淡漠。“双百方针”的提倡使得作家的再创作成为可能，其作品也列入有关部门的选题计划。沈从文对重印的旧作进行了精心校订，小说集中的22篇小说，每篇后都标明了校正时间，其中《黑夜》《泥涂》《边城》《顾问官》《大小阮》等5篇标明1957年1月校

---

① 阳翰笙．阳翰笙剧作选·后记［M］．北京：人民文学出版社，1957.

② 金宏宇．新文学的版本批评［M］．武汉：武汉大学出版社，2007：147.

③ 阳翰笙．风雨五十年［M］．北京：人民文学出版社，1986：291.

正。《萧萧》《绅士的太太》《烟斗》《生》《生存》《贵生》等6篇标明1957年2月校正。《阿金》《牛》《丈夫》《灯》《三三》《王谢子弟》等6篇标明1957年3月校正。《会明》《菜园》《新与旧》《过岭者》《失业》等5篇标明1957年校正。在《沈从文小说选集》最后一篇篇末作者标明“1957年6月22日校全部清样”，可见，1957年上半年作者校订完自己的旧作。这些校正有些是对包括标点符号在内的误植误印的改正，有些则为了符合新中国的意识形态规范。

小说集的《丈夫》最初发表在1930年4月10日《小说月报》第21卷第4号上，后于1934年7月21日做过修改，在新中国成立前的书写中，作者认为乡下妇女婚后到城里做妓女是当地一种风俗，“这叫做‘生意’。她们都是做生意而来的。在名分上，那名称与别的工作，同样不与道德相冲突，也并不违反健康。她们从乡下来，从那些种田挖园的人家，离了乡村，离了石磨同小牛，离了那年青而强健的丈夫的怀抱，跟随了一个熟人，就来到这船上做生意了”①。“这样丈夫在黄庄多着！那里出强健女子同忠厚男人，女子出乡卖身，男人皆明白这做生意的一切利益。他懂事，女子名分仍然归他，养得儿子归他，有了钱也总有一部分归他。”② 由此可见，沈从文更多是从民俗学的客观视野来看待此种现象，尽管小说后面写到丈夫有觉醒意识，但作者更多是从人性而非阶级压迫的角度来考量。而在1957年版的小说集中，作者在原文基础上增加了一段话：“地方实在太穷了，一点点收成照例要被上面的人拿去一大半，手足贴地的乡下人，任你如何勤省耐劳的干做，一年中四分之一时间，即或用红薯叶和糠灰拌和充饥，总还是不容易对付下去。地方虽在山中，离大河码头只二十里，由于习惯，女子出乡讨生活。男子通明白这做生意的一切利益。”③ 沈从文毕竟是大家，他增加的这一段话与原文天衣无缝，几乎看不出刻意雕琢的痕迹，这在当时的修改本中极其罕见，他采用的语句不温不火，与原作往往相得益彰，正所谓“整旧如旧”，比那些“整旧如新”的作家高明得多，有时候使人误认为就是原文的组成部

① 沈从文．沈从文全集：第九卷［M］．太原：北岳文艺出版社，2009：47-48.
② 沈从文．沈从文全集：第九卷［M］．太原：北岳文艺出版社，2009：50.
③ 沈从文．沈从文小说选集［M］．北京：人民文学出版社，1957：82.

分，但这些看似“旧”的材料却极大地改变了原文的主题及思想内涵。《丈夫》中增加的这一段话，非常清楚地告诉20世纪50年代的读者，“女子出乡卖身”是被逼迫的，并非是一种社会风俗习惯，她们出去谋生是因为统治者残酷盘剥的结果，为了能卑微地生活下去，她们只能离开丈夫出门干这些低贱的事情。显然，作者从阶级压迫的角度来思考现象产生的根源。值得一提的是，沈从文将“女子出乡卖身”改为“乡下女子到城里讨生活”，显然，修改本更为含蓄，也更体现出对底层民众的怜悯与关怀，这与新中国的政治语境也是高度吻合的。沈从文在《选集题记》中说：“由小城市到北京，当时凡骑在人民头上的统治者，不论大帅或大少，多只知有己，却对人民无情。大伙儿醉生梦死昏天黑地活下来，一切都若在腐烂状态中。这个社会必须重新安排，年青人明天才会活得庄严一些，也合理一些。”① 由此可见，在新中国的政治语境下，沈从文已知道用阶级分析来看待事物发展的本质，这也是《丈夫》中修改的理论资源。

值得一提的是，同样是按新中国意识形态来解说阶级革命的理论，沈从文融入自己的生命体验，让人感觉合情合理，丝毫没有说教的意味，我们显然可以将两者结合起来进行互文解读。《菜园》最初发表于1929年10月10日《小说月报》第20卷第10号，后收入1936年11月由上海良友图书印刷公司初版的《新与旧》中，原文中玉家菜园少主人是个白脸长身的好少年，为人诚实儒雅，后来在北京大学读书，极其出名。但回家后他和美丽的新媳妇一起却被当作××党秘密处死。他的母亲在失去独子三年后也自缢而死。这是一个悲惨凄苦的故事，作者冷静客观的叙述带给读者关于命运无常、人生苦短的哲理思考。在修改本中，沈从文直接将××党改作“共产党”，其主题内涵即发生本质改变。联系文本中关于北伐、革命，“北京改成了北平”的描写，我们知道这是指南京国民政府的成立，那么残忍杀害这对手无寸铁的年轻夫妇的正是国民党当局，这也暗合当时国民党清党的历史事实。这么美好善良的年轻人却被无辜杀害，让人激起对国民党的仇恨时，也对共产党员产生深深的同情和尊敬。沈从文简单两个字的改动，起到了抨击国民党、赞颂共产党的作用，真可谓点石成金了。

---

① 沈从文．沈从文小说选集·选集题记［M］．北京：人民文学出版社，1957.

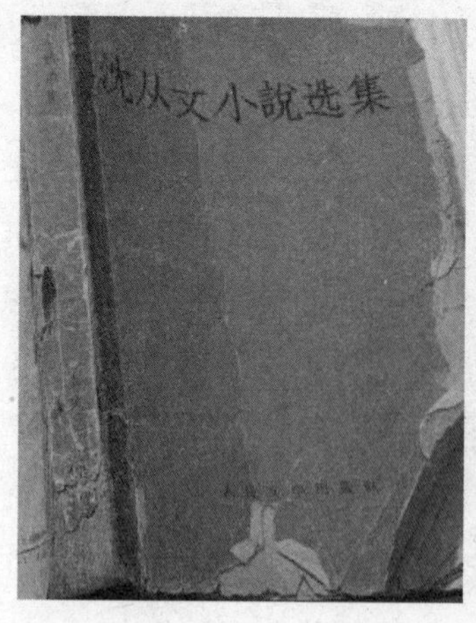

沈从文作品集在“十七年”和21世纪出版时的对比图

上图为1957年10月人文社出版的《沈从文小说选集》)，绿皮书衣，主要收录了包括《边城》在内的沈从文较有代表性的小说，作者对之做了新的修改和校订。中图为该版小说集的版权页，当时首印24000册，字数为289000字，中国近代印刷公司印刷，新华书店发行。这是沈从文的作品集首次大规模在新中国面世。沈从文在新旧社会乾坤转换的过程中，觉得自己的思想保守凝固，他钟爱的短篇小说创作已无法跟上当时日新月异的社会现实，所以新中国成立后他将创作停顿下来。在该版选集的《选集题记》中，他说：“一搁就是八年。由于工作岗位的改变，终日长年在万千种丝绸、陶瓷、漆、玉、工艺美术图案中转，新的业务学习，居多属于物质文化史问题，和对人民生产服务的需要，越深入越感觉知识不足。在这种情形下，我过去写的东西，在读者友好间还未忘记以前，我自己却几乎快要完全忘掉了。”正是人民文学出版社负责同志的热心帮助，他的作品选集才得以顺利付梓。沈从文是民国时期创作最丰富的作家之一，他的各种作品集在新中国成立前结集多达80多部，而在新中国成立后的很长一段时间内他的作品遭到禁毁，“除开一些被发表在报纸上的自我批评之外，沈从文的读者从广大的公众缩减为很小一部分的文化官僚、一些朋友和亲人，以及一系列政治运动中的监督员等”①。在“文革”结束后新时期的现代文学研究中，沈从文

① 罗四鸰．沈从文的意义被低估了？［EB/OL］．腾讯文化，2015－10－10.

研究逐渐成为一门显学。右图为2009年9月太原北岳文艺出版社出版的《沈从文全集》封面，该版为全集第2版（修订本），《沈从文全集》编辑委员会主编为张兆和，顾问为汪曾祺、王孖，编辑委员为凌宇、刘一友、沈虎雏、王继志、王亚蓉、向成国、谢中一、张兆和。该套全集首版也由太原北岳文艺出版社出版，时间为2002年12月。在落款时间为2002年10月的《〈沈从文全集〉编辑说明》中，编辑委员会作出了七点说明：一是全集编入迄今为止收集到的所有沈从文先生已发表的文学作品、学术性著作及通信等；未曾发表的各类作品、书信、日记及其他成文史料，亦尽可能广泛收集编入。全集收入文稿共1000多万字，其中作者生前未发表的作品及书信等约440万字；另配插图1710余幅，内含作者不同时期的生活照、手迹和绘画速写等珍贵史料近200幅。二是全集按小说、散文、传记、杂文、诗歌、文论、书信、集外文存、物质文化史分类分卷编辑。三是曾出版过的作者自选集或单行本，按原书名和内容整体编入全集。其中，一选集内若有不同文体作品，以该集作品主体性质归类；不同选集若收有同一作品，该作品只编入全集的某一集内，其他选集仅存目备考。四是未曾结集出版的作品，依据文体归类，按发表或创作时间的先后，或按相关内容分编成若干新集，收入全集。五是全集收入的已发表作品、作品集或单行本，均尽可能采用最早发表的文本或初版文本；作者主持增订过的著作，按增订版本编入；因故用其他文本，均附说明。六是为保持作品原貌，全集编入的作品，除对显明的编校错误、笔误和个别错字作必要的订正及按规范采用简化字外，均按原文排版。作者习惯遣词用字及人名、地名、译名与现今不一致的，均一仍其旧。作者对标点的使用，尤其是当标号、点号连用时，有些和目前的规范用法不同，亦未作改动。七是全集共分32卷：第1—10卷，小说，其中第1、4卷含剧本等少量其他作品；第11—12卷，散文；第13卷，传记；第14卷，杂文；第15卷，诗歌；第16—17卷，文论；第18—26卷，书信，编入书信、废邮（即信稿）和零散日记，但1949年前已发表的书信、废邮，分别编入散文、杂文或文论卷；第27卷，集外文存，编入作者生前未发表的史料性、回忆性文字，及1949年后的文学创作试笔等；第28—32卷，物质文化史，其中第32卷为《中国古代服饰研究》专著。综观以上说明，我们可以看出《沈从文全集》的编纂以初版本（初刊本）为主，采用增订本及其他版本均在全集里做了说明，这也意味着沈从文研究回到了历史发生语境，越来越接近历史美学真实。据沈从文儿子沈虎雏介绍，沈从文1949年2月写的“绝笔”《一点记录》将会收入《沈从文全集》补遗中。“补遗中还将收入沈从文与焦菊隐探讨电影的通信、新发现的沈从文诗歌、沈从文写给其他知识分子的信。这些都是研究沈从文后半生及当时知识分子生存状态的珍贵史料。”①

（7）《玉君》的修改

1957年11月，杨振声的《玉君》出版，与以上几部现代文学作家选集的出版不同，《玉君》是作家去世后由人民文学出版社编辑出版的，编辑部在《出版说明》中说：“我们在编选本书时，除删去‘玉君’中‘自序’的最后一段外，其他各篇只作了几处个别字和标点的更改。这些，都无损于作品的原有风貌。”② 那么，《玉君》中“自序”的最后一段是什么呢？《玉君》初版于1925年2月，列为现代文艺丛书第一种，由现代社出版。《自序》的最后一段原文如此：“先谢谢邓叔存先生，为了他的批评，我改了第一遍。再谢谢陈通伯先生，为了他的批评，我改了第二遍。最后再谢谢胡适之先生，为了他的批评，我改了第三遍。”③ 上文中的陈通伯即陈西滢，他与胡适之在20世纪五六十年代的政治语境中都是被批判的对象，故人文社编辑部有意删去此段。其实，人文社编辑部还删去自序中第二段，杨振声在该段中表明自己最初无意比附心理分析来写小说，但写完后将人物及情节一读，其实“处处都是感情引导着理想，Suppressed Wish 在那里捣鬼儿”，“索性就写了一篇 Freudian 序在这里”。④ 该段交代了《玉君》的创作其实正是弗洛伊德所说的潜意识升华的表现。在新中国成立后强调文艺宣传战斗功效的历史语境中，弗洛伊德倡导的理论显然不被接受，故编辑部删去此段。

（8）《秋收》的修改

1959年2月，《艾芜选集》出版，作者在《后记》中说：“其中略有修

① 罗四鸰．沈从文的意义被低估了？［EB/OL］．腾讯文化，2015－10－10．

② 杨振声．玉君·出版说明［M］．北京：人民文学出版社，1957．

③ 杨振声．玉君·自序［M］．北京：中国文联出版公司，1999．（中国现代小说名家名作原版库，据现代社1925年第二版排印）

④ 杨振声．玉君·自序［M］．北京：中国文联出版公司，1999．（中国现代小说名家名作原版库，据现代社1925年第二版排印）

改的，就是《秋收》一篇，使当时不能表达的意思，完全表达出来。"① 对比阅读，人文版《秋收》在原作上做了三个方面的修改：一是涉及意识形态的主题及情节方面的修改，一是有关语言规范化的修改，一是有关汉字简化字的修改。其中第一种的修改最大，几乎完全改变了小说原有的思想意蕴。《秋收》最初发表在《抗战文艺》第六卷第一期上，作者在篇末注明"1939年12月8日于桂林"。原文通过姜老太婆及姜大嫂对国民党伤兵态度的改变，正面阐释了国民党士兵无私帮助老百姓，老百姓感恩图报、兵民团结一心的主题。而在人本版修改本中，变成了国民党伤兵学习八路军军民团结的精神，义务帮助老百姓收割庄稼，不料受到国民党上级有关部门的反对，下达义务收割庄稼命令的副官被抓，部队也将离开原地。原作中根本没有出现有关共产党的任何信息，而在修改本中则人为加入以下一段："在这乡村里疗养的兵士们，都集合在庙前榕树荫下，光着头听副官训话。他首先报告时事，说八路军在平型关打了胜仗，是抗日战争中，第一个辉煌的胜利，又说八路军能打胜仗，是他们经常为老百姓服务，老百姓也出力帮助他们。因此要真正做抗日的好战士打胜日本，就得学习八路军的精神。大家身体好点的，去帮助农民收割稻子。"② 通读全文，我们不难看出修改本中为了突出赞扬共产党军民鱼水情深的优良作风，改变了原作的主题及情节结构。对于如此反差鲜明的修改，作者艾芜所说的"略有修改"显然是不准确的。第二方面的修改是将一些四川方言改成了普通话的规范用语。比如将"娘屋"改成"娘家"，将"没"改为"莫"（原文为"儿孙自有儿孙福，没与儿孙作马牛"，修改本中为"儿孙自有儿孙福，莫与儿孙作马牛"）等。第三方面的修改是汉字简化字的修改。1956年1月1日全国报刊实行横排，许多繁体字也改为简体字。1956年1月31日《人民日报》全文发表了国务院《关于公布〈汉字简化方案〉的决议》和《汉字简化方案》，1956年2月1日，第一批230个简化字在《人民日报》予以公布，正式在全国推行。在《秋收》修改本中，诸如将"鹽"改为"盐"；将"過"改为"过"；将"糧"改为"粮"等，都是推行汉字简化字的结果。

---

① 艾芜．艾芜选集·后记［M］．北京：人民文学出版社，1959.
② 艾芜．艾芜选集［M］．北京：人民文学出版社，1959：202－203.

（9）《田汉选集》的修改

1959 年为新中国成立十周年盛典，戏剧界配合“文化献礼”的政治任务，由人民文学出版社依次出版欧阳予倩、夏衍、老舍、田汉剧作选集。前两部仅在新中国成立后版本上作了篇目增收的处理，《老舍剧作选》为新中国话剧创作的选录，而《田汉选集》则在 1955 年人文版《田汉剧作选》上作了文本异动处理，作者在《咖啡店之一夜》《苏州夜话》《暴风雨中的七个女性》《丽人行》篇末标明修改时间分别为 1959 年、1959 年、1958 年、1957 年。考察以上四部作品的修改细节，对于重新研讨 1950 年代后半时段的文学生态及新中国社会主义文学场域秩序的形成有着丰厚的历史认识意义。

《咖啡店之一夜》发表于 1922 年《创造》季刊第 1 卷第 1 期，1932 年秋曾改订，改订本是田汉身兼“左联”执委和“剧联”负责人时的再创作，1955 年人文版以此为底本则表明田汉对“三十年代文艺”的肯定，也说明该作品符合当时国家意识形态的规约。而在 1959 年人文版《田汉选集》中，《咖啡店之一夜》在改订本基础上修改达一百多处，除了响应 50 年代汉语规范化大众化将“之”改为“的”、“方”改为“正”及“虐待”改为“迫害”、“生涯”改为“生活”等之外，影响文本细读逻辑结构的修正主要有三处：涉及人物言语与戏剧情节的改变而导致戏剧主题的变化；小众抒情话语的删除；世俗化情爱表达的“洁化”处理。在该剧初刊本中，故事主角白秋英母亲早逝，穷秀才父亲无法供养她接受高等教育，在父亲因病去世后又为叔伯所不容，白秋英只身来到都市当一名咖啡店侍女，她曾与村中做私盐贩运生意的李明书的儿子李乾卿订有婚约，李明书发家后迁到上海，儿子在都市念大学预科，白秋英珍藏着李乾卿给自己写的信和照片，想当侍女赚钱后再去上高等学校。碰巧的是李乾卿陪着自己的新未婚妻来到白秋英当侍女的咖啡店，白秋英如梦初醒，她把李乾卿可怜自己的一千二百元钱投入火中，把珍藏多年的信和照片也付之一炬。咖啡店中有一位叫林泽奇的高等学校学生，他受父命被迫要与不爱的人成婚，苦闷得经常到咖啡店饮酒麻醉自己，白秋英曾安慰他振作起来，在目睹白秋英被恋人抛弃后，两人互相体恤结为兄妹，要在前行的道路上勇敢地生活下去。显然，初刊本表达的主题是青年婚姻的不如意及人与人的相互扶助，而在选集本中，白秋英很早就被咖啡店顾客告知“穷人的手和阔人的手终归是握不牢的”，阶级成分划分人物形象的意图明显。等到李乾卿与她决裂后，她终于明白这是一句真理，每一个有钱人都要求穷人牺牲自己玉成他们的所谓幸福，最终她冷然拒绝与李乾卿告别时握手。而在初刊本中，白秋英最终与李乾卿握手，后者也是旧社会的一个受到父母主宰婚姻的弱者，而且他始终记挂着她。人要接受不幸的洗礼，即使是仇人也可以互相理解，初刊本的人道主义关怀浓厚，在剧本开篇一位曾与白秋英祖父相识的长者知晓她不幸的身世后，将找零的五块钱接济她，也佐证了人与人之间的互相关怀。在选集本中，富人与穷人的阶级属性定位分明，主人公白秋英和林泽奇同是没落的小资产阶级出身，他们要去握穷人的手，要结伴在社会中勇敢地生活下去，剧本结尾处林泽奇的同学劝勉他们“看看祖国苦难的人民，我们的痛苦就不算什么”，更是给他们带来人生价值的践行方向。在 1955 年人文版中，林泽奇向白秋英倾诉其不幸的婚约时说：“我们家原先也是个小地主，但是当不住军阀们不断的内战，把田租都借到十几年以后了。平常的苛捐杂税又不知道多少，所以我们家，这几年也没落下来了，每年得向人家借钱。”而在 1959 年选集本中，首句为“我们家原先也有几亩地”。在新中国政治语境中，随着社会主义教育运动的不断强化，“地主”意象投射的剥削阶级压榨性也越强，为了使读者不误读林泽奇，“地主”这个当时能激起人民痛恨情感的符号在 1959 年的选集本中也销声匿迹了。田汉于 1954 年 12 月 24 日完成 1955 年版《田汉剧作选》的编选，他采用“地主”的版本也说明在 1950 年代前半时段文学生态还是较为宽平的。综上所述，选集本注重从经济角度划分人物阶级属性，表达的是“穷人的手与阔人的手终归是握不牢的”及小资产阶级要努力融入祖国人民的主题。

《咖啡店之一夜》中第二个方面的修改表现在小众抒情话语的删除。田汉早期的话剧创作注重吸收西方现代主义与浪漫主义的艺术资源，显示出“重象征、重哲理、重（主观）抒情的特色”①。在“十七年”的文化语境中，工农兵的接受水准与艺术品位往往成为作家创作的重要考量，过分小众的知识分子圈子话语在选本中成为被删对象。比如剧中开篇咖啡店顾客甲认为白秋英在咖啡店当侍女并无不妥，因为“在这一种芳洌的空气中间，领略

① 陈白尘，董健．中国现代戏剧史稿［M］．北京：中国戏剧出版社，1990：242.

不尽的风味”。选本中删去此句，用“可以独立生活”替代。林泽奇因苦闷喝酒，白秋英劝慰他时说读书的少爷们喝酒大都是失恋的缘故，“我不信林先生也是那一种‘模拟失恋者’”。此语句被删。林泽奇让白秋英拿一盘 Ham and eggs 给他，白秋英回答说“Hameggs 一盘”，此处的英文被“火腿蛋”替代。社会是一个大沙漠，家庭是一个小沙漠，两个失意的年轻人林泽奇与白秋英要结伴相行，这样“沙漠中间载了我们这一对旅行者，黄沙会变成蔷薇，鸷鸟会变成黄鹂，马贼会变成中古时代的骑士，渴的时候到处都是清泉，我们还愁甚么怕甚么”。在选本中，这段抒情色彩颇浓的话语简化为“沙漠里会涌出甘泉，凶猛的雕鸟会变成会唱歌的黄鹂。我们还愁什么呢?怕什么呢?”俄国盲诗人可仑思奇在《咖啡店之一夜》中以背景衬托的方式出现，他从小离开家乡靠吉他弹唱在世界各地漂流，唱的俄国革命歌，激昂慷慨，受到各地青年的同情和敬爱。可仑思奇身世凄凉，当思念他的娘和兄弟时常流出眼泪。在 1955 年人文版中，田汉描写他的神态时说：“他有一头黄金似的头发。说话的时候，总带着一种很凄凉的笑。”在 1959 年选集本中，田汉将后分句改为“老带着一种挺寂寞的笑”。从审美角度看，二者艺术境界难分轩轾。前者的情感色彩更浓，后者更中性写实，联系田汉修改时的历史语境，“大跃进”在中国如火如荼，“厚今薄古”的讨论也热火朝天，“三面红旗”的标语铺天盖地，人民的革命干劲被空前激发，能唱革命歌曲的俄国诗人神态“凄凉”也就显得不合时宜了。同理，《咖啡店之一夜》中某些过于低调消沉的话语也被删去。剧中林泽奇屈于家庭因素被迫与不爱的人签订婚约，他虽然苦苦抗争，但“也不知道是神的意志，还是命运的恶作剧，很不容易找到这条路”。在 1959 年选集本中，该句被删去。“神”“命运”观点虽然较为真切地表达了小资产阶级软弱心态，但与 1950 年代后半时段强调乐观向上、积极进取的时代精神相背，这类消沉颓废的言语表达被删去也就不足为奇了。

《咖啡店之一夜》中第三个方面的修改是世俗化情爱表达的“洁化”处理。民国时期现代文学主要受读者消费制约，作家靠版税生活，当局对威胁其统治的所谓异己势力宣传物进行查封，对文学中源远流长的普通市俗生活情趣与审美品位则任其自然发展，并不过多干涉，世俗情爱题材受到读者的青睐，导致此类文学在民国的兴盛。尽管部分新文学作家对此提出批评，但时代大语境与读者市场的形成并不能在短期内改变，谈性说爱在民国语境中并不是禁忌的话题，在数不胜数的文学期刊、报纸副刊、媒体广告、影剧作品中我们不难发现这一点。但在“十七年”的政治语境中，露骨地谈性说爱绝不可能，涉及此方面的话语大多被删或隐晦地曲折表达，性爱欲望往往成为反动人物的独有特“性”。在该剧中，顾客甲在咖啡店侍女白秋英面前大发自我感慨“与其说颓废，不如说生活欲望沸腾起来了，所以淡巴菰也吸起来了，威士忌也喝起来了，性欲的对象也寻起来了，比起在清化乡当教员的时代，自己也觉得像两个人似的”。而在选集本中，此段话变为“这几年我也有些颓废了，烟也抽起来了，酒也喝起来了，比起在清化镇的时候，自己也觉得象两个人似的”。语句要干净得多，人性深度挖掘上也呈现两种不同面向。无独有偶，白秋英向林泽奇诉苦时说“那些轻浮的客人们，只把我当作一种模拟性欲的对象，有时候乃至加我以不能堪的侮辱，使我暗地里不知哭过多少回”。在选集本中，此段变为“那些轻薄的客人们，有时候还欺负我，侮辱我，我暗地里不知流过多少眼泪”。

《田汉选集》中《苏州夜话》的修订也完成于1959年，1955年人文版在田汉写于1928年、发表于1930年《南国月刊》第5、6期的底本上作了较大修改。原文讲述了老画家刘叔康带学生到苏州写生时无意中寻得失散十多年的女儿的故事。刘叔康年轻时沉醉在艺术的象牙塔里，他在北京郊外筑了一座精美的画室，花了五年时间精心打造“万里长城”的巨画，令人痛心的是军阀混战中他的画室被毁，巨画也被大兵一刀刀割烂，他的妻女在战火中流离失所，音信全无。他从死难中逃生后曾加入军队，后感觉鲜血白流后又到欧洲学画，最后开了一个小小的画院聊度残生。他的妻女在误信他不幸罹难后从北京投奔在苏州居住的妹妹又遭遇失败，为了谋生，他的妻子接受一位唐先生的接济，后来为了女儿上学费用，被迫与唐先生结婚。在未能为他生下小孩后，唐先生另娶，他的妻子不幸病逝，女儿也被迫辍学并被赶出家门，靠卖花为生，最终在苏州偶遇刘叔康并因缘际会父女相认。这是一个哀婉动情的故事。在选集本中，比对初刊本，有三个明显的修改：一是老画家与女学生一段喜剧色彩的“抖包袱”笑料被删去；二是人物对白台词有较为明显的“十七年”政治术语衍生化痕迹；三是涉及女性与城市评价的含蓄“净化”处理。在初刊本中，该剧前半段是一个调侃幽默的喜剧片，后半段是一个悲情哀婉的严肃正剧，选集本的修改主要集中在前半段。初刊本中，该剧采用倒叙的手法，开篇从老画家的四个男学生和一个女学生生活味极浓的对白切入，过渡到老画家与女学生一段喜剧色彩的“抖包袱”笑料后才进入正题。老画家在学生眼中的形象有些另类：那么老了，还逼着学生听他的人生观、爱情观。一方面认为女人是罪恶的东西，一方面又把自己的乐趣、爱和光明寄托在女学生杨小凤身上。而女学生也半推半就地认可这种误读的“爱”。这段“抖包袱”的噱头颇令观众捧腹，现移录如下：

杨　（倾听他的恳切的话后，忽然立起来抱着这晚境苍凉的老画家很情热地。）先……生！

刘　（惊喜无措）怎么?!

杨　（把头伏在他的怀里，一句一句地。）我虽然年纪很轻，……

刘　（紧张地）唔！

杨　不懂得什么……

刘　唔。

杨　可是您要是真正，……

刘　（紧张地）真正怎么？

杨　真正爱我的时候……

刘　（更紧张地）哦，真正爱你，又怎么样？

杨　（紧抱着他）我……我愿意做您的……

刘　（紧张到极度）哦，你愿意做我的……做我的什么呀？

杨　（头伏得更进）……

刘　（惊喜欲狂）小凤！你说呀，有什么话只管明白地说出来，别藏在心里，彼此都难受。我虽然年纪比你要大几岁，可是我的血还是一样的热呀。快说出来罢，你愿意做我的什么，小凤？……

杨　（很亲热地）我愿意做您的（忽又伏其头于他的怀里）……

刘　（受不了这种心的激动，两眼望天手抚着她的头似乎在感谢上帝赐他这样不意的幸福。）啊！（忽野兽似的抱着她，逼着她。）做我的什么！快说！

杨　（手抚其颊）做您的女……儿呀。

刘 哦，（气球升至三十三天忽然炸裂）……女儿啊。（无力地，可是很慈爱地吻了她的额）孩子，你怎么不早说呀。（拭汗）①

以上对白在1955年人文版中大部分被删去，但老画家刘叔康对女学生的某种潜在奢望仍通过“忽野兽似的抱着她”等字句暗示出来，而在1959年选集本则被完全删去。在民国时段，戏剧的演出要观众捧场，票房收入是支撑普通剧团正常运转的重要保证，剧作家为此往往迎合市场消费诉求，制造一些调侃幽默的男女恋情话题娱乐观众，上引的刘叔康与杨小凤滑稽的“师生恋”表白即为代表。刘叔康晚境凄凉，虽为年老鳏夫，但他认为自己的血还是热的，当误以为杨小凤也喜欢自己时，他失态地像野兽似的抱着她。而杨小凤支支吾吾，欲说还休，将一种正常的师生情演绎为跌宕起伏的情感闹剧，最后才将“做老师女儿”而不是“做老师女人”的“包袱”抖开，令人啼笑皆非，却也制造了笑料，渲染了舞台喜剧气氛。在20世纪五六十年代“新的意识形态体系中，不但‘性’成了反动阶级的特性，‘爱情’也成为一种小资产阶级情调”②。这种洁化叙事倾向在“十七年”文学生态中愈演愈烈，1955—1959年版《苏州夜话》文本异动即为佐证。

《苏州夜话》初刊本世俗生活味较浓，而在选集本中，人物对白台词有较为明显的“十七年”政治术语衍生化痕迹。在初刊本开篇中，学生们趁刘叔康不在时想到苏州城逛逛，喝苏酒、听苏州的女人唱歌，而不愿听这个老头絮絮叨叨谈人生观、恋爱观。选集本将此处的恋爱观改为世界观，并就此引申出人的世界观与画画有很大关系。

学生丁 ……我就不以为我们学美术的跟世界观有什么关系。

学生甲 不，大有关系，这决定了我们为谁们而作画……

学生丁 不，我从不为谁们作画，我只为自己的兴趣作画，或者说为表现自己而作画。

学生甲 那你客观上是为地主资产阶级作画，你会掉到粪坑里

---

① 田汉．苏州夜话［J］．南国月刊，1930（5，6）．

② 金宏宇．中国现代长篇小说名著版本校评［M］．北京：人民文学出版社，2004：23.

去的。①

以上对白为作家新增，田汉借人物之口表达了艺术的服务对象这个在“十七年”至关重要的核心元素，艺术是为工农兵的，如果是为地主资产阶级，那就掉到粪坑里了，略显粗鄙的话语映射出作家紧跟时代的政治热度，田汉有意增加这段对白也是对“十七年”文艺政策的响应与旧作可能引起误读的某种预警性辩解。选集本中学生甲谈到风景画是否在新社会有前途时，刘叔康回答说：“为什么没有前途呢？将来的人做了国家的主人不更加热爱祖国的风景吗？从画幅上看了祖国日益美好的河山不更增加爱国主义感情吗？”② 此段对白也是作家新增，在1928年田汉创作《苏州夜话》时，他无法预设1949年中华人民共和国的诞生，当然也就不会有剧中人物关于新社会风景画前途的讨论。新增的对白从爱国主义的高度阐释了风景画的功效，对日益美好的祖国山河的赞美也间接讴歌了社会主义制度的优越。与1955年人文版仅对初刊本删减不同，田汉在1959年选集本无中生有地添上这段对白，与原文语境大相径庭，教化色彩浓厚，这也说明当时主流意识形态已经影响到文学生态。“只要语言的使用是一种行动，一种与其他行动交织在一起的行动，意识形态就总是‘内在’于‘实际的社会关系’之中。”③ 换言之，人的日常社会实践总是渗透着主流意识形态的潜在召唤，查阅田汉1954年1月13日给龚啸岚的书信，他劝慰对方“首先好好学习总路线吧。那真是照耀一切工作的灯塔，对于中国社会主义化没有系统的认识，写任何剧本都是有困难的”④。在1958年第10期《戏剧报》上，田汉大声疾呼作家要有配合政治大局意识，要用又多又快又好又省的现代戏剧作品为群众服务。1959年的有意修改即是田汉以饱满的政治感情回应国家意识形态询唤的生动写照。

选集本第三个方面的修改为涉及女性与城市评价的含蓄“净化”处理。在初刊本中，年老孤寂的画家刘叔康言语有时忿狷偏颇，比如他认为“女人

---

① 田汉．田汉选集［M］．北京：人民文学出版社，1959：74.

② 田汉．田汉选集［M］．北京：人民文学出版社，1959：75.

③ ［英］汤普森．意识形态理论研究［M］．郭世平，等，译．北京：社会科学文献出版社，2013：27.

④ 《田汉全集》编委会．田汉全集：第二十卷［M］．石家庄：花山文艺出版社，2000：153.

是罪恶的东西，几千年前的苏州就亡在女人手里”①。苏州的琴台、月池、响屧廊、采香泾都是女人留下的罪恶的痕迹，“苏州的男子不很值得恭维，因为太女性的了”②。以上论词在选集本中都被删去。原文有助于深化老画家惨遭变故后的人性扭曲刻画，但对女性的侮辱性论调及对一座文化古城的随意评说均容易引起误读，作家也只有忍痛割爱了。

在 1955 年人文版《田汉剧作选》中，并未收录《暴风雨中的七个女性》和《丽人行》，4 年后田汉增收到选集本中，其原因有两个方面的考量：一是以上作品“还保存着青年期的纯真感情；同时在党的领导和影响下，还表示着对人民疾苦和民族运命的不断关心”③；二是《暴风雨中的七个女性》是“南国社被解散后转入地下，通过兄弟团体继续左翼戏剧活动时期的一些东西”④，而《丽人行》则“影射‘残胜’之后的国民党反动派和美帝国主义”⑤。二者均数次公演，在当时起了很好的革命宣传作用。《暴风雨中的七个女性》1932 年 6 月写于上海，发表于 1932 年《文学月报》第 1 卷第 1 期，原剧讲述“九一八”事变后 7 个知识分子女性在抗日态度立场及行为方式上的异见。张绿痕亲历日军“九一八”在沈阳的大屠杀及对女性的蹂躏践踏，抗日意志最坚决，后因对民国政府及社会团体空洞抗日而失望抑郁，投江自杀被救后，她得到上海进步女作家黄蔷、蒋珂的照顾帮助。在上海成立的“中国女作家反日联盟”大会上，女作家谢玉波大谈母爱精神的伟大与不朽，主张人类应用爱化解仇恨。苏玛丽也认为“人类之心”是世界没有隔阂的关键，这次战争是中国人自己招来的，要抵抗日本，先要改造中国，为此首先要提倡道德生活。谢苏二人的发言引起会场的争议，张绿痕愤然谴责。资产阶级小姐凌云从民族资产阶级发展的角度分析了日本悍然发动“九一八”事变的原因，得到大部分与会代表的响应，大家认为尽管国家实力不济也应对日开战。黄蔷总结发言深化了对凌云的认识，她说在半殖民地中国，买办资产阶级和帝国主义利益是一致的，他们决不允许中国民族资产阶级自由发

① 田汉．苏州夜话［J］．南国月刊，1930（5，6）．
② 田汉．苏州夜话［J］．南国月刊，1930（5，6）．
③ 田汉．田汉选集［M］．北京：人民文学出版社，1959：3.
④ 田汉．田汉选集［M］．北京：人民文学出版社，1959：3.
⑤ 田汉．田汉选集［M］．北京：人民文学出版社，1959：3.

展，应该唤醒广大群众起来自救，打倒一切帝国主义及其走狗。蒋珂也发言称资产阶级虽然可以暂时领导民族革命运动，但最终会和帝国主义妥协，出卖民族利益。会议尚未起草宣言，外面街上忽然传来日本人冲击中国店铺的喧闹声，6000多日本人在上海街上示威游行，撕毁店铺张贴的反日标语，甚至拿着木棍殴打民众。会议主席陈湘灵宣布紧急疏散，部分刚才还义愤填膺的人纷纷坐车逃跑。张绿痕、黄蔷、蒋珂则冲入街上反日的民众潮流中。大会临时商议下次改在凌云家中召集，到了约定时间，只有蒋珂一人最先到达，尽管她在上次与日本人的冲突中受了轻伤，但热情高涨，资产阶级家庭出身的凌云在思想上认可她的斗争，但无法背叛自己隶属的阶级，声称教育养成了她的趣味，自己不能拒绝这种靠剥削而来的生活享受。蒋珂从自己的亲身经历出发劝诫她积极投身实际工作，两人谈话间开会时间已过去一个多小时，谢玉波说有事不能出席，以后恐怕也不能到会，苏玛丽则称家里有病人不能抽身，大会主席谢湘灵派人送来一封信，说要埋头研究好中国社会史后再考虑中国革命的问题。黄蔷和张绿痕办完事后来到凌云家中，她们在谴责这些时代落伍者中更坚定了革命的方向，适逢客人报告上海民众反抗日本巡捕逮捕演讲学生发生的万人示威游行，黄、张、蒋三位女性迅速加入群众游行队伍中，孤独在家的凌云也呼喊着她们跟上了时代的步伐。1932年《南国》第一卷第二期曾介绍说："这幕剧本是田汉先生在九一八东省惨变后专替暨大教院编导的抗日宣传剧，意义深刻，曾经数次的公演，都收到极优美的成绩。"① 在1959年选集本中，该剧修改主要体现在以下五个方面：一是人物形象的适度拔高与思想认识境界的政治规范；二是政权更迭带来的工农主体地位的确立及意识形态话语权的改变；三是涉及嘲讽贬损中国人形象的删改；四是知识分子话语变成通俗大众语言；五是细节的完善及语句的精练。

第一场中女作家黄蔷针对别人评价自己作品风格的改变时说："我应该告诉大家从前写那些作品的是我自己，现在写这些作品的也是我自己。"在选集本中，此句变为"我应该告诉大家写从前那些作品的是我，写现在这些作品的也是我，不，更加是我，因为我开始真正认识自己该走的道路"。显然，后者语气更强烈，重点强调了现在"开始真正认识自己该走的道路"。

---

① 金洪．"暴风雨中的七个女性"述评［J］．南国，1932（2）．

联系全文，我们不难发现黄蔷从恋爱作家变成革命作家，真正认识到工农群众运动才是值得书写的对象。女作家蒋珂在恋人被害后独自一人晚上在马路上游走，对自己被别人当作做生意的妓女感到奇怪。黄蔷说："一个白白胖胖的姑娘，深更半夜独自在街上彷徨，谁都要疑心你是做生意的了。"选集本在此基础上增加一句"谁都是人家的好闺女，活不下去，才走上那条道儿的呀。"该句从社会学角度交代了卖淫现象发生的原因，语句也从调侃变成阶级话语的有意阐释。陈湘灵小姐发起成立一个"中国女作家反日联盟"，邀请黄蔷和蒋珂参加，蒋珂私下议论说这些小姐们的事情总是很难弄好的，黄蔷则主张大大地努力一下，她反驳说："你不是还说无论什么经验反正对于我们总是有益的吗?"选集本在此句后增加一句"我们得抓住任何一个机会宣传团结抗日，打击那些旁观派，投降派"。该句显然深化了黄蔷的思想境界，将她的认识与新中国对历史的政治规范标准统一起来，事实上"九一八"事变刚刚爆发时，舆论界并无明确的"旁观派""投降派"的政治概念，黄蔷也很难说出这些政治术语。在发起成立的"中国女作家反日联盟"大会上，黄蔷最后作总结发言时强调要唤起广大群众起来自救，反对一切帝国主义及其操纵经济与政治的买办资产阶级，她说："我们的敌人，不仅是日本帝国主义者而是一切帝国主义者和他们的走狗!"选集本将此句改为："我们的敌人，首先是日本帝国主义，其次是跟日本帝国主义一伙的其他帝国主义和他们的走狗!"从语境逻辑上看，前者得出的结论很自然，后者得出的结论很牵强，但前者的斗争策略显然有悖于统一战线，故田汉作了修改。从"九一八"事变中逃难出来的张绿痕在上海看到由于买办阶级的破坏，普通民众的爱国复仇情绪并没有积极调动起来，自己又举目无亲，身无分文，于是投江自杀。她被救后蒋珂安慰说："你不要太失望，不要死，你要始终相信群众的力量。"选集本在此句后又增加一句"上海并不是'死气沉沉'，她比'五卅'事件时代觉悟更高了"。该句更符合新中国对上海在抗日救亡运动中革命地位的整体评判。在"中国女作家反日联盟"成立大会上，谢玉波发表了"爱的哲学"，苏玛丽则附和提出"人类的心"等唯心主义人道观念，演讲完后当时的观众"大部分拍手"。选集本将之改为"一部分拍手、也有不拍手"。以上修改说明参会代表们只是部分认可她们的观点，提高了代表们的思想认识觉悟。综观以上文本异动，可以看出作家在尽量尊重原文的基础上对人物形象作了适度拔高与思想认识境界的政治规范处理。

《暴风雨中的七个女性》选集本中的第二个修改为政权更迭带来的工农主体地位的确立及意识形态话语权的改变。原文只是隐晦地谈到蒋珂的同居恋人之敏被害，他曾是蒋珂生命中的明灯。在选集本中，之敏俨然成了蒋珂的丈夫，而且被国民党杀害。原文中凌云女士在成立大会上阐释了“九一八”事变爆发的原因，她认为中国民族资产阶级的发展、美国资本在东北的渗透、日本本国的经济危机、苏联五年经济计划成功的刺激、中国下层民众一天天的叛乱等等因素倒逼着日本向中国东北寻找出路。此段话显然贬损了中国下层民众、美化了日军侵略。在选集本中，田汉将“中国下层民众一天天的叛乱”改为“中国民众又一天天革命化”，将“当然逼着他们向我们东北找出路”改为“所以才有日本占领东三省的事变”。原文中女作家谢玉波在会前与记者谈论“母爱”的伟大与无私，对母亲的去世啜泣唏嘘。记者劝她多写好作品贡献给大众，在东三省事件上把女学生群体用正确的路线宣传组织起来。而谢玉波则认为文学决不是有目的的，也不能用来做宣传。记者反驳她说：“可是美国的辛克莱不是说‘一切文学都是宣传’吗?”后来记者又解释辛克莱是一个普罗作家。在选集本中，此段话并没有修改，但在辛克莱上则加了一个脚注：这位作家当时以进步面貌出现，现在已成为极反动的官僚。田汉创作该剧时，辛克莱为美国著名左翼作家，写下许多揭示底层民众苦难的名作，后来为美国政府工作，在中美意识形态敌对的20世纪五六十年代，选集本认为他成了反动官僚。剧本第三场中，蒋珂与凌云促膝谈心，蒋珂问凌云为何不找一个留洋归国博士作为伴侣，凌云说这些博士尽管会对女人献殷勤，但装模作样，有一些爱谈政治的，“时常闹了大半天，说不出一句中肯的话”。选集本中则将爱谈政治博士们的言行具象化，“还有一些爱谈政治的，开口‘德莫克拉西’，闭口‘解放’，‘改造’，可是对人民的疾苦一点也不了解，也不想去了解”。以上政治关键词很有代表性，一方面他们似乎谙熟西方 Democracy（即德莫克拉西，意译为民主），一方面对左翼运动的“解放”“改造”也很理解，事实上，“解放”“改造”等政治术语更多出现在20世纪五六十年代的历史语境中，而知识分子深入民间、了解人民疾苦也是《讲话》后党的一贯主张。这也给读者一种提醒：田汉某种程度上是“用现在修正过去”，即以经过历史检验的政治规范去重构20世纪30

年代的故事。

涉及嘲讽贬损中国人形象的删改为第三种修改，原剧中蒋珂晚上在街上徘徊被别人误认为窑姐儿，她偶然碰到一个白俄的窑姐儿，两人聊天中蒋珂得知她会说几句中国话，诸如“亲爱的”“要好”“没有良心”“再会”等，蒋珂回去学给黄蔷与李心南听，李颇觉好奇，于是两人有如下一番对话。

> 李：那不和中国人学外国语一样吗？我们学外国语，总是先学那无聊的。
>
> 蒋：可是她们学外国语，是先学顶和她们的生意有关系的，她们不管那是有聊无聊，只要是客人们欢喜的话，就拼命的去学。
>
> 李：哈哈哈哈，这样说起来我们在学校里用的功可都用错了，我们拼命去学的，都是和我们将来的生活一点也没有关系的。
>
> 黄：（拍掌）对哪，小弟弟，你真也有了发展了！
>
> 李：哈哈，这还得感谢那白俄姑娘。
>
> 蒋：唔，我也得感谢她呢。

以上对白在选集本中被完全删去，在20世纪五六十年代的历史语境中，普通中国人成为时代的主人，只有主流媒体定性的“地富反坏右”才是嘲讽贬损的对象，阶级层级划分清晰的社会体制使意识形态话语严肃而敏感，这种笼统的调侃嘲讽可能使文本更幽默更有文化内涵，其揭示出的某种“体制弊端”也令人会心一笑，但注定与时代整体氛围有隔阂，田汉的删去当在意料之中。

知识分子话语变成通俗大众语言为第四种修改。在原剧中，田汉在表达知识女性的言说方式时往往在汉语中夹杂英文，在选集本中则将英文置换为中文或者删去，诸如poor改为贫穷，sailor改为水兵，moonerism改为论调，而将叶贤林（Esenin）、邓肯（Sadova Duncan）中的英文名删去，有的则将诸如“你自然是再Modern没有的男子了”“一个人的生活才算得Heroique（英雄的）”整句删去。原剧中某些过于诗意难懂的话语也被删去，使得台词更明确简洁。比如第一场中黄蔷与李心南对话中涉及的梅特林的“翠鸟”的比喻，“你不是看过梅特林的翠鸟吗？幸福就好比那双‘翠鸟’，我们结伴去找罢”，该句被删去。某些调侃知识分子虚与委蛇的生活场景也被删去。在

“中国女作家反日联盟”成立大会前的碰面交流中，一位编辑邀请女作家“拜赐大作”，并声称读过她们的作品，实际上他并不知道她们的姓名，所谓看过的作品也是张冠李戴，被揭穿后又巧舌辩解，大言不惭，最后要求女作家投稿时附芳照一张，让读者瞻仰瞻仰。以上内容在选集本中被全部删去，小圈子的生活情调不符合工农大众的审美趣味，尽管使得原文的讽刺幽默意味降低，但也让剧本的情节更紧凑。

细节的完善及语句的精练为第五种修改。比照原剧与选集本，我们发现田汉将文本中的隐晦代码实名化。诸如将“北四川路 KK 咖啡店”中的 KK 改为“上海”，将“××旅馆”改为“沪东旅馆”，将“××杂志的编辑”中的“××”改为“文潮”。在第一场中，蒋珂说“之敏的那条毡子后来不知道给谁挪去了……”选集本中改为“之敏的那条毡子后来不知给了谁了……”之敏是已故革命者，与他在一个牢房的难友将他的毡子“挪去”，有损难友的革命觉悟，而改为“给”，突出了之敏的主动，显示了他对难友的关怀与视死如归的革命情怀，一字之改，境界全变。在第二场“咖啡店”中，大会在进行中时，“店主人急进来撕去壁上及玻璃窗上之反日标语，蒋急问之，店主人与之不语”。在选集本中，此段话中“店主人与之不语”被删。根据剧情发展，如果“店主人与之不语”，则蒋珂无法得到日本人示威游行的消息，也就不会在接下来的发言中报告这么一个紧急消息。此处的修改使剧情逻辑更合理。在第三场中，凌云说自己出生于资产阶级家庭，不可能像蒋珂一样毫无保留地投身革命运动，她坦诚交代了自己的纠结心态：“你该承认人类有时候明知道不对的事他不能不做，同时明知道对的事他可又不能做——这就是人类的悲剧。”在选集本中，作者将后半句改为“明知道对他可又不能做，不敢做”。使得语句表达更准确，心态刻画更细腻。凌云为自己辩解时还说：“每一个受过教育的年轻人都有他的理想的，我也理想着一个比较合理的社会。”在选集本中，此句改为“每一个受过教育的有良知的年轻人也都有他们的理想，这些理想还可能违背他们的阶级利益。我也理想着一个比较合理的社会”。作者增加的修饰词及补充句使得说理更透彻，表达的意图也更明确。尽管有时代语境的再修改历史遗痕，但从整部作品的修改主题上看，以上诸多细节完善之处对读者的阅读理解还是较有帮助的。语句的精练表现在作者将一些过于繁缛的表述简洁化，在第二场的成立大会上，黄蔷批评“二十年后才可以同日本开战”的观点是亡国论调，并举反例论证说“我们中国一说到治水就是禹疏九河，一说到复仇，就是越王勾践卧薪尝胆”。在选集本中变为“中国人一说到复仇，就是越王勾践卧薪尝胆”。尽管删去前半句缺少了对仗的气势，但也使意图表达更直接突出。在第三场凌云与蒋珂的谈心中，凌云说她的父亲是资本家，但也时常受到日本纱厂的竞争威胁，甚至资金周转不灵，家里的生计也发生困难，在反日浪潮后才有较多发展机会。蒋珂回敬说：“可是现在不是够好了吗？假使你们还要说困难，那些困难的直不知要怎样说好？”在选集本中，此段变为：“现在不是好了吗？”尽管删去使论述不如原剧充分，但人物前后对白衔接更紧密。其他语句精练修改这里不再一一赘述。

《丽人行》的版本演变较为复杂，田汉 1946 年冬至 1947 年春在上海写作此话剧，1947 年 3 月 9 日由抗敌救亡演剧九队首演于无锡，据 2014 年 3 月 24 日《扬子晚报·档案穿越》专栏介绍，1947 年 3 月 9 日至 4 月 1 日，《丽人行》在无锡连演 26 场，创造了当时话剧场次最多、使用幕景最多的记录。据当年配角赵沅介绍，剧情“是以抗战胜利前夕沦陷区的上海为背景。贫苦的金妹夜班回家路上被日本兵强暴，随后又接连遭遇工厂倒闭、地摊被没收的打击，被迫沦为私娼。受过良好教育的梁若英对革命充满向往，却没勇气抛下荣华富贵，与银行家王仲原同居，直到发现王仲原的卖国罪行决心加入革命。李新群则是剧中的地下党，不停地引导金妹和梁若英反抗命运。最终，3 个女性一起期盼着胜利的到来。日本人走后，3 位女性并没有等到盼望中的胜利”①。该剧后搬到上海公演，轰动一时，连驻在汉口的国防部演剧六队，也“经过了两个多月的排演，终于让它和与汉口的观众们见面了”②。据 1948 年第 13 期《昆仑影讯》介绍，田汉名作、陈鲤庭导演之《丽人行》即将在斜土路“电工”厂开拍。“《丽人行》之电影摄制权，早经‘昆仑’取得，原拟请洪深导演，因洪深教授功课甚忙，不能亲临摄影厂执行导演工作，遂作罢……目前因开拍日期已逼近，剧本中若干部份，急需研

① 韩飞．无锡话剧队牵手田汉《丽人行》迎着特务枪口公演 1947 全国热剧［N］．扬子晚报，2014－03－24.

② 邓庆辉．“丽人行”观后：三个苦难女性的悲歌［J］．金声，1947（19）．

究。日昨田汉、陈鲤庭、赵明、凤子等为避人扰乱工作情绪，临时辟室某饭店商谈剧本，既至废寝忘餐，澈夜不眠，运续廿四小时之后，次日各人红着眼睛走出旅馆。据说剧本中之重要修改处，已告圆满解决，补写后即交油印。”由此观之，从剧本到电影脚本，田汉已作了一次修改。惜当时的剧本并未公开发行①，在1959年人文版《田汉选集》中，作者在《丽人行》篇末特意注明：1947作于上海1957修改于北京。事实上，在诸如《中国新文学大系（1937—1949）》《田汉文集》《田汉全集》等权威文库中收录的《丽人行》均为1957年的修改版，首次发表于《剧本》1957年五月号，而田汉据以修改的底本即初演本始终语焉不详，难以查寻，因此也无法以对校的方法找出修改异动之处。不过根据历史语境还原的方法，在选集本中出现的某些情节史料及人物台词肯定作了修改，在第五场中梁若英与章玉良在李新群家里见面，章玉良说他离开上海到内地抗战，“一到上饶就被顾祝同把我给关起来了”，因此吃官司受了不少苦。顾祝同为国民政府高级军官，在蒋介石发动的第五次“围剿”和“皖南事变”中罪恶昭著，残杀大批苏区民众和新四军官兵，在新中国意识形态中被列为国民党之元凶巨恶，但当《丽人行》1947年在无锡、上海等地演出及1949年昆仑影业公司在沪电影放映时期，顾祝同时任国民政府陆军总司令部总司令、国民政府郑州绥靖公署主任、国防部参谋总长等要职，在文化管制森严特务遍布的国民政府心腹之地公开点名批评顾祝同绝无可能。事实上，根据田汉同名话剧改编并于1949年1月完成摄制的电影《丽人行》中，此句为“一到内地就受人陷害，吃官司”②，根本没有出现顾祝同的字眼。同样在第十四场中，章玉良被伪善的岛田少尉释放时两人有一番较长的对话，岛田嘲笑章玉良说的“神圣的抗日战争”，他说：“别跟你们抗战‘贴金’了。你们国共合作才几天就闹翻了，

① 据当年演出《丽人行》的配角赵沅介绍，当年排练的旧祠堂和演出的剧场已经不复存在，但在无锡市档案馆，他幸运地找到了当年《丽人行》的一些演出资料，在上海人艺，他还查找并复印了演剧九队演员们关于《丽人行》的口述回忆资料和当年的照片。他想把《丽人行》的故事和演员记录下来，希望年轻人能把这部著作重新排演出来。

② 程季华主编．中国新文艺大系（1937—1949）·电影集［M］．北京：中国文联出版公司，1996：529.

因此你一到内地就被顾祝同给关起来了。你还有理由说什么‘神圣抗战’吗？你不是知道你们内部彼此勾心斗角，自私自利，很不‘神圣’吗?”① 此段话在电影中根本没有出现，在剧本初演本中更不会出现，原因有二：一是批评了国民党要人；二是间接非议了国民党的抗战，在1947年国民党统治区无法取得公开演出之合法性。其他细节也似作了修改，诸如梁若英与章玉良的女儿贝贝从五岁起就离开亲身父亲，在继父王仲原家中过着衣食无忧温暖舒适的生活，但见到七年素未谋面的父亲章玉良后革命性陡然高涨，看不惯母亲贪图享受，称王仲原为坏东西，宁愿跟章玉良一起坐牢，这些描写在拔高人物革命性的同时，也使情节逻辑经不起推敲，但在“十七年”的历史语境中却又合情合理，这或许就是艺术与现实的难解悖论。由于无法找到田汉《丽人行》的初演本进行比照，这里的修改仅是推测，其他修改之处也就存疑不论了。

田汉1930年3月被选为“左联”八名执委之一，1931年成为“中国左翼戏剧家联盟”负责人，1938年任职政治部三厅第六处期间，秘密加入中共党组织，由周恩来直接领导。新中国成立后，田汉担任全国文联常委、“剧协”主席、政务院文化教育委员会委员、文化部戏曲改进局局长等职，积极投身新中国意识形态建构工作。1954年底编讫的《田汉剧作选》即是作家按照新中国意识形态“重构”旧作的尝试，其中《咖啡店之一夜》《苏州夜话》还“残存”着某些“非社会主义文化”的旧质（1959年版《田汉选集》才最终“修正”）。“双百”期间，田汉在《戏剧报》上先后发表《必须切实关心并改善艺人的生活》《为演员的青春请命》，在1957年“反右”运动中受到剧协内部整风批判。在以后渐趋严苛的年代，田汉谨慎热情地表示，要努力改造旧思想，斧正旧作中“落后”之处，“要用社会主义精神教育人民，自己先得成为社会主义者”。“我立志认真学习马克思列宁主义，投入火热的斗争，烧掉自己资产阶级民主革命家的尾巴，用较合无产阶级要求的作品来再向党的四十周年献礼。”② 1959年人文版《田汉选集》显然是作者紧跟时代积极宣扬国家意识形态的实践，其文本异动丰富了学界对20世纪五六十

---

① 田汉．田汉选集［M］．北京：人民文学出版社，1959：551.

② 田汉．谈立大志［J］．文艺报，1959（19，20）.

年代社会主义文学场域秩序的认识。

二、避收的表现及原因

除了改收之外，在现代作家选集编选中也存在避收现象，作家或人文社编辑部根据新中国意识形态要求自觉过滤筛选部分“不合时宜”的作品。

(1)《十四行诗》的避收

冯至在《冯至诗文选集》中说：“尤其是一九四一年写的二十七首《十四行诗》，受西方资产阶级文艺影响很深，内容与形式都矫揉造作，所以这里一首也没有选。”① 冯至的《十四行诗》写作于1941年，当时作者住在昆明附近的一座山里，每星期进城两次，在山径田埂上行走，有一次将偶然而至的诗意灵感记录下来，正巧是一首变体的十四行，遂逐日累积成27首。1942年由桂林明日社初版，在当时影响很大。冯至说：“有些体验，永远在我的脑里再现，有些人物，我不断地从他们那里吸收养分，有些自然现象，它们给我许多启示，我为什么不给他们留下一些感谢的纪念呢?”② 可见，十四行诗的写作是作者思考时代、生命、自然的产物，是生命与艺术、体验与哲思的融合，后来学者给予很高评价。十四行诗是一种格律严谨的抒情诗体，语源于普罗旺斯语Sonet，音译为“商籁体”，它起源于意大利，后来流传到英、法、德、西等国。冯至的二十七首《十四行诗》蕴含了丰富的文化信息，大大超越了新中国工农兵大众的欣赏接受能力，在新中国提倡诗歌民间化和通俗化的语境中，这些以歌颂爱情及人文精神见长，来自西方资本主义国家的艺术形式自然受到拒斥，冯至也因此避收了十四行诗。

(2)《应修人潘漠华选集》的避收

1957年9月，《应修人潘漠华选集》出版，1959年3月，选集出第2版，在初版本中，冯雪峰在《序》中说：“修人的诗收入‘湖畔’中的一共22首，现在选录了21首。收入‘春的歌集’中的一共33首，现在选录了27首。”“漠华的诗收入‘湖畔’中的一共16首，现在选录了14首。收入‘春

① 冯至．冯至诗文选集·序［M］．北京：人民文学出版社，1955.
② 冯至．十四行集·序［M］．上海：文化生活出版社，1949.

的歌集’中的一共52首，其中标明‘若迦夜歌’的23首，现在选录了26首（包括‘夜歌’部分所选的11首）。”① 在人文版选集中，应修人在《湖畔》中的1首诗歌《第一夜》被删。在《春的歌集》中有6首诗歌被删，分别是《花蕾（一九二二）》《晨课》《读工人绥惠略夫》《我要（一九二三年）》《绿梅花儿娇》《心慰》。

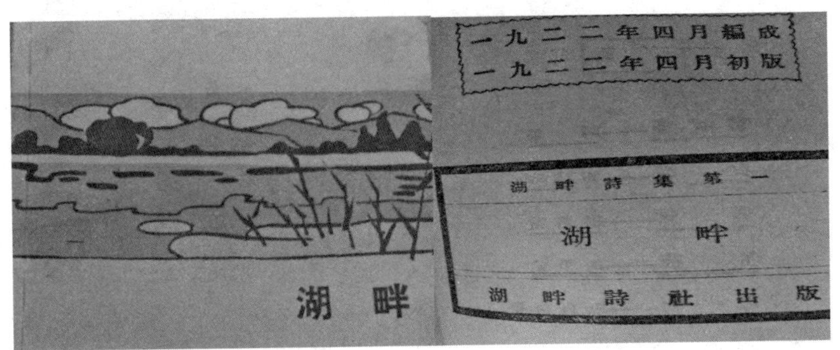

〔《湖畔》初版本封面及版权页。左图中的封面以淡雅的写意简笔画勾勒出一幅春意萌动的早春图，小河旁的坡地换成绿装，大朵白云慢悠悠飘荡着，河中也渐显生机，芦苇的铁褐色枝干浸润着春水，仿佛在节节拔高。封面左下角有两行淡绿色小字分行缩进排列：一九二二年 油菜花黄时。有学者考证此画是应修人托了上海美专的朋友令涛（亦是《蕙的风》的封面画者）所画。“它只是一本比手掌稍稍大一点的小册子，封面上装饰着一小条横幅的三色图案，象征地也写实地描出白云、青山、湖光与苇影的景色；两个小黑字体标出它的书名《湖畔》，下面用更小的字体印着它出版的时间‘一九二二年，油菜花黄时’”。② 右图为初版版权页，波浪线长框内注明该书“一九二二年四月编成 一九二二年四月初版”。加粗黑线方框内注明该书为“湖畔诗集第一 湖畔诗社出版”，说明《湖畔》为湖畔诗集第一集。〕

① 应修人，潘漠华．应修人潘漠华选集·序［M］．北京：人民文学出版社，1957.
② 楼适夷．诗人冯雪峰［J］．诗刊，1979（7）．

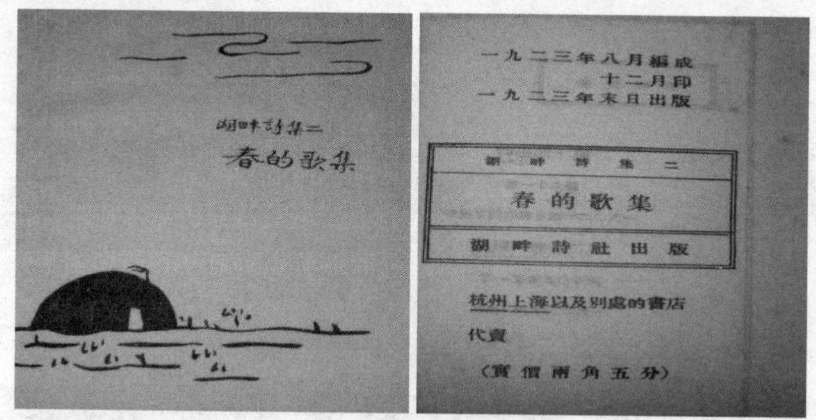

一九二三年八月編成
十二月印
一九二三年末日出版

湖畔詩集二
春的歌集
湖畔詩社出版

杭州上海以及别處的書店
代賣
（實價兩角五分）

〔影印本《春的歌集》封面及版权页。左图封面为汪静之当时的女友、后来的妻子符竹英所画。“画的是‘花冢’，下一新坟，上缀一些深蓝色的流云——‘虽不大好，终是自家人画的’。”① 画面淡雅简洁，流云、小草、花冢均为写意风格，花冢还开了一个小门，上面的纸幡随风飘荡。作者显然借用了《红楼梦》中林黛玉葬花情节来演绎伤春愁绪及人世无常之感，青春少男少女的细腻情事通过该画展露无遗。右图版权页标明该书 1923 年 8 月编成，12 月印，1923 年末日出版。页中的双线框注明《春的歌集》为湖畔诗社第二集，也由湖畔诗社出版。页下标明销售地点及售价：杭州上海以及别处的书店代卖 实价两角五分。《春的歌集》卷首空白页印有两行诗：树林里有晓阳 春野里有姑娘。该诗句表明《春的歌集》与《湖畔》一样，书写的还是青春里的爱情。《春的歌集》由四部分组成：卷一 雪峰和漠华诗；卷二 修人诗；卷三 若迦夜歌；卷末 秋夜怀若迦。卷末事实上是一篇较长的散文，冯雪峰所作，书写了潘漠华的悲苦命运和作者对他的想念与担忧。1923 年 8 月 26 日写于杭州。《湖畔》收诗 61 首，《春的歌集》收诗 105 首，另加冯雪峰的一篇散文《秋夜怀若迦》。〕

① 张直心，王平．湖畔诗社史实的还原与重构［J］．文艺争鸣，2014（4）．

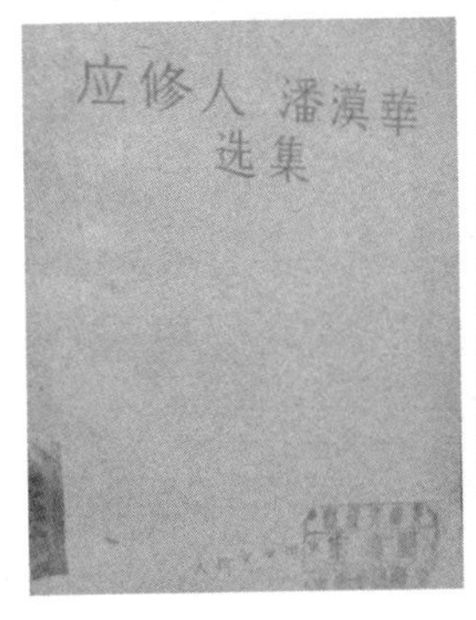

作者牺牲后从身上被發現的亲筆傳單稿

潘漠华像（约摄於1929年）

〔1957年9月人文社出版的《应修人潘漠华选集》封面及插图。左图为封面，说明该选集为二人的诗文合集，中图为一份影印件，人文社注明为“作者牺牲后从身上被发现的亲笔传单稿”。是作者写的一份鼓动工友罢工的宣言。右图为潘漠华相片，约摄于1929年。应修人于1933年5月14日被特务推下四楼牺牲。潘漠华于1934年12月在狱中进行绝食斗争而牺牲。二人的诗文被人文社整理出版，与民国时期出版的《湖畔》《春的歌集》封面相比，人文版封面显得肃穆端庄，插图中将烈士的亲笔传单稿和遗照刊出，说明该选集不是湖畔诗社时期“你侬我侬”的青春恋曲，而是革命志士在成为共产党员之前“青年的思想感情状况”。① 该选集在二人诗文选之前增加了两篇小传，对烈士的生平进行了简略介绍，一篇为应修人妻子曾岚所写，一篇为潘漠华好友冯雪峰所写。从这些诗文之外的副文本的变化中，我们不难看出《应修人潘漠华选集》的诗文接受语境已发生重大改变。值得说明的是，随着1957年底冯雪峰被划为“右派”，他主持参与编写的该版选集很快出了第二版（1959年3月人文社出版），第二版中所有涉及“冯雪峰”字样的语句被删去或被符号替换。〕

《第一夜》描写情人如胶似漆的第一夜。诗歌写道：

哥哥底怀里，
也有妈妈样的温暖吗？
这是尝新的第一夜呵！

---

① 应修人，潘漠华．应修人潘漠华选集·序［M］．北京：人民文学出版社，1957.

颊儿偎我，
腕儿钩我，
小调儿醉我，
小哥哥并枕而睡地伴我。

被角儿散开了。
让他自由些时吧！
抱紧了的手儿
腾不出这闲功夫呵！①

离开20世纪五六十年代半个多世纪后，我们重新来解读这首诗歌，感觉诗歌选取的视野很新，描述少男少女的情感极为细腻，比起20世纪90年代市场化时代曾经盛行的所谓“下半身”写作要高雅得多，含蓄温馨，带给读者美的享受。然而在强调反对黄色腐朽文化的年代下，这首诗歌隐含的性话语可能引起读者关于性的联想，故人文社编辑部删去此诗。而《春的歌集》中被删的6首诗歌，大多也与情爱有关。比如在《绿梅花儿娇》中，作者写道：

绿梅花儿娇，
妻妻，我不要。
徒然，添一个少妇在我家，
像绿梅换了腊梅花，
减一分人间的天真美，
——少一枝窈窕花。②

这首诗至少有两种解读，一种解读为主人公不愿受婚姻的约束，他认为“娶妻”破坏了女孩的天真窈窕美，而使世间平添了一个成熟妇女。另一种解读略有些复杂，在上世纪20年代的历史语境下，有钱男子娶妾极为普遍，该诗以主人公自白的口吻告诉妻子，不须在家里又添一个少妇，我们可以理解为妻子帮夫娶妾。或者，我们可以理解为女子娇艳美丽，正如诗中所说

① 漠华，等. 湖畔［M］. 北京：人民文学出版社，1998：8—9（新文学碑林）.
② 应修人，等. 春的歌集［M］. 杭州：湖畔诗社，1923：27.

“绿梅花儿娇”，妻子揣摩丈夫心理，仅仅把女子请来家中帮佣或做客。当然，前一种解读更为合理，但后一种解读也能自成一说。但前一种解读显然小资色彩过于浓厚，后一种解读与新中国政治语境明显不合。新中国提倡男女平等，废除买卖婚姻及一夫多妻制度，编辑部显然为了“时代的合理性”删去此诗。在《读工人绥惠略夫》中，作者表达了对无政府主义者绥惠略夫的同情与理解，同样被删去。

潘漠华在《湖畔》中的诗歌，在人文版选集中被删去 2 首，分别为《撒却》《孤寂》。《撒却》书写了受压抑者发泄内心痛苦、愁怨的几种方式。《孤寂》则通过对比手法描写了人的孤寂心理。在《春的歌集》中被删去 26 首。其中包括《若迦夜歌》中的 12 首，具体被删篇目为《三月八晨一》《三月八晨二》《三月十九夜杭州》《三月二十二夜杭州》《三月二十三晚》《三月二十五朝》《三月二十七朝》《我又入梦》《风雨夜期待的火》《焚诗稿》《爱者底哭泣》《恋诗篇一》。另有 14 首诗歌被删，具体篇目为《雨后的蚯蚓》《夜》《月夜》《新坟》《月光》《清明底思念》《祈祷》《月白的夜》《冬夜下》《灵魂底飞越》《西门外墓地》《将归故里》《万念俱灰》《毁灭》。《若迦夜歌》中被删的诗歌，大多为情诗，比如《三月二十三晚》中写道：

此地又寂寥，却又喧哗，
西方画满残片的红霞，
江水是一缕的青丝，
但是我，却日夜念着我底情人呀！

收团我底心儿，
只任他在思路上慢踏；
也许君是不知，也许君已知之，
我却终是沉沉地想思呀！

我寥廓的心野，
扫去败叶，拾去残柾，
妹妹，你慢扬你裙裾，细踏你足尖，

在我心野轻歌曼舞吧。

星星会沉落，云裳会撕破，
但我底心衣，披给你的，
将永远，永远地鲜明而美丽，
你穿了，偕我歌舞在九天。①

此首诗歌的意境很美，比喻也新鲜生动，从艺术美学的角度来看，不失为一首好诗，但在20世纪五六十年代的政治语境中，这首诗歌仅仅歌颂了所谓的纯粹爱情，没有将爱情依附在具体的社会生活、阶级斗争中，是一种应该反对的资产阶级意识倾向。综观20世纪五六十年代的文学，涉及爱情的书写往往都与革命斗争、生产建设联系在一起，诸如《柳堡的故事》《林海雪原》《青春之歌》《李双双小传》《我们播种爱情》等等，纯粹的、无进步思想意义追求的爱情也被当作小资倾向来批判。工农大众的爱情婚姻总是与劳动生产建设紧密相连，当时流行的闻捷爱情诗即为楷范。这是当时国家提倡社会新风尚的要求，也是时代文学生态在题材领域的具体表征。新中国成立后紧跟时代步伐的作家大都主动完成了作品的自我矫正。我们不能用意识形态对此作简单审美价值是非评判，因为文学服务的对象变了，一个时代有一个时代的文学，在“人民”“革命”“工农”“学习”等语汇成为主导的有生命力的社会语言后，现代文学的异动显然有其功能应用的合理性与塑造新国民的建设性。

潘漠华其他被删的14首诗歌，大概可以分为两类。一类情感基调过于消沉，有颓废派倾向。一类小资意识浓厚，无实际生活内容。《毁灭》即为前者的代表：

山野有红花开得闹，
河涯有双双翡翠舞，
心只留恋于死之原呀，
放我魂到死原底阴凉去！

---

① 应修人，等．春的歌集［M］．杭州：湖畔诗社，1923：26－27.

阴风吹动山与谷，
鸱鸮翻作鬼声唳！
魂灵底彷徨呀！彷徨呀！
在生与死底分野。

不想再在街上乱混了，
乞丐般的生涯有些无奈，
做自由狂浪的鬼魂去，
扯毁我生披身的华裳！①

很显然，诗歌表达了对死亡的向往和对鬼魂自由精神的憧憬，其本意也反衬出现实生活的虚华与压抑。但20世纪五六十年代是一个强调乐观向上、积极进取的时代，这类消沉颓废的诗歌不符合意识形态的规范也就不足为奇了。后者诗歌的代表为《新坟》：

采花的人去了，
发影裳影都远了，
遗下一朵蓓蕾在那树根。
我怜伊是被遗弃的，
将伊用黄土掩上，
伊的苦命就完了。
我回顾望望那新坟，
一步一步走进我家门。
我不愿将这新坟筑在我心头；
可是树梢的残阳会笑，
那檐头的秋风会歌，
插在那新坟上的青草会俯仰的拜：
眨眼看时，侧耳听时，

① 应修人，等．春的歌集［M］．杭州：湖畔诗社，1923：71－72.

我就满怀都是凄怆呀！①

整首诗歌用拟人的手法，将一朵被采花人无意遗弃的蓓蕾的怜惜之情表达得无以复加，比之《红楼梦》中“黛玉葬花”有过之而无不及，在20世纪50年代开始的大规模建设中，国家征用土地建厂曾引发“此地不宜动土”的议论，针对这种狭隘守旧的思想，《人民日报》曾在头版展开批判，要求群众提高思想觉悟，破除落后保守思想的局限，树立社会主义积极进取的主人翁意识。《新坟》中“见花落泪，见影自怜”的敏感小资情调，显然不符合主流意识建构的公民个人规范要求，其被删也在情理之中。

1959年3月，《应修人潘漠华选集》出第二版，在初版的基础上，诗歌的选目有些微调。人文社编辑部在第二版《前言》中说，应修人《湖畔》中22首诗歌，选20首；《春的歌集》中33首诗歌，选29首。潘漠华《湖畔》中16首诗歌，选14首；《春的歌集》中52首诗歌，选25首。通过对比第一、二版，我们不难发现微调背后微妙变化的轨迹。首先，在第二版《前言》中，人文社编辑部在介绍“湖畔诗社”时，直接省略了冯雪峰。编辑部在介绍烈士应修人的生平时说：“1922年春假时游杭州，同潘漠华、汪静之等会晤，曾选他们的新诗编《湖畔》一集，于4月间以‘湖畔诗社’名义出版。1923年又同潘漠华等合出《春的歌集》一集。”② 而在第一版《序》中，冯雪峰还将他和“湖畔诗社”成员的友谊娓娓道来，为读者介绍“湖畔诗社”诗集出版的有关情况。其次，第二版在涉及有关“雪峰”字句的诗歌中，要么直接删去整首诗，要么用符号代替“雪峰”二字。应修人在《湖畔》中的《心爱的》即被整首删去，原诗如下：

逛心爱的湖山，定要带着心爱的诗集的。

柳丝娇舞时我想读静之底诗了；
晴风乱飐时我想读雪峰底诗了；
花片纷飞时我想读漠华底诗了。

① 应修人，等．春的歌集［M］．杭州：湖畔诗社，1923：36－37.
② 人民文学出版社编辑部．应修人潘漠华选集·前言［M］．北京：人民文学出版社，1959.

漠华的使我苦笑；
雪峰的使我心笑；
静之的使我微笑。

我不忍不读静之底诗；
我不能不读雪峰底诗；
我不敢不读漠华底诗。

有心爱的诗集，终要读在心爱的湖山的。①

此首诗书写了“湖畔诗社”中潘漠华、冯雪峰、汪静之三人诗歌的不同艺术风格，暗中也歌颂了诗社四人真挚美好的友谊，但1957年冯雪峰被划为“右派”后，正面赞美他就显得不合时宜，故编辑部拿掉了这首诗。同理，潘漠华在《春的歌集·若迦夜歌》中的《记与雪夜话》也被改名为《记与S夜话》，原文中的“雪”即指“雪峰”。其他微调的篇目还包括选录应修人《春的歌集》中的诗歌在第一版基础上增《晨课》《我要（一九二三年）》两首。选录潘漠华《春的歌集》中的诗歌在第一版的基础上增《秋山》一首，原作标题为《万念俱灰》。人文社编辑部仿照《诗经》中诗歌命名方式，将这个消沉颓废的名字换成原诗中开篇二字，以减少原诗对读者的负面影响，真可谓用心良苦。

（3）《蕙的风》的修改

1957年9月，汪静之《蕙的风》出版，作者在《自序》中说：“‘蕙的风’收的是1920—1922年的诗，1922年初版，曾重印五次。现在删弃三分之二，剩下51首。‘寂寞的国’收的是1922—1925年的诗，1926年春季就已经打好了纸版，因故拖到1927年才出版，曾重印三次。现在删弃三分之一，剩下60首。”② 通过对比阅读，我们发现新中国成立前《蕙的风》共有四辑，第一辑36首、第二辑25首、第三辑3首、第四辑36首。四辑共有诗

① 漠华，等．湖畔［M］．北京：人民文学出版社，1998：81.
② 汪静之．蕙的风·自序［M］．北京：人民文学出版社，1957.

歌100首。这里的一首诗是以一个标题为单位来统计，若干以数字连缀的组诗也算一首诗。《寂寞的国》分为“寂寞的国”和“听泪”两部分，原有诗歌93首，其中“寂寞的国”51首、“听泪”42首。作者在《自序》中说：“一九二二年下半年和二三年共做诗一百来首，删去数十首，存四十一首，编为听泪。二四年一年只做了两句小诗，也收在听泪里。今年共做诗五十一首，编为寂寞的国。全集共计九十三首。”① 而在人文版《蕙的风》中，共分两辑，第一辑为“蕙的风”，第二辑为“寂寞的国”。作者说“蕙的风”中有诗歌51首，所计算的方法与新中国成立前并不相同，不是以标题为单位统计，而是将组诗中每一小节均当作一首诗。不仅如此，作者还说：“‘蕙的风’不知剪裁，有半数的诗都已重新删节；‘寂寞的国’只有1923年的‘独游’‘垂杨柳’‘秋夜怀友’‘漂流到西湖’四首重新删节了。”而关于“删节”的具体做法，作者说：“只剪枝，不接木，但有两首例外：‘寂寞的国’里的‘精卫公主’新添了末尾四句。‘蕙的风’里的‘题B底小影’原稿本来尚有末尾四句，当时因故抽掉了，现在仍旧还原，重新补上。”② 由此可知，作者对“蕙的风”不仅避收篇目较多，而且改动较大，这种改动多为将诗歌中与20世纪五六十年代主流意识形态规范不一致部分的删除，比如1922年8月出版的《蕙的风·第二辑》原作《孤苦的小和尚》，共有四小节，篇幅较长，在人文版中被改名为《小和尚》，在删去原作部分情节的基础上，语句也作了简化的修改。原诗如下：

> 玄空阴沉的庙宇，
> 排放着许多庄严的神像。
> 我探步进去，周身就浃了冷酷的恐怖。
>
> 庙里一个小和尚，
> 我问得他刚十七岁，
> 他被卖在这里十多年了，

---

① 汪静之. 寂寞的国·自序［M］. 上海：开明书店，1927. 此书于1927年9月初版，1931年10月三版发行.

② 汪静之. 蕙的风·自序［M］. 北京：人民文学出版社，1957.

生他的母亲和故乡他都不知道。
他从幼听见人说，
那庙后的石塔是他底父亲，
塔旁的大树是他底母亲。
他只有痴痴的眼光，
瘦弱的身体，
忧郁的面容，
倦懒的姿态。
但因了他那未尽埋没的残余天真，
可以看得出他是秀雅，
他是美妙，
他是伶俐，
他是活泼的年少。

妇人在神前叩头，
他喃喃地念着经，
却又用羡慕的神态和希求的眼色偷对着伊。
妇人祷毕去了，
我怜惜地望着他：
“你孤寂苦恼么？
谁给你尝的？
你情愿么？
呵！一个女子，恩爱的伴侣——你想么？
可怜你一个无父母的孤苦者，
你思念父母么？
哦哦！你父母在庙底后面。
但是，你底爸爸，那个石塔，也来拥抱你抚慰你么？
你的姆妈，那根大树，也来亲吻你乳育你么？
你可怜可爱的小兄弟呵？”
他一句正确的回答也没有，

不过自卑地带一点不敢的笑容。①

全诗以自问的方式深入探讨小和尚的内心世界，客观地书写了民国时代一个自幼被卖作和尚的少年的孤苦生活，不遮掩社会的丑陋，有关小和尚对凡世生活向往的躁动描绘得真切细腻，抒发了作者的怜悯之情。而在新中国成立后人文版中，作者不仅作了大量删节，而且将语句也重新简化，几乎成了一首新作。改写后的《小和尚》原文如下：

阴沉的庙宇里
排放着庄严的神像。
庙里一个小和尚，
他不知道他的母亲和故乡。

忧郁的面容，痴痴的眼睛，
倦懒的姿态，瘦弱的身，
但还没有埋没尽
一点残余的天真。

妇女在神前叩头，
他喃喃地念着经。
妇女祷毕去了，他掩不住
希求的眼色羡慕的神情。②

与新中国成立前的原作相比，这首诗在形式上最大的改变是重新添上韵脚。汪静之说："'蕙的风'多数是自由体，押韵很随意，一首诗有几句有韵，有几句又无韵。又因不懂国语，押了很多方言韵。现在把漏了韵的补起，把方言韵改正了。"③ 该诗第一节压 iang 韵，第二节压 en 韵，第三节压 ing 韵。除此之外，作者将五四白话中的"底""伊"分别改成"的""她"。

① 汪静之．蕙的风［M］．上海：亚东图书馆，1922：133－136.
② 汪静之．蕙的风［M］．北京：人民文学出版社，1957：13.
③ 汪静之．蕙的风·自序［M］．北京：人民文学出版社，1957.

在内容上，作者作了两处大的修改。一处隐去了小和尚自幼被卖的孤苦身世。一处删去了小和尚对凡世两性生活内心萌动的描写。前者为民国时代的丑陋社会现象之一，新中国已基本杜绝。后者隐晦地书写了小和尚性意识的萌动，显然不符合当时以教化为主要功能的意识形态规范要求。

汪静之在《自序》中说，关于诗歌的修改大多为直接删节。只有《寂寞的国》里的《精卫公主》新添了末尾四句，《蕙的风》里的《题 B 底小影》原稿本来尚有末尾四句，当时因故抽掉了，现在仍旧重新补上。我们重新来阅读这两首新添了末尾四句的诗，发现《题 B 底小影》末尾四句因本为作者新中国成立前一次完成，后四句与原诗相得益彰，情感与基调本就无法分割。而《精卫公主》后四句为作者时隔 32 年之后重新添加，明显带有 20 世纪五十年代高昂奋斗的时代痕迹，大大拔高了主人公精卫的思想境界，几乎重新塑造了一个新的人物形象。

《蕙的风》1922 年 8 月初版，每册定价洋五角，由位于上海五马路棋盘街西首的亚东图书馆印刷发行，当时各省各大书店均有分售。该书封面由应修人在上海美专的朋友令涛完成，一个肩上长了一对翅膀的天使双手拨弹着竖琴，他态度虔诚，单膝撑地坐在地上，面前的竖琴画成心形，两束蕙花牵伸着从图案下面生机盎然地绕过来，封面土黄色，“蕙的风”及“汪静之作”等七个字由周作人题签，古拙朴素，与封面简洁大方的图案风格浑然一体。该书环衬上竖排“放情地唱呵”五个行楷大字，由汪静之当时的女友、后来的妻子符竹英（菉漪）所写。书前分别有朱自清、胡适、刘延陵所写的序。标题简写为朱序、胡序、刘序，最后一篇是作者的自序。朱自清和刘延陵当时任职浙江省立第一师范学校，也是汪静之等湖畔诗人的老师。胡适为汪静之的安徽绩溪同乡，他们在这些追求自由、个性和反传统道德、礼教的情诗受到道学者的攻讦和指责时出手相援。在 1957 年《蕙的风》再版时，朱序、胡序、刘序均被删去，保留的自序也被完全改写。

四篇序言，可谓各具特色，朱自清的序言稳正简短，客观朴直，将汪静之的诗歌题材归入“爱与美”的范畴，并指出其艺术特征偏于清新、自然一类，表现手法也简单明了。指出在亟须“血与泪”文学的当时，这类文学也不应被另眼相看，因为它自有存在的必要。胡适的序言颇有学理性，他较为周详地考证了汪静之诗歌发展的过程——从幼稚到成熟。尽管从艺术上看，静之的某些诗歌还有缺陷，但比较那些深受旧诗词影响的“学究者”来说，他的诗歌就好像天足对比缠脚妇人的小脚一样，后者显然不适应时代的发展，而静之的诗歌则代表白话新诗努力的方向。胡适在论证汪静之诗歌发展过程时，颇有心得地提出了诗艺表达的三阶段：浅入而浅出；深入而深出；深入而浅出。三者并非并列关系，而是艺术呈现上的递进关系，此种理论也算诗论上的一家之言了。胡适最后指出尽管当时社会上许多人指责汪诗的“不道德”、过于“呻吟宛转”“繁简失度”等等，但应当给年轻人自由尝试的权利，只要放下成见，对之采取容忍（Tolerance）的态度，就能达到谅解与赏识。刘延陵当时是浙江省立第一师范学校的老师，同时也是中国现代文学史上第一本新诗杂志《诗》月刊的主编。他的序言才气四溢，锋芒毕露，更像是一篇反驳批评者的答辩词，与朱自清的客观稳正和胡适的学理考究形成鲜明对比。刘序首先对当时文坛上的“题材”决定论提出了批评，指出“太人生”的时代也应有“自然与爱情”创作题材的存在。艺术派的文学与人生派的文学可能因时代不同而有价值判断上的高低，但只要不是一个宗教式的 Stoical（禁欲）社会，汪静之的诗歌理该得到公平看待。汪静之的自序文采斐然，情意真切，他讲到了诗歌创作的初衷：自然而然的心灵流露。诗歌的目的则是“毁去灵魂的牢狱”，尽管在艺术上可能还显得幼稚、拙劣。对于社会上“要把一切的作品撳入一个范围”的专制做法，诗人明确表态：不和他们“废口舌”。汪静之最后交代了诗集的成书经过：浙江省一师叶圣陶先生来信征稿，周作人题签，封面画和卷头语则分别由好友所作。综观四人的序言，朱自清、刘延陵、汪静之落款处均采用公元纪年，其写作地址也标注详细，分别为江苏扬州南门禾稼巷、南通、上海吴淞中国公学。而当时任职北大教务长的胡适却采用民国纪年，也未留下任何相关地址信息。

（4）编者理念中提示的避收

与上述选集具体交代了避收的有关篇目不同，有些作家只是告诉了读者编选的有关理念，而从其理念的背后，我们不难找出避收的理由。

1957 年 11 月，《废名小说选》出版，作者在《序》中首先豪情万丈地表示要响应党的号召，到埃及去做一名志愿军来支持被压迫人民抵抗英法侵略的斗争。然后按照新中国文艺大众化通俗化的要求检讨了作品的晦涩难懂，最后指出编选的理念是："取其有反映生活的，取其有青春朝气的，取其内容不太沓杂的，取其语言方面可供借鉴的。"前面三条从内容方面讲取舍的标准，后面一条从形式方面讲取舍的标准。前者符合新中国主流意识形态的要求，后者也实践了国家关于汉语规范化的新要求，而其理念的反面就是作者避收的作品了。

1957年10月，《沈从文小说选集》出版，作者在《选集题注》中说："涉及青年男女恋爱抒情事件，过去一时给读者留下印象的，怕对现在读者无益，大都没有选入。""为反映新社会人民当家作主后万千种新人新事，虽然业已有很多优秀杰出作品，还需要万千种内容丰富扎实、文字健康清新的大作品，产生于无数新起的少壮有为作家手里。"① 由此可见，沈从文按照新中国意识形态要求来取舍自己的作品，对读者是否有益是他评判的尺度。同时他认为反映社会主义新人新事、体现人民当家作主的作品，是时代最需要的，并以此自勉，希望自己也加入讴歌人民的伟大斗争中，"我的生命和我手中这枝笔，也必然会因此重新回复活泼而年青！"②

第二节 序跋中的"检讨自省"和传略里的"拔高美化"

在"十七年"现代作家选集中，我们不难看出绝大多数选集都有作者的序跋，而对于已经去世的作家，一般由作家亲属或人文社编辑部写一篇人物传略作为附录。序跋大多交代创作时代背景、版本异动、检讨作品中的缺点错误、表白作家接受改造的决心等有关情况。传略一般介绍作家的生平、创作、革命经历、政治活动等相关内容。在时隔半个多世纪后重新客观审视这些特定历史语境中的序跋，我们能轻易看出萦绕在作家心中的某种焦虑与纠缠、憧憬与紧张、自省与渴求相混杂的复杂情绪。几乎所有的作家都在人文版选集的序跋中说要按照《讲话》来对照检讨自己作品中的某些缺点错误，表示要到火热的生

① 沈从文．沈从文小说选集·选集题注［M］．北京：人民文学出版社，1957．
② 沈从文．沈从文小说选集·选集题注［M］．北京：人民文学出版社，1957．

活斗争中去接受改造，知识分子要和工农大众结合，创造出为人民大众所热烈欢迎的作品。根据新中国成立前作家在历史中形成的对党的认同度及亲近关系的不同，我们可以将其分为革命进步作家（含革命烈士）、自由派中立作家、亲国民政府作家。① 后者在新中国历史语境中显然已失去话语权，其作品集不可能出版发行。自由派中立作家的选集出版则较为特殊，受到当时政治场域气候的影响较大，在文艺界实行“双百”方针时期，沈从文、废名、杨振声、丰子恺等一批新中国成立前倾向自由主义的作家的选集得以出版。

1979年，法国文论家热奈特（Genette）在《广义文本之导论》中提出了“副文本”的概念。在1982年出版的《隐迹稿本》中，热奈特指出：“副文本如标题、副标题、互联型标题；前言、跋、告读者、前边的话等；插图；请予刊登类插页、磁带、护封以及其他许多附属标志，包括作者亲笔留下的还有他人留下的标志，它们为文本提供了一种（变化的）氛围，有时甚至提供了一种官方或半官方的评论。”② 国内学者指出，副文本能为阅读正文本提供一种导引，事实上参与了正文本意义的生成。③ 同时，副文本与正文本构成相得益彰的互文关系，只有从正副文本综合阐释的角度才能更好地理解作品的文化及思想意蕴。“合观之，副文本是整个文本的有机构成；分观之，副文本与正文本形成重要的跨文本关系，它是正文本的最显见、最具在场感的互文本。”④ 综观人文版现代作家选集，其选录的作品绝大多数为新中国成立前的旧作，尽管作家作了改收、避收、注收的处理，但作者原创时的语境毕竟是一种历史客观存在，无法也不能作出改变。其创作时的历史背景、时代风尚、社会习俗千丝万缕地影响着作者的写作，这种全方位的渗透是潜移默化、润物细无声的，不管作家在新中国成立后如何按照新的意识形态来重新处理，仍然会残留历史的印迹。正因为如此，几乎所有在世作家

---

① 此处为论述方便考虑，袭用意识形态划分。其实，在新时期特别是新世纪以来的中国现代文学研究中，这种简单的二元对立的意识形态研究早已受到众多学者批判，而文化研究、民族国家文学研究、文体美学研究等多元研究竞相发展，形成多声部协奏曲。

② 热奈特．热奈特论文集［M］．史忠义，译．天津：百花文艺出版社，2001：71－72.

③ 金宏宇．新文学的版本批评［M］．武汉：武汉大学出版社，2007：8.

④ 金宏宇．中国现代文学的副文本［J］．中国社会科学，2012（6）．

会利用重印的机会，在序、跋等副文本中进一步批判历史留下的“落后”印迹，表明要按照《讲话》精神和新中国随时段调整的文艺政策及规范来指导自己今后的创作。这同时也是作品能在新时代得以出版发行的一种策略，作家通过对无暇及无法修改部分的批判完成了作品在新时代存在的合法性。阅读这些作家的序跋，对于更好地理解作家心目中的“正文本”会很有帮助。

作家对作品的“自查”通过两方面来进行：一方面是通过改收、避收、注收等对正文本的处理方式来完成，另一方面则是通过对序、跋等副文本的处理方式来完成。为了方便论述，特将出版过选集的现代作家分为“逝者”“前进者”“落伍者”三类，他们的序跋和传略也呈现不同的特色。

一、逝者传略中的叙述策略

对于选集出版时已经去世的作家，诸如许地山、鲁彦、殷夫、柔石、胡也频、叶紫、闻一多、蒋光慈、朱自清、应修人、潘漠华、萧红、刘半农、刘大白、宋之的等人，人文社编辑部一般在选集中附一篇人物传略，有时候传略也合并在序跋中。传略通常肯定作家的政治闪光点，突出具有历史进步意义的生活点滴，拔高作家思想上的革命精神。1955 年 3 月，《闻一多诗文选集》出版，卷后附录臧克家写的《闻一多先生传略》，在该文中，臧克家高度评价了闻一多从书斋走向革命的人生历程。对其早期的个人主义提出否定，对其后期的人民立场给予高度赞美。作者联系闻一多的生活经历讲述了闻一多烈士进步和觉悟的过程。臧克家指出：“新、旧思想在他的内心里引起了矛盾斗争。他用最大决心去排除旧的观念，开始学习新哲学、政治经济学，更进一步具体地研究了‘整风文献’，检讨、分析了自己过去的生活和思想。他初步的建立了唯物的思想，鄙弃自己的过去，认为不过是‘一个观念论者而已’。他认识到‘政治是最尖锐的人生，人生观即政治观’，并拿这个标准去分析中国传统的文化。他靠拢了人民革命队伍，尽力去帮助青年学生，用理论去说服一些对问题持不同看法的人，为了不使对方难堪，他常指着自己说：‘我以前还是“新月派”呀！’”这里，臧克家遵从当时强调作家政治立场的评价风尚，突出闻一多努力学习延安“整风文献”的经历，指出他的革命转变是有思想根基的，同时对当时认为是资产阶级文艺的“新月派”进行了批判。

1955年3月，《朱自清诗文选集》出版，该集附录李广田写的《朱自清先生传略》，记录朱自清革命进步的每一点滴。在传略中，作者追溯朱自清从1935年“一二·九”运动后一步步走近人民的革命历程：1935年12月参加北平学生的游行队伍；1941年对抗战时期国民党的腐败与人民生活的贫苦留下极深刻的印象；1945年到西南联大图书馆四烈士灵前致敬；1946年对国民党特务杀害李公朴、闻一多表示极度愤慨，亲赴李闻惨案追悼大会演讲；1947年参加签名抗议国民党当局任意逮捕人民的宣言，参加文艺座谈会讨论诗歌的阶级性问题，肯定从新诗运动开始即有社会主义倾向的诗歌；1948年参与清华教授“反饥饿、反迫害”宣言起草，强调要多用文字为人民服务，签名抗议美帝扶日并拒领美援面粉的宣言，签名抗议北平当局“七五”枪杀东北学生事件，在清华座谈会上强调知识分子的任务与改造的必要性。传略特别指出：在他给闻一多的挽诗中说到“闻先生是‘一团火’并将于‘遗烬里爆出个新中国’”。“到了闻一多先生被杀之后，他逐渐克服了超阶级的观点，获得了人民意识。”显然，李广田将朱自清先生的觉醒与新中国成立后受到主流意识形态高度肯定的闻一多烈士联系起来，以此告诉读者民国旧文人思想得以转变的路径，这也是当时人物传略中常用的拔高技法之一。

1957年9月，《应修人潘漠华选集》出版，卷前附有曾岚写的《应修人小传》和冯雪峰写的《潘漠华小传》两篇文章，所署时间均为1957年3月，当时冯雪峰尚未划为“右派”，故选集上能署上自己的名字。在1959年3月出第2版时，冯雪峰即被作“隐形处理”，不仅这篇小传被改作后省去名字并入《前言》中，而且介绍“湖畔诗社”时也删去了冯雪峰的名字。在1957年版的选集中，两篇人物小传的介绍均平实客观，《应修人小传》在介绍他的文学成绩前，着重强调了他1925年“五卅”运动后加入中国共产党直至牺牲的革命经历，指出他曾在上海加入中国左翼作家联盟。《潘漠华小传》在介绍他的文学贡献时，也着重强调他1927年在杭州加入中国共产党后直至牺牲的革命经历，指出他曾在天津加入中国左翼作家联盟。由此观之，两篇人物小传其实共用同一模板，都是先对人物作出“革命烈士”的身份界定后再作文学评判，最后以作家参加“左联”来给作品定性。将作品与人物的革命经历结合起来进行评价，其实给了读者一个暗示性的“前理解”，这也是当时常用的叙述手法之一。

1958年2月,《刘半农诗选》出版,与闻一多与朱自清曾受到毛泽东的高度评价不一样①,刘半农并无革命业绩可言,但他的新诗多描写劳动人民的生活和疾苦,表现他们在旧中国受到的压迫与剥削,语言通俗,与20世纪五六十年代的主流意识形态宣传相吻合。在《游香山纪事诗》第十首中,作者写一名欠租才五斗的老农被凶暴公差鞭打的惨状,表达对旧社会底层农民的深切同情。《相隔一层纸》通过对比书写了社会严重的贫富悬殊,两级分化。《学徒苦》客观记录了旧社会学徒终日劳累受尽欺压的悲惨生活。《刘半农诗选》卷后附录刘北茂所写的《纪念长兄半农先生》一文,作者在文中讲述了刘半农贫苦的出生及成长经历,刻画了他对人民大众和民间文学的深厚感情。在肯定他在编辑《新青年》时反封建的功绩后,又结合20世纪五六十年代意识形态评价标准对他"革命性"不够高提出了批评。"半农先生是'五四'时代文学革命运动中的一员猛将。我们遗憾的是他没有跟上急遽发展的现实,没有像鲁迅先生那样始终站在时代的最前列。"作者解释造成这种情况的原因时说首先是受到环境的影响和限制,其次是晚年受到白色恐怖的威胁和搞学问"清高"思想的束缚。为了契合当时思想文化界开展批判工作的需要,作者态度鲜明地介绍了刘半农的择友观。"他也决不与一般反动文人同流合污的,他愤恨林语堂的媚外,认为他是文化汉奸。他对胡适的评语是:'这个人眼睛里除了利以外,别无他物。'"最后,作者借鲁迅的《忆刘半农君》高度肯定了他的一生。

二、前进者的"改造"誓言

革命进步作家的序跋大都对照《讲话》检讨缺点,表示要紧跟时代,投身到为工农兵服务的伟大洪流中。新中国成立后,夏衍任上海市委常委、上海市委宣传部部长、上海作协主席,在《夏衍剧作选·代序》中,他不仅对照《讲话》检讨了自己旧作中"小资产阶级意识浓厚"的缺点,而且从政权

---

① 毛泽东在《别了,司徒雷登》中说:"我们中国人是有骨气的。许多曾经是自由主义者或民主个人主义者的人们,在美国帝国主义者及其走狗国民党反动派面前站起来了。闻一多拍案而起,横眉怒对国民党的手枪,宁可倒下去,不愿屈服。朱自清一身重病,宁可饿死,不领美国的'救济粮'。"参考毛泽东. 毛泽东选集[M]. 北京:人民出版社,1964:1384.

巩固和社会主义伟大建设的长远利益出发，在灵魂深处剖析了“小资产阶级知识分子抵制文化改造”的微妙心理，指出广大作家应站在人民大众立场，克服同情怜惜“小资产阶级知识分子”的情绪，这样才能团结同盟者取得更大胜利，而为了做到这一切，就必须用社会主义现实主义去统领创作。在《代序》中，夏衍从医学角度来作比喻，他将为“小资产阶级”服务的文艺称为“未死”，而将为“工农兵”服务的文艺称为“方生”，作家对前者必须批判，而对后者必须赞美，只有这样，文艺才能真正为工人阶级、为人民群众服务。

沙汀在新中国成立后担任全国和四川省文学界的领导工作，他在《沙汀短篇小说集·后记》中按照革命胜利后文艺新标准对旧作开展自我批评，指出自己由于思想认识的限制，部分作品的革命性不高，政治热情不够饱满，同时也指出部分作品经过修改，主题、故事明确了，对于读者理解是有帮助的。

新中国成立后，吴组缃任北京大学中文系教授，并担任全国文学工作者协会委员，中国文联、中国作协理事，他在《吴组缃小说散文集·前记》中首先从历史的角度客观地介绍了编选的理念，然后在新的历史语境下，着重向读者推荐了凸显革命意义、反抗性强的作品，“《一千八百担》《樊家铺》和《某日》等数篇，都以昂扬之情歌颂了被压迫人民的崛起与胜利前途，对压迫阶级及其统治势力的走向崩溃灭亡，则投以痛快的嘲笑”①。最后指出自己作品大多没有把握住事物的主要矛盾方面，“有时接触到激烈尖锐的斗争，还是只反映了那侧面”②。

聂绀弩在新中国成立后担任中国作家协会理事兼古典文学研究部副部长、人民文学出版社副总编辑兼古典部主任。在《绀弩杂文选·序言》中，他谦虚地表示自己没有写过一篇像样的文章，并以“现身说法”的方式对那些否定“作家思想改造”的说法大加鞭挞：“必须诅咒这样一种论客，说作家早已一次自我完成了，先天就具有工人阶级立场和正确的世界观，或者那立场或世界观是毫不重要的。因此无须学习改造，无须用学习来武装自己，把自己的武器磨

① 吴组缃．吴组缃小说散文集·前记［M］．北京：人民文学出版社，1954.
② 吴组缃．吴组缃小说散文集·前记［M］．北京：人民文学出版社，1954.

光，无须把自己的思想感情改变得和人民的思想感情一样。”①

1949年7月阳翰笙担任全国电影协会主席，后又被任命为国务院文教委员会委员兼秘书长、党组书记。在1953年的第二次文代会上，他当选为中国文联秘书长、党组书记。在《阳翰笙剧作选·后记》中，他通过对新中国成立前作品找病源并修正的方式来弥补自己思想上的“缺点”，对新时代的创作充满期望。“过去了的东西就让它过去了吧。在我们伟大祖国的自由天地里，当我重新拿起笔来歌颂我们社会主义革命事业的辉煌成就的时候，我希望，我能够写得比较像样一点。”②

草明在20世纪30年代加入中国左翼作家联盟，1942年参加延安文艺座谈会，新中国成立后担任东北文协副主席，东三省作协分会副主席。在《草明选集·前记》中，作者表示由于没有直接参加工人的反抗斗争，作品表现还不够深入。在听了毛主席在座谈会上关于文艺要为政治服务，文艺工作者要和工农兵结合的号召后，自己努力践行，虽然取得了一些成绩，但还需加快提高的脚步。“这些年来，虽然不时有机会参加基层的工作和工人们的生产斗争，作品中所反映的内容踏实了些，语言也更接近群众口语一些。但是，自己进展的速度还未达到应有的速度。”③ 今后要按照毛主席说的作家“必须长期地无条件地全心全意地到工农兵群众中去，到火热的斗争中去”的标准来要求自己，更深刻更彻底地贯彻毛主席文艺方向。

周立波1934年参加左翼作家联盟，1935年加入中国共产党，新中国成立后担任政务院文化部编审处负责人、湖南省文联主席兼党组书记等职。在《周立波选集·序言》中，作者首先通过对自己曾经迷信书本的危害论证了毛泽东《讲话》中“人类社会生活才是文学艺术唯一源泉”的正确，随后指出《讲话》标志着中国文学进入一个崭新的阶段。“许多作者从这文献里获得了珍贵的启示，受到了重大的教益。”“我相信它永远都不会过时。它是不朽的。”④

---

① 聂绀弩．绀弩杂文选·序言［M］．北京：人民文学出版社，1955.

② 阳翰笙．阳翰笙剧作选·后记［M］．北京：人民文学出版社，1957.

③ 草明．草明选集·前记［M］．北京：人民文学出版社，1959.

④ 周立波．周立波选集·序言［M］．北京：人民文学出版社，1959.

三、“落伍者”的自我救治

相比上述革命进步作家，新中国成立前自由派中立作家序跋里的“自省批判”色彩更浓。冰心在《冰心小说散文选集·自序》中将自己的这部集子比喻为通向社会主义现实主义大门前台阶下微不足道的小石头，国家不肯挖出丢掉这“占着一层台阶的最低下最畸角的一块小石头”①，只是出于从历史角度反映五四以来新文学的发展潮流的需要。在《自序》中，冰心在批判了旧中国的黑暗之后指出自己没有寻找光明的勇气，“结果我就退缩逃避到狭仄的家庭圈子里，去描写歌颂那些在阶级社会里不可能实行的‘人类之爱’。同时我的对象和我的兴趣，主要是放在少数小资产阶级知识分子上面”②。最后，冰心指出自己因为没有“到工农兵群众中去，到火热的斗争中去，到唯一的最广大最丰富的源泉中去”，终于导致写作枯竭。

冯至在《冯至诗文选集·序》中引用萨尔蒂可夫·谢德林在1871年所说的话来检讨自己过去的世界观不明确，写出来的东西实在不像样子。“诗里抒写的是狭窄的情感、个人的哀愁”③。最后，表示以后要“努力写出对人民有益的作品，为了这个要求，我必须努力学习，加强劳动，不断地改造自己”④。

老舍在《老舍短篇小说选·后记》中虚心地正视了作品中的缺点，他说：“在思想上，十三篇中往往有不大正确的地方，很难修改，也就没有修改。人是要活到老学到老的，今天能看出昨天的缺欠或错误，正好鞭策自己努力学习，要求进步。”⑤ 对于这些新中国成立前出版的作品，老舍请读者将之作为古董来看待，虽然实在有些过景，但从历史的角度也可以对比出新社会的光明。

汪静之在《蕙的风·自序》中开篇即表示这些新中国成立前的旧诗没有再印的必要，但从保存“五四”新文学史资料的角度出发，“我才想到当作断砖碎瓦破骨残齿，供人参观，亦无不可”⑥。他谦虚地表示：“‘蕙的风’

① 冰心．冰心小说散文选集·自序［M］．北京：人民文学出版社，1954.
② 冰心．冰心小说散文选集·自序［M］．北京：人民文学出版社，1954.
③ 冯至．冯至诗文选集·序［M］．北京：人民文学出版社，1955.
④ 冯至．冯至诗文选集·序［M］．北京：人民文学出版社，1955.
⑤ 老舍．老舍短篇小说选·后记［M］．北京：人民文学出版社，1956.
⑥ 汪静之．蕙的风·自序［M］．北京：人民文学出版社，1957.

是我十七岁到未满二十岁时写的。我那时是一个不识人情世故的青年，完全蒙昧懵懂。因为无知无识，没有顾忌，有话就瞎说，就有人以为真实；因为不懂诗的艺术，随意乱写，就有人以为自然；因为孩子气重，没有做作，说些蠢话，就有人以为天真；因为对古典诗歌学习得少，再加有意摆脱旧诗的影响，故意破坏旧诗的传统，标新立异，就有人以为清新。其实是思想浅薄，技巧拙劣。"① 这里，汪静之毫不吝啬地对自己的旧诗提出了批评，其原因与20世纪五六十年代对所谓情诗的态度有关，在一个弘扬集体主义与乐观精神的时代，单纯讲究两性愉悦、个人私密情感的爱情诗生存空间被大大压缩。尽管《蕙的风》中的爱情诗对于旧礼教的反叛发生过很大的作用，但作者自认为并不符合新中国社会主义文学的要求。而在介绍《蕙的风》中的第二辑《寂寞的国》时，作者表明受到了革命思想的影响。"直到'五卅'运动那一年的秋天，应修人拿了'共产党宣言'等三本书给我看，我才好象瞎子睁开了眼一样，不象过去那样完全盲目糊涂了。""从那时起我就决定不再写爱情诗，不再歌唱个人的悲欢，准备学写革命诗。"②

沈从文在《沈从文小说选集·选集题记》中认为自己在新中国成立前写的东西说不上有真正的成就，原因是当时旧中国处在苦难挣扎中受锻炼、社会变化最剧烈的时期，"我的生活工作方式却极其窄狭少变化，加之思想又保守凝固，自然使得我这个工作越来越落后于社会现实，似乎当真变成了一个自办补习学校中永远不毕业的留级生"③。在检讨了自己的缺点和不足后，沈从文谦虚地表示自己只是20世纪整个文学运动中的一名小卒，主要任务是为大队伍打前站。在《选集题记》中，沈从文还从阶级分析的角度论证了腐朽剥削的旧社会应该灭亡的理由，按照新中国成立初意识形态的标准对文学的革命功效性作出新的阐释，他认为新文学是政治革命的一翼，但"想把文学完全从因袭陈腐旧套子公式脱出，使它和活生生的语言接近，并且充满新的情感和力量，变成一个有力的武器，有力的新工具，用它来征服读者，推动社会",④ 绝不是凭几个旧文人办几个刊物成立几个社团写写文章就能

① 汪静之. 蕙的风·自序［M］. 北京：人民文学出版社，1957.
② 汪静之. 蕙的风·自序［M］. 北京：人民文学出版社，1957.
③ 沈从文. 沈从文小说选集·选集题记［M］. 北京：人民文学出版社，1957.
④ 沈从文. 沈从文小说选集·选集题记［M］. 北京：人民文学出版社，1957.

大功告成。而在共产党正确坚强领导下的新中国，通过亿万人民的努力，整个文学艺术有了崭新的面貌，沈从文希望能重新拿起手中的笔，和大家一起讴歌人民建设祖国、保卫世界和平的伟大斗争。

废名在《废名小说选·序》中，谦虚地认为自己过去所写的东西属于个人主观的产物，确乎微不足道。自己的作品“终于是逃避现实，对历史上屈原、杜甫的传统都看不见了，我最后躲起来写小说乃很象古代陶潜、李商隐写诗”。接到人民文学出版社出选集的通知后，“硬着头皮把五个小说集都看一遍。看一遍之后，乃又不能不再看，以至多次看，因为我要负责。一面看时，一面自己好笑，难怪从前人家说我的文章难懂，现在我自己读着有许多也不懂了。道理很简单，里面反映了生活的就容易懂，个人的脑海深处就不容易懂。”这其实是间接地承认了自己作品的“晦涩”。废名借用陶潜饮酒诗“但恨多谬误，君当恕醉人”，强调读者对自己的旧作要采取批评的态度。在序的结尾部分，他指出新中国成立后受到党的教育，自己已从“迷途”状态中清醒过来，“顽夫廉，懦夫有立志”，明白过去50年躲避了伟大的时代。在这个前进的时代里，“要符合人民的利益才算贡献，要对创造社会主义文化有贡献才算贡献，我很有这番良心”①。废名以这两条标准来给自己未来的作品定调，借《序》倾吐对“新生”的渴望。

第三节　现实主义创作视域的倚重与崇奉

在1937年7月20日的《中华公论》创刊号上，周扬曾对现实主义有一个很经典的论断：“它不是作为一种样式，一种风格，而作为一种对现实的态度，一种倾向”；只要是“在和历史的前进运动而一致这一点上是现实的”，“都可以总汇在现实主义的主流里面”。很显然，周扬从文学的社会价值功能角度对现实主义作了一个宽泛的界定。他认为“符合历史前进方向”是现实主义的显著特征。在“十七年”人文版现代作家选集编选中，作家或编者沿袭了周扬的这一判断，对现实主义倾向的作品大都持肯定态度，而对

① 废名．废名小说选·序［M］．北京：人民文学出版社，1957.

非现实主义特别是西方资产阶级的现代派艺术形式大都持否定拒斥态度。

1951 年 3 月，以茅盾为主编的新文学选集编辑委员会发表关于“新文学选集”的编辑凡例，指出：“所谓新文学，指‘五四’以来，现实主义的文学而言。如果作一个历史的分析，可以说，现实主义是‘五四’以来新文学的主流，而其中又包括着批判的现实主义（也曾被称为旧现实主义）和革命的现实主义（也曾被称为新现实主义）这两大类。新文学的历史就是从批判的现实主义到革命的现实主义的发展过程。一九四二年毛主席在延安文艺座谈会的讲话发表以后，革命的现实主义文学便有了一个新的更大的发展，并建立了自己完整的理论体系和最高指导原则。”① 很显然，凡例高度肯定现实主义创作方法，将之看成新文学的主流，特别是《讲话》后得到进一步发展的革命现实主义更是作家们学习的榜样。而与革命现实主义创作方法相悖的其他创作方式则受到忽视和冷遇。

在 1953 年 9 月 23 日至 10 月 6 日召开的中国文学艺术工作者第二次代表大会上，社会主义现实主义作为未来中国文艺创作和文艺批评的最高准则被确定下来，该创作方法根据国内政治经济发展的需要，要求作家用社会主义思想教育、鼓舞人民群众。“社会主义现实主义是一种世界观，它能赋予作家或艺术家以远见，但是不应该妨碍文艺流派、体裁和形式的多样化。”② 对于文学场域中倡导的这种主导潮流，当时众多现代作家在自己作品集中的序跋里纷纷表示响应和支持。

田汉在《田汉剧作选·后记》中说：“第一次世界大战后，欧洲文艺界一度流行过一种反现实主义倾向，我在东京读书时，便受过一些这样的错误影响，并曾给我那篇试作贴上新浪漫主义的标签；后来才知实际上不是那么回事。在东京的某一阶段，我几乎还走上唯美主义、颓废主义的歧途。但我毕竟是一个贫苦农民家庭出身的有良心的中国孩子，在祖国人民深重的苦难前面，在日益严重的民族危机前面，我不可能不有所觉悟，不可能不有所振奋；又在我搞王尔德、爱伦·坡、波得莱尔的同时，我爱上了赫尔岑、托尔

---

① 新文学选集编辑委员会．茅盾选集·编辑凡例［M］．上海：开明书店，1952.

② 译文社．保卫社会主义现实主义：第一辑［M］．北京：作家出版社，1958：261.

斯泰等俄罗斯文学巨匠，因而在迷途未远的时候我就折回来了。"① 这里，田汉愧疚地以自己是"一个贫苦农民家庭出身的有良心的中国孩子"来为曾经践行过的现代主义倾向解脱，并以喜欢革命作家赫尔岑和批判现实主义大师托尔斯泰来减轻自己的过错，很显然，田汉通过对创作方法的爱憎选择响应了当时文艺界的主导倾向。

冯至在《冯至诗文选集·序》中说："尤其是一九四一年写的二十七首《十四行诗》，受西方资产阶级文艺影响很深，内容与形式都矫揉造作，所以这里一首也没有选。"② 很显然，冯至通过编选取舍鲜明地表达了对西方资产阶级文艺的态度。

1957 年 4 月，《戴望舒诗选》由人文社出版，卷前附录艾青所写《望舒的诗》一文，该文对戴望舒早期的所谓颓废、伤感的诗歌提出批判，指出其对时代的洪流是回避的，这样的作品，只能对当时的青年产生不好的影响。随后，艾青指出抗战爆发后，戴望舒诗歌中的爱国主义和现实主义明显加强。《元旦祝福》中出现了"人民""自由""解放"的字眼，《我用残损的手掌》表达了对解放区深厚的爱。最后，艾青指出："望舒所走的道路，是中国的一个正直的、有很高的文化教养的知识分子的道路，这种知识分子，和广大劳动人民失去了联系，只是读书很多，见过世面，有自己的对待世界的人生哲学，他们常常要通过自己真切的感受，有时甚至通过现实的非常惨痛的教育，才能比较牢固地接受或是拒绝公众所早已肯定或否定的某些观念。"③ 这里，艾青含蓄地表示知识分子只有投入现实生活中，和劳动人民融合在一起，才能获得真理并得到人民的认可，事实上指出了作家进一步改造提升自己的途径：要想具备现实主义的创作姿态，必须联系群众，将自己的命运扎根于国家和广大人民之中。

臧克家在《臧克家诗选·序》中也表达了对 1930 年代较为盛行的现代主义创作方法的否定。他说："我的第一本诗'烙印'出版在一九三三年，接着'罪恶的黑手''自己的写照'等也出版了。那时候，'现代派'的颓

---

① 田汉．田汉剧作选·后记［M］．北京：人民文学出版社，1955.
② 冯至．冯至诗文选集·序［M］．北京：人民文学出版社，1955.
③ 戴望舒．戴望舒诗选·望舒的诗［M］．北京：人民文学出版社，1957.

废诗风吹得疲弱了，由于我的作品，取材比较现实，对生活态度比较严肃，在表现形式方面也比较朴素，在一般读者中间发生了一些影响。"① 这里，臧克家通过将自己的现实主义作品与现代派诗风相对比的方式，肯定了前者而否定了后者。

1958 年 12 月，《萧红选集》出版，人文社编辑部在《编后记》中说："萧红是我国现实主义文学的优秀的女作家之一。在她初期的作品里就表明了她的鲜明的立场和倾向性，她的豪迈而庄严的思想感情；从文学生活的开始到短促的生命的结束，她基本上是一直和劳动人民，和中华民族的自由解放事业共呼吸，共命运的。"② 这里，人文社编辑部饱含感情地肯定了萧红的现实主义作品，将之上升到准革命者的高度。

"十七年"现实主义创作受到重视，是文艺界践行毛泽东文艺路线的体现，在《新民主主义论》中，毛泽东指出新民主主义文化"应为全民族中百分之九十以上的工农劳苦民众服务，并逐渐成为他们的文化"，而为了达此目的，"文字必须在一定条件下加以改革，言语必须接近民众，须知民众就是革命文化的无限丰富的源泉"③。在《讲话》中，毛泽东进一步指出文艺是为包括工农兵在内的百分之九十以上人民来服务的。新中国成立后，毛泽东也通过一些批示、信件、谈话的方式来表达对新中国文艺的关注。众所周知，在人民文化程度普遍较低的情况下，直观的、大众的艺术形式也更容易受到人民的欢迎，第一次文代会中从事戏剧业务的文艺工作者多于从事文学业务的工作者即是明证。从艺术样式来看，现实主义有深厚的中国传统，相对于较为晦涩的颓废派、象征派、现代派、意识流等西方艺术形式，更容易被中国普通民众所接受。而为了达到"百分之九十以上"的艺术接受效果，现实主义创作也是使文艺贴近民众、赢得民众的有效途径之一。在"十七年"现代作家选集中，许多采用现实主义创作的作品批判了旧社会的黑暗和残酷，表达了被压迫人民的觉醒与抗争，符合新中国意识形态建构的需要，故对此种创作方法，作家或编者大都给予正面肯定。

---

① 臧克家．臧克家诗选·序［M］．北京：人民文学出版社，1956.
② 萧红．萧红选集·编后记［M］．北京：人民文学出版社，1958.
③ 毛泽东．毛泽东选集［M］．北京：人民出版社，1964：668.

后　记

本书是在我的博士学位论文基础上撰写而成。值此付梓之际，首先要感谢我的导师金宏宇先生，感谢就学期间给我以诸多帮助的其他老师及学友。

作为一位20世纪70年代出生的农村孩子，我小时候能共享的教育资源极其有限，观看革命历史题材电影是我们梦寐以求的娱乐方式，几部诸如《保卫延安》《金光大道》的书是我们能接触到的文学读物。进入武汉大学中文系读博后，可能是受童年生活环境的影响，一段时间内对“十七年”的红色经典很痴迷，从“三红一创”开始，读了许多20世纪五六十年代的作品。读博期间，受到恩师金宏宇先生的悉心指导，慢慢将兴趣转到“十七年”现代作家集版本的异动上。为了回到当时的历史语境，我在武汉大学老图书馆翻看了“十七年”的《人民日报》《文艺报》，把自己觉得有节点意义的文章浏览了一遍，重要的就拍下来。其中一些数码照片及有版本意义的现代作家集图片，则被我收入论文中，以图佐文，呈现更直观的历史述说方式。

工作后，我曾利用三个暑假的时间，到国家图书馆查阅了许多一手资料，补充了诸多史料细节，有针对性地增加了学界研究较少的作家集中的版本异动情况，也吸收了学界某些最新的成果。2019年12月该成果获得湖北省社科基金后期资助。尽管有许多缺点，我还是决定将之付梓，或许更是想将自己流逝的岁月立此存照。

最后，我要感谢我工作的单位——湖北工程学院，这所美丽的地方高校提供了博士科研启动基金资助，使本书得以顺利出版。书中难免有错讹之处，欢迎读者指正。

作　者

2020年4月18日